朱熹

陈荣捷 著

東方出版中心

图书在版编目（CIP）数据

朱熹 / 陈荣捷著. 一上海：东方出版中心，2020.7

ISBN 978-7-5473-1651-1

Ⅰ. ①朱… Ⅱ. ①陈… Ⅲ. ①朱熹(1130-1200) - 评传 Ⅳ. ①B244.75

中国版本图书馆CIP数据核字（2020）第085952号

著作权合同登记号 图字：09-2020-379

朱　熹

著　　者　陈荣捷
责任编辑　王　婷　李梦溪
封面设计　丫　头

出版发行　东方出版中心
地　　址　上海市仙霞路345号
邮政编码　200336
电　　话　021-62417400
印 刷 者　昆山市亭林印刷有限责任公司

开　　本　710mm × 1000mm　1/16
印　　张　19.5
字　　数　205千字
版　　次　2020年7月第1版
印　　次　2020年7月第1次印刷
定　　价　45.00元

自　序

朱子之思想，源远流长。影响我国、韩国与日本思想、政治、社会，凡数百载。历代奉为官学。至清代中叶，汉学崛起，乃与宋学争衡。五四以来，更为知识阶级所唾弃。以为不合潮流，我国贫弱，皆由朱学之故。于是耻谈朱子。由一九四九年至一九六三年十五年间，据笔者调查，谈朱熹者只论文五篇，书一本而已。且此书乃日本之朱子学而非我国之朱子学也。论文皆全面攻击，谓其扶护封建，为地主服务，以三纲五常压制个人与女性。此是以观念立场，感情作用，而非根据历史之判断。夫封建思想与三纲五常，乃我国坚立不挠之传统。在此环境之内，任何思想家不能逃出范围。故谓朱子为非革命家则可，而以现代标准评七八百年以前之思想则不可。抑朱子亦非完全守旧者。观其仁、理、性、命等理论，新见殊多。其《四书章句集注》有新义者，凡七十余处。朱子一生重礼，礼制亦参用古今礼仪，以实用为主。朱子之时，佛老之宫遍天下。儒家学校，则一郡一县，仅一置焉。于是朱子修复书院，建筑精舍。其门人又建立书院。俨然在南宋全国成为一强健之书院运动，挽狂澜于既倒。谓之使我国不至如日本之佛教化，不为过也。吾人应以客观态度，撇开观念立场，以评论朱子，取长舍短。朱子终身教学，即本此旨。

笔者在美国讲授中国哲学五十年。起初美国人士对中国思想，全以消极视之，盖谓儒家比不上基督教也。其时我国学人之在美者，专事抗辩，强调物质文明，我虽落后，而精神价值则比西洋为优。笔者以为如此弄巧反拙。介绍中国思想，自应不毁不誉。于是编《中国哲学资料书》，任读者自作品评。相信儒释道各有所长，自然水落石出。近年朱子思想渐受注意，乃努力研究。先后成《朱学论集》《朱子门人》《朱子新探索》等书。历次国际会议，亦以朱子为题。毕竟物极必反，猛攻朱子之风渐弱，转而对朱子思想，发生兴趣。笔者乃于一九八二年举行国际朱熹会议。接续有厦门一九八七年之国际朱熹会议，一九九〇年又有武夷山朱熹研究中心之国际会议。再接再厉，促进客观评论之境，诚可贺也。

本书之作，希能作客观评论之一助。不事鼓吹，亦不事攻击。分思想、事功、交游与传播四部分。完全根据朱子本人著作。发现新资料不少，思以贡献研究之微力耳。

说　明

朱子之生卒年(1130—1200)只于此处指明。他人除时人外,则每章首次加生卒年。各朝代之年期与先秦人物或生卒年不详者均免。并以阳历之年为阴历之岁。惟陆象山(陆九渊)、王阳明(王守仁)与戴震之生年或卒年因在年杪而实在阳历之明年者除外,书名只两书用简称如下:《朱子文集》简称《文集》,《朱子语类》简称《语类》。

目 次

第一章
朱子传略

朱子名熹，宋建炎四年庚戌（1130）九月十五（阳历十月十八）正午，生于福建中部之尤溪县。幼颖悟庄重。四岁，父指天示之曰："天也。"熹问曰："天之上何物？"父异之。五岁入小学。八岁就傅，授以《孝经》。题其上曰："不若是，非人也。"尝从群儿戏沙上，以指画沙。视之，八卦也。十四岁丁父忧。奉母率妹徙福建北部建州崇安县五夫里，依父执刘子羽（1097—1146）。子羽为屋以居之。承遗命就学于胡宪（1086—1162）、刘勉之（1091—1149）、刘子翚（1101—1147）。勉之爱之甚厚，以女配之。大约年二十（1149）结褵。年十八（1147），举建州乡贡；十九（1148）登王佐榜进士，中第五甲第九十人，为三百三十人中之第二七八。敕赐同进士出身。绍兴二十年庚午（1150）春往徽州婺源（今属江西）省墓。其父朱松由婺源入闽时，质其先业百亩以为资。同乡张敦颐赎之。朱松没后，张公以田归朱氏。朱子回婺源省墓时，以田租为省扫祭礼之用。乡人为坐客以次歌诵，朱子歌《离骚》一首，音吐鸿畅，坐客竦然。二十二岁（1151）铨试中等，授左迪功郎（文官三十七级之从九品——最低级）、福建南部泉州同安县主簿。二十三年癸酉（1153）七月赴任。赴同安途中，往见李侗（1093—1163）于福建中部之延平（今之南平）。李侗与朱子之父为同门友。朱子以三师所授，有释道色彩，而本人亦曾留心于禅，于心未安，乃见李侗。在同安三年，政绩甚著，归途又见李侗。三十年庚辰（1160）十一月三见李侗于延平，逗留数月。李侗教以儒学要旨，遂弃释就儒。

二十六年丙子（1156）七月同安任满，请祠。十二月得监（湖南）潭州南岳庙。宋代置祠禄官，敬老优贤。祠禄甚微，监无守职，亦不在庙居住。于是朱子居崇安讲学。祠禄之官，分提举、提点、主管与监四级。北宋五岳皆置祠。中东西北四岳庙相继没于金。朱子时独南岳庙存。庙在湖南衡山县西南之衡山。朱子之前监是庙者为监察御史。今以此授二十九岁之主簿，不得不谓朝廷厚望之至，而亦朱子同安政绩卓著之所致也。诸年谱云："自同安归，弥乐其道。其于仕进泊如也。"[1]明年八月，以辅臣荐，召赴行在（杭州）。有阻之者，遂以疾辞。三十二年壬午（1162）五月祠秩满，复请祠。六月，孝宗即位，复差监潭州南岳庙。八月应诏上封事。此为壬午封事。力主格物诚意，反对与金人议和。以二三十岁之青年而获祠禄与召赴行在，实是罕见。

隆兴元年癸未（1163）三月，孝宗召赴面奏。十一月奏事垂拱殿，复申《大学》格物诚意与复仇之旨。其时宰相汤思退（1164卒）方主议和，因除（派任）武学博士，居崇安待次（候职），乃罢祠。乾道元年乙酉（1165）四月至行在就职，以执政钱端礼（1109—1177）力主议和不合，复请祠。五月得复监潭州南岳庙，即拜命归崇安。以后十年，屡召不赴，专意讲学著作。

乾道三年丁亥（1167），年三十八。八月偕门徒范念德访张栻（号南轩，1133—1180）于潭州，相与讨论《中庸》未发之中与已发之和。十一月与南轩等同登衡山，游十日，赋诗甚多。十二月除枢密院编修官，待次。祠秩未满，故待次于家。五年己丑（1169）正月，子在

[1] 王懋竑：《朱子年谱》，页13引。

生。九月，丁母祝孺人忧。朱子自云：“泉州同安县主簿，到任（前后）四年，省罢归乡。偶以亲老食贫，不能待次，遂乞岳庙差遣。再任未满，误蒙召对，除武学博士。又以急于禄养，复乞岳庙一次。又未满，间准敕差充枢密院编修官。寻以丁忧，不及供职。”[1]此次监南岳庙，时间比上次较长，然亦未满任也。

七年辛卯（1171）五月，创立社仓于五夫里。仓三亭一，门墙守舍，无一不具，以贮乡民所献与政府所给之粟。遇凶年小饥则只收半息，大饥则全数免除。以乡民四名管理。此与王安石（1021—1086）之常平仓大大不同。盖常平仓置于城市，由政府主办。遇饥荒不及救济乡民。此则乡民自治，就地救济。此制各地仿行，竟达数百年之久。至今五夫里仍有社仓两所。九年癸巳（1173）五月，有旨主管台州崇道观。黄榦（1152—1221）《朱子行状》云：“先生以改秩畀祠，皆进贤赏功、优老报勤之典。今无故骤得之，求退得进，于义未安。再辞。淳熙元年，又再辞。上意愈坚，始拜命。”[2]故由是年六月至三年丙申（1176）五月主管崇道观。观在浙江天台县西北二十里。朱子仍居崇安也。

二年乙未（1175）三月，吕东莱（名祖谦，1137—1181）自东阳（今属浙江金华）来访，留止寒泉精舍，约一个月，同编《近思录》。五月五日序《近思录》后，偕吕氏与门人游武夷山。下旬到（江西）信州鹅湖寺与陆象山（名九渊，1139—1193）兄弟及江浙诸友相会。是为历史上有名之朱陆鹅湖之会。辩论数日，不欢而散。归后成云谷庵。云谷在建阳县北七十里芦山之巅。乾道六年庚寅（1170）得其地。建草堂三间，堂后结草为庐，历数年而亭台始具。又并得山北施氏地。淳熙二年乙未（1175）完成。作《云谷记》以识之[3]。

---

[1]《文集》，卷23，《申建宁府状》，页7上。
[2]《勉斋集》，卷36，《朱子行状》，页5下。
[3]《文集》，卷78，《云谷记》，页2上—5上。

三年丙申(1176)三月复如婺源省墓。挟蔡元定(1135—1198)与俱。一说谓朱子有意迁居婺源,因元定劝止乃返福建,然此只是程敏政(1445—1499)所述父老传闻,别无证据[1]。六月授秘书省秘书郎,辞而不受,请祠。八月得差武夷冲佑观。观在崇安西北约三十里之武夷山。至五年戊戌(1178)八月差知南康军,于是罢祠。实计此二十年间,奉祠五任,只得十二年而已。《朱子行状》云:"先生自同安归,奉祠家居,几二十年。间关贫困,不以属心。涵养充积,理明义精,见之行事者,益霈然矣。"[2]十一月,令人刘氏卒。卒之年岁不详。假若死时四十岁左右,则婚姻生活,不满三十年。

淳熙五年戊戌(1178),朱子四十九岁。以宰相史浩(1106—1194)之荐,差知(江西)南康军,兼军内劝农事。朱子再辞军职,请祠三次,至六年己亥(1179)正月启行赴任。候命于(江西)铅山,寓止崇寿僧舍。二月陆子寿(名九龄,1132—1180)来访于铅山观音寺。子寿乃象山之兄,曾参与鹅湖之会。相与讨论孔孟教旨。此次相会,比鹅湖之会,较为投机。五月到任,在任两年,兴利除害,大修荒政。豪强敛戢,里闾安靖。影响最大者为复修白鹿洞书院。七年庚子(1180)南轩张公讣至,罢宴哭之。八年辛丑(1181)二月陆子静(陆象山)来访。与俱至白鹿洞书院,请升讲席。陆子讲君子喻于义,小人喻于利[3]。声音响亮,有流涕者。至任满,三月除提举江南西路常平茶盐公事,待次。闰三月乃去郡东归。七月除直秘阁,三辞。八月,以宰相王淮(1127—1190)荐,改除提举两浙东路常平茶盐公事。是时浙东大饥,即日单车就道。在任约十二个月,访察荒区,以施救济;弹劾显宦,毁秦桧(1091—1155)祠;奏事延和殿请推行五夫里社仓法于诸郡,奉旨施行。是年吕东莱卒。

---

[1] 戴铣:《朱子实纪》,卷2,《年谱》,页18上,总页109。
[2]《勉斋集》,卷36,《朱子行状》,页7上。
[3]《论语·里仁第四》,第十六章。

九年壬寅(1182)正月,巡历婺州、衢州,顺道拜东莱之墓。陈亮(1143—1194)来会,旬日而去。八月除江南西路提点刑狱公事。朱子辞,归崇安。时户部尚书郑丙(约1131—1198)上疏毁程颐(1033—1107)之学,以阴诋朱子。王淮升陈贾为监察御史。贾面对,谓近日有所谓道学者,大率假名以济伪,愿勿信用,盖指朱子也。十年癸卯(1183)正月诏以熹屡乞奉祠,可差主管台州崇道观。二月拜命。四月筑武夷精舍于离崇安西北三十里武夷山之五曲大隐屏下。正月经始,四月落成。精舍地广数亩,屋三间。另于左麓为屋于石门坞为学者之群居,又为屋于石门之西南以居道流。有亭有树,使人心目旷然。有《武夷杂咏》并序[1]。

十二年乙巳(1185)二月崇道观秩满,四月差改主管华州云台观,任期两年。此观原在陕西,有神宗(1048—1085)神像。陷金人后只存其名耳。十四年丁未(1187)三月转祠,改差主管南京鸿庆宫。云台之任,于焉结束。此两年间痛论陆象山、陈亮学术之非,另详第十五、十六两章。又成《易学启蒙》《孝经刊误》《小学》等书,皆为青年而作,另详第十章。以前著述,几乎全重理学。今则卫道工作,以书札讲授为主,亦以政途经历,深察民情,而移其注目于道德伦常之间也。

十四年丁未(1187)三月,差主管南京鸿庆宫。朱子待至云台两年祠秩满,四月然后拜命。答刘子澄(刘清之,1139—1195)书云:“昨日拜鸿庆敕,偶得一绝云:‘旧京原庙久烟尘,白发祠官感慨新。北望千门空引籍,不知何日去朝真。’年衰易感,不觉涕泗之横集也。”[2]大中祥符七年甲寅(1014)升应天府(故治今河南商丘市南)为南京,诏立行宫正殿,以祠圣祖,奉太祖(960—975在位)、太宗(976—997在

[1]《文集》,卷9,页2上—4上。

[2] 同上,别集,卷3,与刘子澄第四书,页14下。诗又见正集,卷9,页6上,题《拜鸿庆宫有感》。

位）侍立于圣祖之旁。宫亦有神宗像。已陷金人。南渡后只置祠禄。是则拜只是遥拜，盖宫观既失，自无参谒之可能。其实朱子只感慨系之而已。朱子是年五十八岁，诚斑白矣。此次祠秩，只三四个月，盖七月差江南西路提点刑狱公事，即已罢祠。朱子以足病辞，复请祠。

十五年戊申（1188）六月初七奏事延和殿，奏札凡五，力申人主须存天理、去人欲之旨。此为人主所厌闻。翌日（初八）除兵部郎官，即以足病请祠。七月卒差主管西京嵩山崇福宫。宫原在河南登封嵩山下。宋室南渡后为金人所占，只置祠禄以存其名。十一月上封事。是为戊申封事，长万余言，以辅翼太子、选任大臣、振举纲维、变化风俗、爱养民力、修明军政六事为当今之急务。疏入，夜漏下七刻。上已就寝，亟起秉烛读之终篇。翌晨差主管西太乙宫兼崇政殿说书。西太乙宫为临安（杭州）行在内祠，地位甚高，与其他外祠不同。兼职亦特殊优待。惟朱子辞说书而请仍奉外祠。十六年己酉（1189）正月除秘阁修撰，依旧主管西京嵩山崇福宫。朱子辞修撰职名而拜崇福宫之命。是则崇福宫未尝罢祠而西太乙宫未尝拜命也。至八月除江南东路转运副使，崇福宫祠乃罢。此次奉祠较久，计两年又九个月。朱子辞转运副使。十一月乃改知漳州。

绍熙元年庚戌（1190），朱子六十一岁。四月到漳州。在任仅一载，政绩甚佳，亦另详第十二章。又刊行《易》《诗》《书》《春秋》四经，并撰《书临漳所刊四经后》[1]。临漳者，漳州之别名也。此文说明《易》用亡友吕伯恭（吕祖谦）所定之古文《周易》经传十二篇，盖以其章句近古，而非望文生义以义理解经，故合卜筮之用也。《诗》则尽弃小序之说，因读《诗》者知有序而不知有诗。已于淳熙四年丁酉（1177）为《诗集传》，今更定此本，以复其初也。《书》则云："汉儒以伏生之《书》为今文，而谓（孔）安国之《书》为古文。以今考

[1]《文集》，卷82，页19上—21下。

之，则今文多艰涩，而古文反平易。……安国之序，又绝不类西京文字，亦皆可疑。……故今定此本，一以诸篇本文为经，而复合序篇于后。”关于《春秋》，朱子云：“乃复出左氏经文别为一书，以踵三经之后。”朱子以论《春秋》者，计较利害，将《春秋》作一个权谋机变之书，每每于二字上加褒贬于人。此非孔子之本意，故特重《左传》而不用《公羊传》与《穀梁传》，谓左氏（左丘明，公元前6世纪）记事详细，考事颇精。此四经为明清两代经学之开山。伪古文尚书一案，即由朱子提出。更重要者，乃刊《四子书》。四子指《大学》《论语》《孟子》《中庸》。朱子自幼即读四书。尝自述云：“某向丱角读《论》《孟》。”[1]又云：“某自丱读《四书》，甚辛苦。”[2]以后整生理会，至死前三日仍改《大学》注。曾编《论语要义》《论语训蒙口义》《论孟精义》《四书章句集注》《四书或问》《中庸辑略》《孟子要略》。从来未有学者以全生精力寻求《四书》精义如朱子者。朱子以《四书》乃孔孟直接之言，又为理学心性仁义等基本概念之源泉。《大学》居先，以其有格物穷理，诚正修齐治平之教也。朱子云：“《大学》《中庸》《论》《孟》四书，道理粲然。……何理不可究！何事不可处！”[3]且《四书》指示修身治学之方法。朱子云：“先读《大学》以定其规模，次读《论语》以立其根本，次读《孟子》以观其发越，次读《中庸》以求古人之微妙处。”[4]自皇庆二年癸丑（1313）诏行科举明经内《四书》《五经》以程朱注解为主，以至光绪三十一年乙巳（1905）废止科举，《四书》成为国家策试取士之基本典籍。至近年为止，且亦成为学校教育之基本教材。是则《四书》之思想，支配我国六七百年，不可不谓朱子影响之强大也。

---

[1]《语类》，卷104，第三条，页4151。
[2] 同上，第一条，页4151。
[3] 同上，卷14，第二条，页397。
[4] 同上，第三条，页397。

绍熙二年辛亥（1191）二月，长子塾卒。报至，即乞祠归家治丧。三月差秘阁修撰主管南京鸿庆宫。四月离漳州，辞修撰职名。五月归建阳，寓居同繇桥。答吴伯丰（吴必大，壮年1196）书云："此间寓居近市，人事应接，倍于山间。今不复成归五夫。见就此谋卜居，已买得人旧屋，明年可移。目今且架一小书楼，更旬月可毕工也。"[1]又与陈同父（陈亮）书云："亡子卜葬，已得地，但阴阳家说，须明年夏乃可窆。今且殡在坟庵。其妇子却且同在建阳寓舍。小孙壮实粗厚，近小小不安。然观其意气横逸，却似可望。赖有此少宽怀抱。然每抱抚之，悲绪触心，殆不可为怀也。五夫所居，眼界殊恶，不敢复归，已就此卜居矣。然囊中才有数百千。工役未十一二，已扫而空矣。将来更须做债，方可了办。甚悔始谋之率尔也。但其处溪山，却尽可观。"[2]

九月差荆湖南路转运副使，辞者三次。三年壬子（1192）请补祠秩。始筑室于建阳之考亭。考亭在建阳西部三桂里玉枕山之麓，离五夫里一百三十里。山水秀丽，朱子之父，尝过此而爱之，谓考亭溪山清邃，可以卜居。朱子之定居考亭，此亦其原因之一。其他原因，可于其致书其师胡宪见之。范如圭（1102—1160）死，其家欲居（福建）泰宁。朱子致胡宪书以为并非良计，而以居建阳"一则便于坟墓，二则便于讲学，三则便于生事"[3]。是时朱子仅三十三岁，而建阳优点，已深留印象矣。朱子名其所居为紫阳书堂，室为清邃阁，皆所以思亲，盖徽州有紫阳山，其父往游而乐之也。

绍熙四年癸丑（1193）二月差主管南京鸿庆宫，十二月差知潭州荆湖路安抚使，两辞而后拜命。五年甲寅（1194）四月启行，五月至镇。在任只三个月，复修岳麓书院。四方学者毕至。七月宁宗即位，

[1]《文集》，卷52，答吴伯丰第八书，页9下。
[2] 同上，续集，卷7，与陈同父书，页8上。
[3] 同上，正集，卷37，《与籍溪胡原仲先生》，页1上。

召赴行在奏事。八月差焕章阁待制兼侍讲。十月奏事。宁宗之立，皇太后亲属韩侂胄(1207卒)自谓有功，居中用事。朱子上疏直斥左右操权之失。面辞待制侍讲。御笔不允，乃拜命。十四日进讲《大学》。二十三晚讲筵罢后留身奏四事，劝主上勿浪费修葺旧宫，并勿令左右窃柄。十九日晚讲，重申前所奏左右侵权之失。此举早已开罪于手揽大权之韩侂胄。宁宗虽有意听讲，然不喜朱子干预时政。因此讲罢即降御批，以不忍朱子年老隆冬立讲为词，改差宫观。侍讲之职，于焉终止。朱子辞谢遂行。十一月十一至江西玉山县。邑宰司马迈请为诸生讲说。朱子辞，不听。乃就县庠宾位，因学者所问而发明要道。学者指程珙，字仲璧，号柳湖，江西鄱阳县人。珙有两问：一问《论语》多是说仁，《孟子》却说仁义，何也？朱子答以义即在仁之中。以体用言，则二者相为体用。若认得熟，看得透，则日用之间，无不是着工夫处。此处体用兼顾，明理实用，乃朱子一生教育之典型，至此经大变而益信。珙第二问，三代以前，说中说极，至孔门答问，说着便是仁，何也？朱子之答，仍屡言实践工夫。人性本善，然为气禀所蔽，故须去人欲，复天理，以复其初。尊德性与道问学，交相滋益，互相发明。此亦是其一生体用并行，诚明两进之旨。诸《年谱》谓此是朱子晚年亲切之词，读者其深味之。此言诚是。讲义载《朱子文集》卷七十四。讲时随口答问，归后偶与一朋友，因其未喻，录以报之。惟其出于胸中，可谓之晚年定论。日本盛行，非无故也。

十一月还考亭后，十二月诏依旧焕章阁待制提举南京鸿庆宫。朱子拜受祠命而辞待制职名。提举乃祠官四级之最高者。既归考亭，学者云集。其讲学盛况，远胜五夫里寒泉精舍与武夷精舍等处。乃于所居之旁，建竹林精舍。此精舍为三精舍之最重要者。著名弟子从游于此。晚年言语，皆竹林所录也。

庆元元年乙卯(1195)，朱子年六十六。侂胄诬丞相赵汝愚不轨。丞相乃逃永州(今湖南零陵),途中死于衡州。丞相既逐,大权悉归侂胄。朱子乃草书万余言,极言奸邪蔽主之祸。诸生恐必贾祸,蔡元定入谏,请以蓍决之。得"遁"之"家人"。朱子默然退,取奏稿焚之,更号遁翁,并乞致仕。十二月诏依旧秘阁修撰提举南京鸿庆宫。二年丙辰(1196),朝廷攻程朱之学甚急,称为伪学。选人余嚞上书乞斩朱子。沈继祖乞奏罢职落祠。十二月果从其请。于是朱子二十余年之祠禄生涯,遂与其政治生涯一同终结。门人蔡元定亦贬道州(今湖南道县),盖所以打击朱子也。三年丁巳(1197)正月拜命。《语类》云:"季通(蔡元定)被罪,台谓(评)及先生。先生饭罢,楼下起西序行数回,即中位打坐。贺孙[叶味道,嘉定十三年(1220)进士]退归精舍,告诸友。汉卿(辅广,壮年1194)筮之,得'小过''公弋取彼在穴',曰:'先生无虞,蔡所遭必伤。'即同辅万季弟至楼下。先生坐睡甚酣,因诸生偶语而觉,即揖诸生。诸生问所闻蔡丈事如何。曰:'州县捕索甚急,不晓何以得罪。'因与正淳(万人杰)说早上所问《孟子》未通处甚详。继闻蔡已遵路,防卫颇严。诸友急往中涂见别,先生舟往不及。闻蔡留邑中,皆詹元善(詹体仁,1143—1206)调护之。先生初亦欲与经营,包显道(包扬)因言:'祸福已定,徒尔劳扰。'先生嘉之,且云:'显道说得自好,未知当局如何。'是夜诸生坐楼下,围炉讲问而退。闻蔡编管道州,乃沈继祖文字,主意诋先生也。"[1]《语类》又云:"先生往净安寺候蔡。蔡自府乘舟就贬,过净安,先生出寺门接之。坐方丈,寒暄外,无嗟劳语。以连日所读《参同契》所疑扣蔡,蔡应答洒然。少迟,诸人醵酒至,饮皆醉。先生间行,列坐寺前桥上饮,回寺又饮。先生醉睡。方坐饮桥上,詹元善即退去。先生曰:'此人富贵气!'"[2]黄榦《行状》云:"从游之士,特立不顾者,屏伏

[1]《语类》,卷107,第二十二条,页4244—4245。

[2] 同上,第二十四条,页4245—4246。

丘墍。依阿巽懦者，更名他师，过门不入。甚至变易衣冠，狎游市肆，以自别其非党。先生日与诸生讲学竹林精舍。有劝以谢遣生徒者，笑而不答。”[1]

四年戊午（1198）十二月，朱子以明年年及七十，申乞致仕。五年己未（1199）三月成《楚辞集注》，以表达屈原（前343—前277？）忠君爱国之意，盖亦所以自道也。四月有旨致仕，朱子乃以野服见客。六年庚申（1200）三月病甚。蔡沈（1167—1230）《朱文公梦奠记》云：“初二日丁巳，先生简附叶味道来约沈下考亭。……是夜，先生看沈《书集传》，说数十条。……初三日戊午，先生在楼下改《书传》两章，又贴修《稽古录》一段。是夜，说书数十条。初四日己未，先生在楼下商量起小亭于门前洲上。……是夜，说书至《太极图》。初五日庚申，先生在楼下，脏腑微利。……是夜说《西铭》，又言为学之要。……初六日辛酉，改《大学·诚意章》。令詹淳誊写，又改数字，又修《楚辞》一段。午后大泻，随入宅室。自是不复能出楼下书院矣。初七日壬戌，先生脏腑甚脱。（次男）文之野自五夫归。初八日癸亥，精舍诸生来问病，先生起坐曰：‘误诸生远来，然道理只是恁地，但大家倡率做些坚苦工夫，须牢固着脚力，方有进步处。’……诸生退。先生作范伯崇念德书，托写礼书，且为冢孙择配。又作黄直卿榦书，令收《礼书》底本，补葺成之。又作（三男）敬之在书，令早归收拾文字，且叹息言：‘许多年父子，乃不及相见也。’……初九日甲子（阳历四日二十三）五更，令沈至卧内。先生坐床上，沈侍立。先生以手挽沈衣令坐，若有所欲言而不言者久之。……平明，精舍诸生复来问病。味道云：‘先生万一不讳，礼数用《书仪》何如？’先生摇首。益之（范元裕，念德之子）云：‘用《仪礼》何如？’先生复摇首。沈曰：‘《仪礼》《书仪》参用何如？’先生首肯之。……先生执笔如平

[1]《勉斋集》，卷36，页37下—38上。

时，然力不能运。少顷，置笔就枕，手误触巾，目沈正之。……先生上下其视，瞳犹炯然。徐徐开合，气息渐微而逝。午初刻也。”[1]

十一月二十日葬于建阳唐石里（今之黄坑）后塘村之大林谷，离建阳县城八十五公里。会葬者将近千人。其夫人死于淳熙三年丙申（1176）。次年二月，已葬于此。于是夫妇合墓。现墓碑文曰，“宋先贤朱子 夫人刘氏墓”。建阳文化馆现已修缮完毕，划出墓周围二十米范围为保护区。

朱子将葬，言者谓送葬者将妄议时政，望令守臣约束。朝廷从之。傅伯寿［隆兴元年（1163）进士］尝执弟子礼，恨不荐已，故朱子辞秘阁修撰时，傅之行词有“大逊如慢，小逊如伪”之语。及朱子没，伯寿为建宁守，竟不以报。嘉泰元年辛酉（1201），道学之禁稍弛。二年壬戌（1202）差华文阁待制与致仕恩泽，而不知朱子已没也。开禧三年丁卯（1207）侂胄伏诛。嘉定二年己巳（1209）诏赐谥曰文，是以世称文公。明年赠中大夫，特赠宝谟阁直学士。宝庆三年丁亥（1227）赠太师，追封信国公。绍定三年庚寅（1230）改封徽国公。淳祐元年辛丑（1241）诏从祀孔庙。元至正二十二年壬寅（1362）追封齐国公。现通称徽国公。

至于个人生活，莫善于黄榦《行状》所言。《行状》云：“其可见之行则修诸身者，其色庄，其言厉。其行舒而恭，其坐端而直。其闲居也，未明而起，深衣幅巾方履，拜于家庙以及先圣。退坐书室，几案必正，书籍器用必整。其饮食也，羹食行列有定位，匕箸举措有定所。倦而休也，瞑目端坐。休而起也，整步徐行。中夜而寝，既寝而寤，则拥衾而坐，或至达旦。威仪容止之则，自少至老，祁寒盛暑，造次颠沛，未尝有须臾之离也。行于家者，奉亲极其孝，抚下极其慈。闺庭之间，内外斩斩。恩义之笃，怡怡如也。其祭祀也，事无纤巨，必诚必

［1］《蔡氏九儒书》，卷6，蔡沈，《朱文公梦奠记》，页19下。

敬。小不如仪，则终日不乐。已祭无违礼，则油然而喜。死丧之礼，哀戚备至。饮食衰绖，各称其情。宾客往来，无不延遇。称家有无，常尽其欢。于亲故虽疏远必致其爱。于乡闾虽微贱必致其恭。吉凶庆吊，礼无所遗。赒恤问遗，恩无所阙。其自奉则衣取蔽体，食取充腹，居止取足以障风雨。人不能堪，而处之裕如也。”[1]

[1]《勉斋集》，卷36，页41上—42上。

第二章
朱子之名号与家属

朱子名熹，以建炎四年庚戌（1130）九月十五日甲寅正午生于福建中部之尤溪。乳名沋郎，以表其地，盖尤溪原名沋溪也。又以尤溪属延平，故小字季延。行五十二，其师刘子翚（1101—1147）命字元晦。朱子以元为《易》四德“元亨利贞”之长，不敢当，自号仲晦，而天下皆称元晦，无称仲晦者，所以尊之也。生平喜用熹或朱熹，上加徽州之旧名新安、丹阳、吴郡，或徽州之山名紫阳与平陵，皆所以怀本思源也。别号有晦翁、晦庵、云谷老人、晦庵病叟、沧洲病叟、遁翁，亦尝自称白鹿洞主与仁智堂主。任祠官则用云台隐吏、云台真逸、云台外史、云台子、嵩高隐吏、鸿庆外史。最特殊者为注《参同契》用空同道士邹䜣。邹本邾国，其后去邑而为朱。“䜣”“熹”均“虚其”切。岂以究心丹诀，非儒者之本务，故以寓名耶？世居徽州婺源县（今属江西）之万安乡（一说永平乡）松岩里。累世不仕。资业颇富，有田百亩。

朱子之父朱松（1097—1143），字乔年。政和八年戊戌（1118）擢进士第，授福建北部建州政和县尉。因质田奉其父母入闽。父承事公卒，贫不能归，遂葬其父于政和县西二十里之护国寺侧。服除，调西北部南剑州尤溪县尉。得与杨时（1053—1135）门人罗从彦（1072—1135）游，为《大学》《中庸》之学。自谓卞急害道，因取古人佩韦之义，名其斋曰韦斋。约二年去官，往来侨寓于建剑二州，馆于尤溪郑安道之家而朱子生焉。旋属靖康之变（1126），中朝荡覆。以是困于尘埃，逃寄假摄，以养其母十有余年，以至监泉州开建乡修仁里石井镇税，“下从算商之役于岭海鱼虾无人之境”[1]。在此时期，朱子随父避乱，曾到长溪（今之霞浦），寓龟灵寺。

绍兴四年甲寅（1134），朱松得御史胡世将（1085—1142）荐，乃召试。入奏，上悦其言。三月除秘书省正字。九月太夫人卒，守丧三年。绍兴七年丁巳（1137）迁居建瓯。八年戊午（1138）除秘书省校书郎。迁著作佐郎、尚书度支员外郎兼史馆校勘，刊修《哲宗实录》。时秦桧（1091—1155）议和，朱松与史院同事五六人合辞抗疏。以是忤秦桧。秦怒之甚，出使外郡，即转承议郎出使饶州（今江西鄱阳）。朱松辞，请祠得主管浙江台州崇道观，屏居建瓯。以十三年癸亥（1143）三月二十四日辛亥卒于建州（建瓯）城南之寓舍，年四十有七，谥献靖公。翌年葬于建宁府崇安县五夫里西塔山灵梵院侧。乾道六年庚寅（1170）七月五日，朱子迁于五夫里之白水鹅子峰下。然地势卑湿，乃于庆元元年乙卯（1195）再迁于崇安县武夷乡上梅里寂历山中峰僧舍之北。盖朱松之诗，曾有“乡关落日苍茫外，尊酒寒花寂历中”之句也。所为文有《韦斋集》十二卷。

韦斋病革，嘱曰：“籍溪胡原仲（胡宪，1086—1162）、白水刘致中（刘勉之，1091—1149）、屏山刘彦冲（刘子翚）三人，吾友也。学有渊源，吾所敬畏。吾即死，汝往事之，而惟其言之听，则吾死不恨矣。”[2]三先生皆住崇安县五夫里。朱子既孤，年十四，遂奉母率妹迁居五夫里焉。

朱子之母孺人祝氏，徽州歙县人。其家世以赀力顺善闻于州乡。

---

[1]《文集》，卷97，《皇考朱公行状》，页18下—19上。

[2] 黄榦：《勉斋集》，卷36，《朱子行状》，页38下。

其邸肆生业，几有郡城之半，因号半州祝家。父讳确，始业儒，有高行。年八十三以终。娶同郡喻氏。祝氏以元符三年庚辰（1100）七月庚午生。年十八归朱松。朱松称之为小五娘[1]。朱子《孺人祝氏圹志》谓其“性仁厚端淑。……事舅姑孝谨笃至。……贫病困蹙，人所不堪，而孺人处之怡然”[2]。生三男，伯仲皆夭，朱子其季也。一女，适右迪功郎长汀县主簿刘子翔。乾道五年己丑（1169）九月戊午卒，年七十。六年庚寅（1170）正月癸酉葬于建宁府建阳县西北七八十里崇泰里后山铺天湖之阳，东北距朱松白水之兆百里，名曰寒泉坞，即今之马伏太平山麓。后赠硕人，封粤国夫人。朱子于此建寒泉精舍。宋明人年谱谓既葬，日居墓侧，朔望则归奠几筵。盖谓凡居寒泉精舍，则朔望必归五夫里，以奠几筵也。

关于朱子之母，资料不多。关于其配偶，则少而又少。黄榦（1152—1221）《朱子行状》云：“娶刘氏，追封硕人。白水草堂先生（刘勉之）之女。草堂即韦斋所属以从学者也。其卒也以淳熙丙申（1176），其葬以祔穴（合葬）。”[3]叶公回校订《朱子年谱》（1431）较详，谓“十一月令人刘氏卒。次年二月葬于建阳县之（嘉禾里）唐石大林谷。名其亭曰宰如而规寿藏（生圹）于其侧，名其庵曰顺宁”[4]。“宰如”出《列子·天瑞篇》，“望其圹……宰如也”[5]，形其突起之貌。张子（张载，1020—1077）《西铭》结语曰：“存吾顺事，没吾宁也。”[6]观其亭庵之名义与其合葬，可知其夫妻关系必甚圆满。惟何年出世，何年结褵，则无可考。假若绍兴三年癸丑（1133）出世，少朱子三岁，十七岁（1149）出嫁，二十一岁（1153）生长子，四十三岁生幼女，则死

[1]《文集》，续集，卷8，《韦斋与祝公书跋》，页8下。
[2] 同上，正集，卷94，《尚书吏部员外郎朱君孺人祝氏圹志》，页23下。
[3]《勉斋集》，卷36，页47上下。
[4] 叶公回校订：《朱子年谱》，卷中首，页25下，总页104。
[5]《列子》，卷1，《天瑞篇》，页5上。
[6]《张子全书》，卷1，《西铭》。

时四十四岁。婚姻生活，只二十八年而已。

《行状》又云："子三人。长塾，先十年（1191）卒。次野，迪功郎监湖州德清县户部新市犒赏酒库，后十年（1209）亦卒。季在，承议郎提举两浙西路常平茶盐公事。女五人。婿儒林郎静江府临桂县令刘学古，奉议郎主管亳州明道宫黄榦，进士范元裕。仲、季二人亦早卒。孙男七人：钜、铨、鉴、铎、铚、铉、铸。钜，从政郎新差监行在杂买务杂卖场门。铨，从事郎融州司法参军。鉴，迪功郎新辟差充广西经略安抚司准备差遣。余业进士。（孙）女九人。（孙）婿承议郎主管华州云台观赵师夏，进士叶韬甫、周巽亨、郑宗亮、黄辂，从政郎绍兴府会稽县丞赵师若，黄庆臣，李公玉。曾孙男六人：渊、洽、潜、济、濬、澄。（曾孙）女七人。"[1]一望朱子子孙之命名，可知朱家世系皆单名，且名之字旁，皆为五行。朱子前四世始用单名，例外极少[2]，至明嘉靖元年壬午（1522）尤然。朱子前二世祖森以下，皆用五行，木火水金土，终而复始。直至十九世纪仍有五行字旁。汉儒以五行配仁义礼智信。想朱氏必以此为传家之宝。

长子塾，字受之。绍兴二十三年癸酉（1153）七月丁酉生。"自幼秀慧。生一两月，见文书即喜笑咿呜，如诵读状。小儿戏事，见必学，学必能，然已能辄弃去。后来得亲师友，意甚望之。既而虽稍懒废，然见其时道言语，亦有可喜者。"[3]原与项安世（1208卒）次女议婿。与塾同年，而竟不育[4]。二十一岁乃遣其至浙江金华受学于吕东莱（吕祖谦，1137—1181）。朱子管束甚严。临行以书规约其言行，不

---

[1]《勉斋集》，卷36，《朱子行状》，页47下—48上。

[2] 戴铣：《朱子实纪》，卷1，《世系源流》，页7上，总页51，多恩老一名，不知何据。此双名为朱家例外。

[3]《文集》，续集，卷7，与陈同父书，页8上下。

[4] 同上，别集，卷3，与刘子澄第二书，页13下。

得饮酒或戏笑喧哗[1]。在金华食宿于东莱门人潘景宪(1134—1190)之家。潘氏以长女妻之。潘女少塾九岁,约淳熙三年丙申(1176)成婚。东莱之弟子约(名祖俭,1196卒)甚爱之[2]。在学习期间,曾返五夫里守母丧及两次应试。居金华六年,然后携妇儿归五夫里,预备第三次应试,然亦落第。归后曾为朱子服役不少,始终未仕。绍兴辛亥二年(1191)正月癸酉卒于金华。是时朱子知(福建)漳州。闻耗悲痛极至,即乞祠归治丧葬[3]。朱子自为圹记,略云:"娶潘氏,生二男。长曰镇,次恩老。四女,归、昭、接、满。镇满皆夭。明年(1192)十有一月甲申葬大同北麓上实天湖。其父为之志。呜呼痛哉!"[4]以荫补将仕郎,赠中散大夫。黄榦《行状》云塾长男曰鉴,则"鉴""镇"必有一误,"恩老"亦可疑,因《行状》不言,且双名也。朱子《题嗣子诗卷》云:"大儿自幼开爽,不类常儿。予常恐其堕于浮靡之习,不敢教以诗文。既没后,许进之(朱子门人)乃出其所与唱和诗卷示予。予初不知其能道此语也,为之挥涕不能已,不忍复观也。"[5]

次男野,字文之,绍兴二十四年甲戌(1154)七月生,少塾一岁。朱子曾欲招建阳一学者来教儿辈[6],因事不果。兄弟曾受教于蔡元定(1135—1198)[7]。欲早为纳妇[8]。淳熙七年庚子(1180)与塾同应试,均不第[9]。以荫补迪功郎,差监(浙江)湖州德清新市镇户部激赏酒库。是时朱子知(江西)南康军,以大旱奔走,遂发心病甚危,急遣

[1]《文集》,续集,卷8,《与长子受之》,页6上。参看第十四章,《朱子与吕东莱》,页197。
[2] 同上,续集,卷1,答黄直卿第二十六书,页7下。
[3] 详见拙著《朱子新探索》,页55—57。
[4]《文集》,卷94,《亡嗣子圹记》,页27上。
[5] 同上,卷83,《题嗣子诗卷》,页22下—23上。
[6] 同上,卷39,答柯国材书,页5上。
[7] 同上,卷44,答蔡季通第四书,页3上。
[8] 同上,卷33,答吕伯恭第三十八书,页26上。
[9] 同上,卷34,答吕伯恭第八十五书,页29下。

人呼野[1]。朱子易箦前两日，野由五夫里赶归建阳。季子在远隔，只野在场送终而已。朱子尝为印务，由野襄理[2]。嘉定二年己巳(1209)卒，年五十六，赠朝奉郎。葬建阳县三衢里龙隐庵[3]。生子四，钜、铨、铎、铚。

三男在，字敬之，生于乾道五年己丑(1169)正月戊午朔时。自幼未得读处，朱子深以为虑[4]。路远不能遣往尤溪就学许顺之，欲约其来五夫里，而顺之授室，事遂不成[5]。结果未尝亲师受学，亦不知曾应试否。或问敬之庭训如何。曰："平常只是在外面听朋友问答，或时里面亦只说某病痛处得。" 一日，教看《大学》，曰："我生平精力尽在此书。先须通此，方可读书。"[6]

淳熙五年戊戌(1178)朱子差知南康军，六年赴任。敬之是时十一岁，侍从焉。敬之本人为宦时间颇长。《朱子实纪》记其行实云："以荫补承务郎，籍田令，迁将作监主簿。累迁大理寺正。知南康军，改知衡州湖州，俱不赴。奉祠。起知信州。除提举浙西常平茶盐公事。加右曹郎兼知嘉兴府。召为司农少卿，充枢密副都。承旨出为两浙运副。宝庆二年(丙戌1226)权工部侍郎。寻除右侍郎。丐外。除宝谟阁待制。知平江府。迁焕章阁待制。知袁州。奉祠。封建安郡侯卒。赠银青光禄大夫。葬建宁府城东光禄坊永安寺后。生子铉、铸、钦、铅。"[7]卒于嘉熙三年己亥(1239)九月二日，年七十一。朱子易箦前一日，致书敬之诀别，兼令早归收拾文字。叹曰："许多年

[1]《文集》，页28下。
[2] 同上，卷60，答周纯仁第一书，页1下。
[3]《朱子实纪》，卷1，页4上，总页45。
[4]《文集》，卷39，答许顺之第十八书，页19上。
[5] 同上，卷35，答刘子澄第七书，页17上。
[6]《语类》，卷14，第五十条，页412。
[7]《朱子实纪》卷1，页4下—5下，总页46—48。1984年在建瓯城东高门外石油站对面砖窑后面发现朱在墓志铭。据此，朱在有四子。《朱子实纪》只纪其三，应增多铅一名。

父子乃不及相见也。”[1]

长女名巽，适儒林郎临桂县令刘学古，刘子翚养子刘坪（1138—1185）之子也。尝与其父及塾、在等陪朱子游密庵[2]。朱子咏其惠兰[3]。次女名兑，适弟子黄榦。有书黄榦云：“此女得归德门事贤者，固为甚幸。但早年失母，阙于礼教，而贫家资遣，不能丰备，深用愧恨。想太夫人慈念，必能阔略。……辂孙骨相精神，长当有立。辅亦渐觉长进，可好看之。”[4]辂爱朱子壁间狮子画，为陆探微（五世纪）真笔，举以与之[5]。又遣钜、钧两孙就学于黄榦[6]。

第三女名巳。乾道九年癸巳（1173）生，淳熙十四年丁未（1187）卒。朱子为埋铭曰：“朱氏女，生癸巳，因以名。叔其字。父晦翁，母刘氏。生四年，呱失恃。十有五，适笄珥。赵（赵师渊，1172进士）聘入，奄然逝。哀汝生，婉而慧。虽未学，得翁意。临绝言，孝友悌。从母葬，亦其志。父汝铭，母汝视。汝有知，尚无畏。宋淳熙，岁丁未（十四年，1187）。月终辜（十一月），壬寅（初五）识。”[7]此铭情意亲切。盖女巳一生，大半为朱子屏居著书教学之时，对此女必甚得意。第四女失名，适门人范念德之子元裕，亦朱子门人。第五女亦失名。巳死后数年夭折。朱子告门人陈才卿（名文蔚，1154—1239）谓夏间失一小孙[8]。易箦之前日为书，范念德托写礼书并为孙择婿[9]。均不知所指。

---

[1]《蔡氏九儒书》，卷6，蔡沈，《朱文公梦奠记》，页59下。又见王懋竑，《朱子年谱》，卷4下，页228。

[2]《文集》，卷84，《游密庵记》，页30上。

[3] 同上，卷2，《秋兰已悴以其根归学古》，页4上。

[4] 同上，续集，卷1，答黄直卿第三十四书，页10上。

[5] 同上，第四十书，页12上。

[6] 同上，第五十一书，页14下；第六十五书，页17下；第七十三书，页19下。

[7] 同上，正集，卷93，《女巳埋铭》，页1上。关于赵家聘礼，可参看《文集》，卷54，答应仁仲第三书，页11上。

[8] 同上，卷59，答陈才卿第十一书，页32上。

[9]《蔡氏九儒书》，卷6，蔡沈，《朱文公梦奠记》，页59下。

朱子绍熙二年辛亥(1191)定居建阳,三年乃筑室于建阳之考亭。考亭在三桂里玉枕山之麓。居此九年而卒。据清人罗镛《考亭朱子系谱序》,“文公没再传而公长子(塾)一派迁居建安(今之建瓯),三子(在)迁邵武。惟次君(野)派下世居考亭。元至正间(1341—1367)由考亭分一支回婺源守祠墓焉”[1]。建阳现有四万人。下考亭村户共二十六,其中二十五姓朱,皆朱子后裔。一九八三年,最老者为二十九世孙朱澜溪。朱子迁建阳时并未携全家子孙,因其次子野朱子临终时方由五夫里赶到建阳也。

[1] 罗镛:《考亭朱子系谱序》,载清光绪《续修紫阳堂朱氏家乘》,卷1,《明宗》。

第三章
朱子之师

朱子之家，素治儒者之学。故朱子自小即诵儒者之书。据其自述："某向丱角读《论》《孟》。自后欲一本文字高似《论》《孟》者，竟无之。"[1]又云："某自丱读《四书》，甚辛苦"[2]"向年十岁，道人授以符印。父兄知之，取而焚之"[3]。又晚年回忆曰："某十数岁时读《孟子》言'圣人与我同类者'[4]，喜不可言，以为圣人亦易做。今方觉得难。"[5]年十三四，得《论语》说于其父[6]。及十四岁依父遗嘱奉母移居崇安县五夫里，乃禀学于胡宪（1086—1162）、刘子翚（1101—1147）、刘勉之（1091—1149）三先生。韦斋病革时，手自为书，以家事属子翚之兄少傅刘子羽（1097—1146）。朱子与方士繇（1148—1199）、魏掞之同依刘子羽[7]。子羽为显宦，抗金有功，家亦大富。为筑三屋于五夫里潭溪其第之傍以居之。

胡宪，字原仲，建州崇安人，人称籍溪先生。娶刘勉之之妹，胡

[1]《语类》，卷104，第三条，页4151。
[2] 同上，第一条，页4151。
[3] 同上，卷3，第八十条，页87。
[4]《孟子·告子第六上》，第六章。
[5]《语类》，卷104，第四条，页4151。
[6]《文集》，卷75，《论孟要义目录序》，页6下。
[7] 据《福建论坛》1982年第2期，页70。

安国（1074—1138）从父兄之子。从安国学，始闻河南二程（程颢1032—1085；程颐1033—1107）之说。寻以乡贡入太学。随学易于谯定（字天授，壮年1127）。既而专治《春秋》，有《春秋胡氏传》。从太学归，力田卖药，以事其亲。诏特征之，以母老辞。乃授左迪功郎，添差建州州学教授。七年后以母老求得监南岳庙以归。屏居几二十年。绍兴二十九年己卯（1159）八月被召为大理司直，未行。改秘书省正字。人谓其必不复起，而一辞即受。虽门人弟子，莫不疑之。到馆下累月，以默无一言，益以为怪。朱子为诗送行曰："执我仇仇（傲）讵（何）我知，谩（广泛）将行止验天机。猿悲鹤怨（猿、鹤指君子）因何事？只恐先生袖手归。"[1]其后又寄诗曰："先生去上芸香阁（焚香草辟虫藏书之地），阁老（指刘珙，子羽之子。新任察官，称阁老）新峨（高）豸角冠（高官之冠）。留取幽人（指朱子）卧空谷，一川风月要人（我）看。瓮牖（贫户以瓶口为窗）前头翠作屏，晚来相对静仪刑。浮云一任闲舒卷，万古青山只么青。"[2]论者皆谓此诗有讽其师之意。然朱子自云："绍兴庚辰（1160），熹卧病山间。亲友仕于朝者，以书见招。熹戏以两诗代书报之。"[3]若谓讽其师，岂亦自讽邪？只谓当时非行道之时，有如籍溪，亦必空手而归而已[4]。

朱子师事胡宪，约二十年。三师之中以此为最久。然其关系，乃属父执之类。对于朱子思想，绝无熏染。《朱子语类》甚少提及。《朱子文集》虽提及多次，然只得两书，并非思想之讨论也。祭文行状，均未叙述其学说[5]。绍兴三十二年壬午（1162）卒，年七十七。

刘勉之，字致中，号草堂。五夫里之白水人，称白水先生。与胡

[1]《文集》，卷2，《送籍溪胡丈赴馆供职》，页8下。

[2] 同上，《寄籍溪胡丈及刘恭父》，页8下。又见卷81，《跋胡五峰诗》，页2下。

[3]《文集》，卷81，《跋胡五峰诗》，页2下。

[4] 参看拙著《朱子新探索》，页664，《赠胡籍溪诗》。

[5]《文集》，卷37，《与籍溪胡先生》，页1上—3上；卷87，《祭籍溪胡先生文》，页1上—1下；卷97，《籍溪先生胡公行状》，页15上—17上。

宪同举，入太学。归途遇司马光（1019—1086）门人刘安世与二程门人杨时，遂得新儒之道。即近郊结草堂躬耕自给，日以讲学为事。南渡几十年，谋复中原，特诏诣阙。既至，秦桧（1091—1155）方定和戎之计，但令策试后省给笔札而已。勉之知道不易行，即日谢病归，杜门高卧十余年，名闻益尊。绍兴十九年己巳（1149）卒，年五十九。少时妇家富而无子，谋尽以赀产归女氏。既谢不纳，又择其宗属之贤者，举而俾之，使奉其先祀。朱子既就学，勉之慨然为经理其家。待朱子如子侄，以女妻之。娶连氏。无子，以从兄之子为后。二女。长适朱子。次女适朱子门人范念德[1]。朱子师事勉之约六年。《朱子语类》所提亦少。《朱子文集》所提，不及胡宪之多。

影响最大、往来最密者为刘子翚，彦冲其字也。未冠游太学。以父任荫承务郎辟真定府幕属。父丧京师。三年服满，除通判兴化军事。秩满，乞管武夷山冲佑观。自是居屏山下潭溪之上，有园林水石之胜，凡十七景。自号病翁。讲学外无一杂言。尝讲学武夷山水帘洞，传说朱子侍学于此。事或有之，然不外偶然而已。长期侍读，则在五夫里也。五夫里现尚存朱子巷，传为朱子上学必经之路。如是屏居讲学十有七年。四为崇道祠官。绍兴十七年丁卯（1147）卒，年四十七。

朱子《屏山先生刘公墓表》云："熹时以童子侍疾。一日，请问先生平昔入道次等，先生欣然告之曰：'吾少未闻道。官莆田时，以疾病始接佛老子之徒，闻其所谓清净寂灭者而心悦之，以为道在是矣。比归读吾书而有契焉，然后知吾道之大，其体用之全乃如此。……于是尝作《复斋铭》《圣传论》以见吾志，然吾忘吾言久矣。今乃相为言之。汝尚勉哉。'"[2]两日后即与世辞，年四十七。朱子年十六七，尝

[1]《文集》，卷90，《聘士刘公先生墓表》，页19下。
[2] 同上，页2下。

为《命字元晦祝词》,通篇以孔子门人为模范[1]。

子翚务儒者之学,然于佛道,不乏同情。常与道士、僧人往来。据朱子回忆:"某年十五六时,亦尝留心于此(佛学)。一日在病翁所会一僧,与之语。其僧只相应和了说,也不说是不是;却与刘说,某也理会得个昭昭灵灵底禅。刘后说与某,某遂疑此僧更有要妙处在,遂去扣问他,见他说得也煞好。及去赴试时,便用他意思去胡说。是时文字不似而今细密,由人粗说,试官为某说动了,遂得举。"原注云:"时年十九。"[2]此僧为谁,至今未有定论。

一说谓此僧为大慧普觉禅师,大慧法名宗杲,又号妙喜(1089—1163),为临济义玄禅师(?—867)之法嗣。此说根据《大慧普觉禅师语录》尤焴之序。序云:"朱文公少年不乐读时文。因听一尊宿说禅,直指本心,遂悟昭昭灵灵一着。十八岁请举。时从刘屏山。屏山意其必留心举业。暨搜其箧,只《大慧语录》一帙尔。次年登科。"[3]然即此可信,亦不能证实所会之僧为大慧。一说谓是道谦。道谦姓游,五夫里人。为大慧弟子。结自信庵于仙洲山。此山与五夫里只隔一岭。朱子十五六岁时,道谦方三十余岁。或即在五夫里开善寺说教,故称开道谦。李侗(1093—1163)尝致书罗博文(1116—1168)云:"渠(朱子)初从谦开善(道谦)处下工夫来,故皆就里面体认。今既论难,见儒者路脉,极能指其差误之处。"[4]书中既云"下工夫",又云"体认",则朱子对于道谦之禅,印象必深。予谓道谦之说,纵无实证,然颇近情理。大慧之说,则时间上绝不可能[5]。而朱子之卒之弃禅,则有待于李侗。

---

[1] 全文载王懋竑,《朱子年谱》,卷12,页4—5。
[2]《语类》,卷104,第三十八条,页4166。
[3]《卍大藏经》,第三十一套,第四册,《大慧普觉禅师语录》,卷1之首,页348。
[4] 李侗:《李延平集》,卷1,与罗博文书,页5。
[5] 参看拙著《朱子新探索》,页641,《大慧禅师》。参看本书第十八章。

朱子自述云:“初师屏山籍溪。籍溪学于文定(胡安国),又好佛老。以文定之学为论治道则可,而道未至。然于佛老亦未有见。屏山少年能为举业,官莆田,接塔下一僧,能入定数日。后乃见了老,归家读儒书,以为与佛合,故作《圣传论》。其后屏山先亡,籍溪在。某自见于此道未有所得,乃见延平(李侗)。”[1]又云:“后赴同安任,时年二十四五矣,始见李先生。与他说,李先生只说(禅)不是。某却倒疑李先生理会此未得,再三质问。李先生为人简重,却是不甚会说,只教看圣贤言语。某遂将那禅来权倚阁起。意中道,禅亦自在,且将圣人书来读。读来读去,一日复一日,觉得圣贤言语渐渐有味。却回头看释氏之说,渐渐破绽,罅漏百出。”[2]

李侗,字愿中,南剑州剑浦(今之南平)人。以延平为南平旧名,故学者称延平先生。朱子撰《行状》有云:“闻郡人罗仲素(罗从彦,1072—1135)先生得河洛之学于龟山杨文靖公(杨时)之门,遂往学焉。……从之累年,受《春秋》《中庸》《语》《孟》之说。……退而屏居山田,结茅水竹之间,谢绝世故,余四十年。箪瓢屡空,怡然自适。……初龟山先生唱道东南,士之游其门者甚众。然语其潜思力行,任重诣极如罗公,盖一人而已。先生既从之学,讲诵之余,危坐终日,以验夫喜怒哀乐未发之前气象为如何,而求所谓中者[3]。……操存益固,涵养益熟。精明纯一,触处洞然。……熹先君子吏部府君亦从罗公问学,与先生为同门友,雅敬重焉。”[4]

李侗既为二程三传弟子,而朱松又为李侗同门友,则朱子必自幼惯闻河洛之说。今于禅学有疑,乃思向李侗探索究竟,固不但敬仰其人而已也。是以于绍兴二十三年癸酉(1153)夏赴福建南部泉

[1]《语类》,卷104,第三十七条,页4164。
[2] 同上,第三十八条,页4166。
[3]《中庸》,第一章。
[4]《文集》,卷97,《延平先生李公行状》,页26下—27下。

州同安主簿之任，路经延平，乃拜见而请教焉。由延平到同安，直线亦二百五十公里。道路弯曲，隔水过山。秋七月乃至同安。故夏间何日抵延平，逗留若干时日，所问节目，皆无可考。明人李默（1556卒）改订之《朱子年谱》（1552）与清人洪去芜改订之《朱子年谱》（1700），均谓癸酉（1153）始受学于延平先生。即王懋竑（1668—1741）所未见之叶公回《朱子年谱》与戴铣《朱子实纪》内之《朱子年谱》亦云然。可知各谱必是本于朱子门人李方子（1214进士）最早而久已失传之《紫阳年谱》[1]。惟据王懋竑考证，以《行状》不为此言。戊寅（1158）与范直阁书尚称丈而不称先生。《延平答问》戊寅间语，不似受学。故主张绍兴二十三年癸酉始见，至三十年庚辰（1160）乃受学焉[2]。钱穆亦作如是观[3]。两氏太过拘执。朱子未尝执弟子礼，谓非门人可乎？与范直阁书屡称胡丈[4]，然则籍溪非先生乎？且戊寅答问与《语类》师生问答无大异也。总之二十八年戊寅（1158）正月再见。《行状》云："先生归自同安，不远数百里，徒步往从之。"[5]徒步至少需用五日，未尝不可能，然《行状》所云，只显示其求学心殷而已。延平称之曰："颖悟绝人，力行可畏。其所论难，体认切至。"[6]三十年庚辰（1160）冬，三见李侗于延平。此次寓舍旁之西林院惟可师之舍，阅数月而后去[7]。《语类》载朱子回忆云："旧见李先生时说得无限道理。也曾去学禅。李先生云：'汝恁地悬空理会得许多，而面前事却又理会不得。道亦无玄妙，只在日用间着实做工夫处理会，便自见得。'后来方晓得他说，故今日不至无理会耳。"[8]又告门人曰：

---

[1] 参看拙著《朱子新探索》，页62，《朱子之年谱》。
[2] 王懋竑：《朱子年谱》，卷1上，页7；《考异》，卷1，页245。
[3]《朱子新学案》，第三册，页3。
[4]《文集》，卷37，与范直阁第一书，页3上；第三书，页5上。
[5] 黄榦：《勉斋集》，卷36，《朱子行状》，页39上。
[6] 同上。
[7]《文集》，卷2，《题西林可师达观轩》，页11上。
[8]《语类》，卷101，第七十七条，页4082。

“延平先生尝言:‘道理须是日中理会,夜里却去静处坐地思量,方始有得。’某依此说去做,真个是不同。”[1]

学者每强调延平教人静中观喜怒哀乐未发以前气象,求所谓中。然依钱穆所见,则朱子“所获于延平者有三大纲。一曰须于日用人生上融会,一曰须看古圣经义,又一曰理一分殊,所难不在理一处,乃在分殊处。朱子循此三番教言,自加寻究,而不自限于默坐澄心之一项工夫上,则诚可谓妙得师门之传矣”[2]。不限于默坐澄心,并非忽略静养。《延平答问》中屡屡言及[3]。其对于朱子之影响,可于《延平先生答问后录》见之[4]。看古圣经义一节,亦可引《语类》为据。《语类》云:“李先生说令去圣经中求义。某后刻意经学,推见实理,始信前日诸人之误也。”[5]至于理一分殊,学者多未言及,钱氏亦未讨论。此义为程颐所发。其答杨时论《西铭》书,以张子(张载,1020—1077)之《西铭》[6],“理一而分殊”[7]。盖《西铭》以天为父,地为母,老幼为一,理之一也。各亲其亲,各子其子,理之殊也。《延平答问》之讨论理一分殊之义[8],比默坐澄心,观未发以前气象[9]为多为详。辛巳(1161)问仁,延平告以理一分殊。此问答长达千字,为《延平答问》最长之对话。故朱子《延平李先生行状》,特别强调此说,谓“若概以理一而不察乎其分之殊,此学者所以流于疑似乱真之说而不自知也”[10]。又尝告门人赵师夏(绍熙元年,1190进士):“延平之言曰:‘吾儒之学所

[1]《语类》,卷104,第二十五条,页4160。
[2]《朱子新学案》,第三册,页35。
[3] 李侗:《延平答问》,页13下,15上,17下,23上,24上,32上。
[4] 同上,《延平先生答问后录》,页2下,3上,5上,6上。
[5]《语类》,卷104,第二十七条,页4160。
[6]《张子全书》,卷1。
[7]《伊川文集》,卷5,答杨时论《西铭》书,页12下。
[8]《延平答问》,页11上,24上,27上下。
[9] 同上,页13下。
[10]《文集》,卷97,《延平李先生行状》,页29上。

以异于异端者，理一分殊也。理不患其不一，所难者分殊耳。’此其要也。”[1]理一分殊为朱子哲学之基本概念。谓经李侗而得于程颐，不为过也。

[1] 赵师夏跋《延平答问后录》，页9下。

第四章
朱子论太极

本章先叙朱子参究太极之经过,然后述其对于太极之理解。

朱子自述云:“熹自蚤岁,即幸得其(周敦颐,1017—1073)遗编而伏读之,初盖茫然不知其所谓,而甚或不能以句。壮岁获游延平先生(李侗,1093—1163)之门,然后始得闻其说之一二。”[1]绍兴三十一年辛巳(1161),年三十二岁,四月致书延平,问:“‘太极动而生阳’,即天地之喜怒哀乐发处,于此即见天地之心。‘二气交感,化生万物’,即人物之喜怒哀乐发处,于此即见人物之心。如此做两节看,不知得否?”[2]此间两引周子《太极图说》,可知此时已注意此图与周子之说。延平答以天地人物只是一理,不可分两节看[3]。万物统体一太极也之观念从此萌芽。惟于延平静中看喜怒哀乐未发之时气象之教,有所不安。闻湘湖学者主张先察识而后涵养,乃于乾道三年丁亥(1167)赴长沙访候张栻(1133—1180)。主要讨论,乃《中庸》已发未发之中和问题,语三日夜而不能合。然亦涉及太极问题。南轩(张栻)赠别诗云:“超然会太极,眼底无全牛。”[4]朱子答诗云:“昔我

[1]《文集》,卷81,《周子通书后记》,页28下。

[2] 李侗:《延平答问》,页20上下。

[3] 同上。

[4]《南轩先生文集》,卷1,《诗送元晦尊兄》,页14上,总页137。

抱冰炭，从君识乾坤。始知太极蕴，要眇难名论。谓有宁有迹？谓无复何存？”[1]南轩以为两人体会太极，有如庖丁解牛[2]，达到自由自在之境。朱子之体会，日后有回忆云：“旧在湖南理会《乾》《坤》。《乾》是先知，《坤》是践履。……是时觉得无安居处，常恁地忙。又理会动静，以为理是静，吾身上出来便是动，却不知未发念虑时静，应物时动；静而理感亦有动，动时理安亦有静。”[3]可知当时所理会者为知行并进，动静如一。对于延平主静与湖南主动，已觉其偏。从而于周子《太极图说》之“动而生阳，动极而静。静而生阴，静极复动。一动一静，互为其根”，益感兴趣。于是从事校正周子之《太极图》与其《图说》。

致胡广仲（胡实，壮年1150）书云：“旧传《图说》皆有缪误。……参互考证，改而正之。凡所更改，皆有据依，非出于己意之私也。”[4]原注云：“《说》中‘静而生阴’，‘静’下多一‘极’字，……考正而削之矣。”旧传指胡宏（1106—1161）家传周子之书。至于朱子如何改正《太极图》，则于比较胡宏家传之旧图与《周子全书》卷一之图，可以见之。旧图第一圈为阴静，第二圈为阳动，朱子改为阳动在第二圈之左，阴静在第二圈之右。旧图第二圈只右边黑白交叉，朱子改为两边黑白交叉，左为两阳夹阴，右为两阴夹阳。旧图第三圈五行相生，只为阳动，朱子改以阴静阳动相连，盖以五行各有阴阳，乃生万物也。诚如《语类》所云：“牛羊草木，皆有牝牡，一为阳，一为阴。万物有生之初，亦各有两个。……甲便是木之阳，乙便是木之阴。丙便是火之阳，丁便是火之阴。”[5]此外，国史本传《图说》首句为

[1]《文集》，卷5，《二诗奉酬敬夫赠言并以为别》，页8下。
[2]《庄子·养生主第三》，卷2，页2下。
[3]《语类》，卷104，第三十一条，页4162—4163。
[4]《文集》，卷42，答胡广仲第五书，页6上。
[5]《语类》，卷94，第六十九条，页3779。

“自无极而为太极”，增多“自”“为”二字，尝欲请删去而未果[1]。

乾道五年己丑（1169）著《周子太极通书后序》，谓周子之书“长沙（建安）本最后出，乃熹所编定。……盖先生之学，其妙具于太极一图。《通书》之言，皆发此图之蕴。……故潘清逸（潘兴嗣）志先生之墓，叙所著书，特以作《太极图》为称首。然则此图当为书首，不疑也。然先生既手以授二程（程颢，1032—1085；程颐，1033—1107）本，因附书后。传者见其如此，遂误以图为书之卒章。……长沙《通书》，因胡氏所传篇章，非复本次，又削去分章之目。……又尝读朱内翰震（1072—1138）《进易说表》，谓此图之传，自陈抟（约906—989）、种放（1015卒）、穆修（979—1032）而来。而五峰胡公仁仲（胡宏）作《通书序》，又谓先生非止为种、穆之学者，‘此特其学之一师耳，非其至者也’。……及得志文考之，然后知其果先生之所自作，而非有所受于人者”[2]。

此序重要之点有三：一为《太极图说》应在《通书》之前。一为周子以此图手授二程。一为此图乃周子所自作而非来自道士。潘氏《墓志铭》有曰：周子“深于易学，作《太极图》《易说》《易通》《通书》数十篇”[3]。故据此以图为周子所自作。以上三点，终身坚持不弃。淳熙六年己亥（1179）朱子守南康，再刊《太极》《通书》，并撰《再定太极通书后序》，重申十年前《周子太极通书后序》之意。所宜注意者，朱子所编《通书》为长沙（建安）本，又尝参考胡宏所传之《通书》。胡宏为张栻之师，则长沙必有周子传说。无怪访南轩时有太极之讨论也。如是可谓朱子太极之论，李侗启其端，长沙之行有以

[1]《文集》，卷80，《邵州州学濂溪先生祠记》，页12上。增字又见卷71，《记濂溪传》，页4上；卷36，答陆子静第六书，页16下。今本《宋史》，卷427，《周敦颐传》，页12712，《图说》已删去“自”“为”两字。

[2]《文集》，卷75，《周子太极通书后序》，页18上—19下。

[3]《周子全书》，卷20，《濂溪先生墓志铭》，页400。

鼓动之，引致其注释《太极图说》。此说向来无人主张，然历史线索显然，不容否认。

长沙访问之明年（1168），朱子撰《太极图说解》与《通书解》。现存最古之叶公回校订之《朱子年谱》（1431），系《太极图说解》与《通书解》于乾道九年癸巳（1173）。戴铣《朱子实纪》（1513）之《朱子年谱》与王懋竑（1668—1741）之《朱子年谱》沿之。惟王氏于其《考异》谓据朱子与南轩往来诸书，“则《太极图解》成于戊子（1168）、己丑（1169）。两书后跋，各以其跋之岁月言，非成书之岁月也。……今姑依年谱所序，而考订其岁月先后如此”[1]。后跋指《太极图说后记》，成于乾道九年癸巳（1173），诸年谱以之为《太极图说解》之年。若谓初稿始于乾道四年戊子（1168）而定稿成于乾道九年癸巳（1173），可备一说。

朱子既成两解，即分寄其友南轩与伯恭（吕祖谦，1137—1181）。三人来往书札，略有讨论，惟于《太极图说》之史实与哲理，未尝言及。惟南轩有一书，《南轩文集》不存，而《太极图说注后记》引之，谓“二先生（二程）所与门人讲论问答之言，见于书者详矣。其于《西铭》盖屡言之。至此图则未尝一言及也。谓其必有微意，是则固然。然所谓微意者，果何谓耶”[2]。乾道八年壬辰（1172）冬有书南轩，对周子传图于二程与二程不传有所解释，谓“盖以为唯程子为能受之。程子之秘而不示，疑亦未有能受之者尔”[3]。朱子盖信以为然，然未见历史证据也。

此数年间，学者必提出疑问多端，故朱子《图说解》后撰“附辩”。其言曰：“愚既为此说，读者病其分裂已甚，辨诘纷然。……大抵难者，或谓不当以继善成性分阴阳，或谓不当以太极阴阳分道器，

[1] 王懋竑：《朱子年谱》，《考异》，卷1，页273。

[2]《注后记》载《周子全书》，卷2，页35，不见《文集》。

[3]《文集》，卷31，答张敬夫第十九书，页9上。

或谓不当以仁义中正分体用，或谓不当言一物各具一太极。”朱子一一答复，理由充实，如谓“阴阳太极，不可谓有二理必矣。然太极无象，而阴阳有气，则亦安得而无上下之殊哉！此其所以为道器之别也”[1]。

评者之中，以陆子美（陆九韶，壮年1150）为最烈。淳熙十三年丙午（1186）、十四年丁未（1187）有两书致朱子。全书不存，部分见《周子全书》。全是意气，如谓“今于上又加‘无极’二字，是头上安头，过为虚无好高之论也”[2]。朱子复云：“不言无极，则太极同于一物，而不足为万化之根。不言太极，则无极沦于空寂，而不能为万化之根。”[3]两人措词急迫。朱子卒谓“正当谨如来教，不敢复有尘渎也”[4]。子静（陆象山，1139—1193）自告奋勇，替其兄与朱子辩。十五年戊申（1188）致书朱子，热烈争辩，谓“梭山兄（子美）谓《太极图说》与《通书》不类，疑非周子所为。不然，则或是其学未成时所作。不然，则或是传他人之文。……《通书》……中即太极也。……此言殆未可忽也。……《通书》终篇未尝一及‘无极’字。二程言论文字至多，亦未尝一及‘无极’字。……梭山兄所以不复致辨者，盖以兄执己之意甚固，而视人之言甚忽，求胜不求益也。……今兄为时所用，进退殊路，合并未可期也”[5]。朱子答云：“伏羲……文王……皆未尝言太极也，而孔子言之。孔子……未尝言无极也，而周子言之。……至极无名可名，故特谓之太极。……初不以其中而命之也。……极者，至极而已。……所谓一者，乃为太极，而所谓中者，乃气禀之得中。……周子所以谓之无极，正以其无方所，无形状。……

[1]《附辩》载《周子全书》，页33—35，不见《文集》。
[2] 同上，卷3，页38。又见《宋元学案补遗》，卷57，《梭山复斋学案》，页2下。
[3]《文集》，卷36，答陆子美第一书，页3下。
[4] 同上，第三书，页6上。
[5]《象山全集》，卷2，与朱元晦第一书，页4上—7下。

彼俗儒胶固，随语生解，不足深怪。老兄平日自视为如何，而亦为此言耶？”[1]朱子辞亦严厉，不减子静。书长几二千字。子静复书，着意“太极”“无极”之词义，谓：“今阅得书，但见文辞缴绕，气象褊迫。其致辨处，类皆迁就牵合。……若实见太极，上面必不更加‘无极’字。……上面加‘无极’字，正是叠床上之床。……若谓欲言其无方所，无形状……曰‘无声无臭’可也。岂宜以‘无极’字加之太极上？……直将‘无’字搭在上面，正是老氏之学。……极亦此理也，中亦此理也。……曰‘极’，曰‘中’，曰‘至’，其实一也。……如所谓‘太极真体，不传之秘，……不属有无，不落方体……’等语，莫是曾学禅宗，所得如此？”[2]书亦长三千言。辞气之严，比朱子尤甚。翌年(1189)朱子答书，谓“凡辨论者，亦须平心和气。……‘极’是名此理之至极，‘中’是状此理之不偏。……‘无极而太极’，犹曰莫之为而为。……非谓别有一物。……子美尊兄……自信太过。……老兄却是先立一说，务要突过。………各尊所闻，各行所知，亦可矣。无复可望于必同也”[3]。子静答云：“愿依末光，以卒余教。”[4]太极之辩，从此结束。

辩论重点凡三：一为《太极图》非周子所作。二为“无极”来自《老子》。三为“极”字之义。关于第一论点，潘氏《墓志铭》确谓周子“作《太极图》”，然梭山以《图说》与《通书》不类，故以为非周子所作，朱子则指明《图说》与《通书》相同之处。清儒黄宗炎(1616—1686)、朱彝尊(1629—1709)等均详辨此图原自道教[5]。周子颠倒其序。盖道教志在炼气，由下而上。周子则由上而下，以天地生

[1]《文集》，卷36，答陆子静第五书，页7下—10下。
[2]《象山全集》，卷2，与朱元晦第二书，页8下—11下。
[3]《文集》，卷36，答陆子静第六书，页10下—16下。
[4]《象山全集》，卷2，与朱元晦第三书，页11下。
[5] 黄宗炎：《晦木太极图辨》，载《宋元学案》，卷11，《濂溪学案》，页12下—15上；朱彝尊：《太极图授受考》，《曝书亭集》，卷58，页1上—2下。

五行人物。周子之功，在化道为儒。朱、陆均以门户立场论之，至为无当。“极”之解释，当然极是尽终之义。若谓屋之中央，故无去处，亦是至极。然此究是第二义。至谓“无极”一词，来自《老子》，诚是事实。此词出自《老子》第二十八章。《庄子》《列子》《淮南子》均用之[1]。陈淳（1159—1223）论“无极”，单举柳宗元（773—819）与邵雍（1011—1077）已用此词，讳言道家。但谓柳、邵均以气言，周子则以理言[2]。

朱子著《西铭解义》与《太极图说解》后，未尝予以示人。至淳熙十五年戊申（1188）因误解太多，乃出两解以示学徒[3]。或因与子静辩，故特表而出之。门人遂发问多端。《语类》卷94论太极各条，除第七十六条与九十一两条为金去伪淳熙二年乙未（1175）所录以外，余皆在十五年戊申（1188）出示《图说解》之后。师生讨论问题，以次述之如下：

一、“极”之意义

朱子对于“极”之理解，始终以“至”字释之，即“终”“穷”“尽”“竟”之义。《语类》云：“因其极至，故名曰太极。”[4]又云：“‘极’是极至无余之谓。”[5]即所谓“无极只是极至，更无去处了。至高至妙，至精至神，更没去处”[6]。“太极者，自外而推入去，到此极尽，更没去处，所以谓之太极。”[7]朱子举数例以明之。谓“太极

[1]《庄子》，卷1，《逍遥游第一》，页11下；《列子》卷5，《汤问第五》，页1上；《淮南子》，卷21，《要略》，页2上。

[2] 陈淳：《北溪字义》，卷下，《太极》，第一四九条。

[3]《文集》，卷82，《题太极西铭解后》，页14上。

[4]《语类》，卷94，第二十二条，页3765。

[5] 同上，第二十条，页3762。

[6] 同上，第十八条，页3761。

[7]《语类》，卷98，第一〇〇条，页4614。

者，如屋之有极，天之有极，到这里更没去处”[1]。又曰：“原‘极’之所以得名，盖取枢极之义。”[2]枢极指北辰之为天极。又举香桌为例，曰：“‘极，尽也。’先生指前面香桌：‘四边尽处是极，所以谓之四极。四边视中央，中央即是极也。’”[3]

与象山太极之辩，极端反对以“极”为“中”。淳熙十六年己酉（1189）象山知荆门军。绍熙三年壬子（1192）讲《书经·洪范》之“五皇极”[4]以代打醮，仍以“中”释“极”。朱子门人问之，朱子答曰：“人君建极，如个标准。如东方望也如此，西方望也如此，南方望也如此，北方望也如此。莫不取则于此，……‘中’固在其间，而‘极’不可以训‘中’。汉儒注说‘中’字，只说‘五事之中’，犹未为害，最是近世说‘中’字不是。近日之说，只要含胡苟且，不分是非，不辨黑白，遇当做底事，只略略做些，不要做尽。此岂圣人之意！”[5]不特“极”，不可以训“中”，同时“中”亦不可以训“极”。朱子云：“‘中’，不可解做‘极’。‘极’无‘中’意，只是在中，乃至极之所，为四向所标准，故因以为中。如屋极，亦只是在中，为四向所准。……如北极，如宸极，皆然。若只说‘中’，则殊不见‘极’之义矣。”[6]

朱子闻象山以“中”说“皇极”，又作《皇极辨》。其言曰：“盖‘皇’者，君之称也。‘极’者，至极之义，标准之名，常在物之中央，而四外望之，以取正焉者也。故以极为在中之准的则可，而便训‘极’为‘中’则不可。若北辰之为天极，脊栋之为屋极，其义皆然。……先儒（孔颖达，574—648）……误训‘皇极’为‘大中’。……殊不知

[1]《语类》，卷94，第四十一条，页3770。
[2] 同上，第十二条，页3751。
[3]《语类》，卷79，第九十五条，页3252。
[4]《书经·洪范》，第十节。
[5]《语类》，卷79，第一〇一条，页3254。
[6] 同上，第九十三条，页3251。

极虽居中而非有取乎‘中’之义。且‘中’之为义，又以其无过不及，至精至当，而无有毫厘之差，亦非如其所指之云也。”[1]

二、太极涵义

极在中央，并非有形之谓，盖“太极却不是一物，无方所顿放，是无形之极”[2]。“太极无方所，无形体，无地位可顿放。”[3]然太极虽是无形，却是有理。“太极是五行阴阳之理皆有，不是空底物事。”[4]故云“太极只是一个理字”[5]。此理字有数涵义。一者天地之理之总名。《语类》云：“太极只是天地万物之理。”[6]《文集》亦云：“盖其所谓太极云者，合天地万物之理而一名之耳。”[7]二者实理。“《太极图》只是一个实理，一以贯之。”[8]三者理之极致。“太极之义，正谓理之极致耳。有是理，即有是物，无先后次序之可言。”[9]四者此理是生生不穷之理。朱子云：“太极如一木生上，分而生枝干，又分而生花生叶，生生不穷。到得成果子，里面又有生生不穷之理。生将出去，又是无限个太极，更无停息。”[10]

太极又是至善。或问太极。曰：“太极只是个极好至善底道理。……是天地人物万善至好底表德。”[11]此处道理连词，盖道即理。胡宏谓“‘一阴一阳之谓道’[12]，道谓何也？谓太极也。阴阳刚柔，显

[1]《文集》，卷72，《皇极辨》，页11上。
[2]《语类》，卷75，第八十六条，页3070。
[3] 同上，卷94，第十九条，页3762。
[4] 同上，第十五条，页3758。
[5] 同上，卷1，第四条，页2。
[6] 同上，第一条，页1。
[7]《文集》，卷78，《隆兴府学濂溪先生祠记》，页19上。
[8]《语类》，卷94，第三条，页3755。
[9]《文集》，卷37，答程可久第三书，页3下。
[10]《语类》，卷75，第八十七条，页3070。
[11] 同上，卷94，第二十一条。页3765。
[12]《易经·系辞上》，第五章。

极之机，至善以微”[1]。不知于朱子以太极为理并以太极为至善，有无影响。邵雍亦云道为太极。或问：“康节（邵雍）云：‘道为太极。’[2]又云：‘心为太极。’[3]道指天地万物自然之理而言，心指人得是理以为一身之主而言？”朱子曰：“固是。但太极只是个一而无对者。”[4]朱子《易学启蒙》释“易有太极”[5]云：“太极者，象数未形而其理已具之称。形器已具，而其理无朕之目。……邵子曰：‘道为太极。’又曰：‘心为太极。’此之谓也。”[6]以未形已形而言，可分为二。以理而言，则太极是一。是谓之一而无对。

三、太极与阴阳动静

太极与阴阳不可分，盖“太极乃在阴阳之中，而非在阴阳之外也”[7]。换言之，“太极非是别为一物，即阴阳而在阴阳，即五行而在五行，即万物而在万物，只是一个理而已”[8]。同时阴阳亦在太极之中。“所谓太极者，便只在阴阳里；所谓阴阳者，便只是在太极里。而今人说阴阳上面别有一个无形无影底物是太极，非也。”[9]阴阳虽在太极之中，然阴阳与太极不可混而为一。盖“动亦太极之动，静亦太极之静，但动静非太极耳”[10]。朱子之意，动静本身并非太极，惟太极在阴阳之中。朱子曰：“不是兼动静，太极有动静。喜怒哀乐未发，也有个太极；喜怒哀乐已发，也有个太极。只是一个太极，流行于已发之

[1]《胡子知言》，卷5，《复义》，页10上下。
[2] 邵雍：《皇极经世书》，卷7上，《观物外篇上》，页23上。
[3] 同上，卷8下，《观物外篇下》，页25上。
[4]《语类》，卷100，第三十一条，页4050。
[5]《易经·系辞上》，第十一章。
[6]《易学启蒙》，卷2，页2上。
[7]《文集》，卷37，答程可久第三书，页3下。
[8]《语类》，卷94，第二十二条，页3765。
[9] 同上，第八十一条，页3870。
[10] 同上，第十九条，页3762。

际,敛藏于未发之时。"[1]

如是云云,似与《易经》"易有太极,是生两仪"[2]不合。太极两仪,似有次序。朱子释之曰:"太极即在阴阳里。如'易有太极,是生两仪',则先从实理处说。若论其生则俱生,太极依旧在阴阳里。但言其次序,须有这实理,方始有阴阳也。其理则一。虽然,自见在事物而观之,则阴阳函太极;推其本,则太极生阴阳。"[3]即是说,太极是理,阴阳是气。若论先后,则必须先有此理,才有此气。然理气不离,可见于见在事物也。

门人问太极是否始于阳动?朱子答曰:"阴静是太极之本,然阴静又自阳动而生。一静一动,便是一个辟阖。自其辟阖之大者推而上之,更无穷极,不可以本始言。"[4]又云:"一动一静,循环无端。无静不成动,无动不成静。譬如鼻息,无时不嘘,无时不吸。嘘尽则生吸,吸尽则生嘘。理自如此。"[5]《太极图说》所谓"动而生阳,静而生阴","不是动后方生阳,盖才动便属阳,静便属阴。'动而生阳',其初本是静,静之上又须动矣"[6]。换言之,"非是动而后有阳,静而后有阴,截然为两段,先有此而后有彼也。只太极之动便是阳,静便是阴。方其动时,则不见静;方其静时,则不见动。然'动而生阳',亦只是且从此说起。阳动以上,更有在。程子(程颐)所谓'动静无端,阴阳无始'[7],于此可见"[8]。

或云静为体,动为用。朱子不取此说。朱子云:"太极自是涵动静之理,却不可以动静分体用。盖静即太极之体也,动即太极之用

[1]《语类》,卷94,第三十条,页3767。
[2]《易经·系辞上》,第十一章。
[3]《语类》,卷75,第八十三条,页3067。
[4] 同上,卷94,第九条,页3756。
[5] 同上,第三十二条,页3767。
[6] 同上,第三十四条,页3768。
[7]《经说》,卷1,《易说》,页2上。
[8]《语类》,卷94,第三十五条,页3768。

也。譬如扇子，只是一个扇子。摇动便是用，放下便是体。才放下时，便只是这一个道理；及摇动时，亦只是这一个道理。”[1]若以太极为体，动静为用，则朱子初有此意。至注《太极图说》时已改之。答杨子直（杨方，1163进士）书云：“熹向以太极为体，动静为用。其言固有病，后已改之曰：‘太极者，本然之妙也。动静者，所乘之机也。’[2]此则庶几近之。……谓太极含动静则可（原注：以本体而言也），谓太极有动静则可（原注：以流行而言也）。若谓太极便是动静，则是形而上下者不可分，而‘易有太极’之言亦赘矣。”[3]机是“关捩子”，“踏着动底机，便挑拨得那静底；踏着静底机，便挑拨得动底”。简言之，机即气机[4]。

四、物物有太极

太极既不是别为一物，而在阴阳之中，则人物皆阴阳交错而成，故太极即在每一人一物之内。朱子曰：“太极只是天地万物之理。在天地言，则天地中有太极；在万物言，则万物中各有太极。”[5]又云：“人人有一太极，物物有一太极。”[6]其注《通书·理性命》章“二气五行，化生万物。……万一各正，小大有定”云：“自其末以缘本，则五行之异，本二气之实，二气之实，又本一理之极。是合万物而言之，为一太极而已也。自其本而之末，则一理之实，而万物分之以为体。故万物之中，各有一太极，而小大之物，莫不各有一定之分也。”[7]门人问万物各有一太极，如此则是太极有分裂乎？朱子答曰：“本只是

[1]《语类》，卷94，第二十九条，页3766。
[2]《周子全书》，卷1，《太极图说解》，页7。
[3]《文集》，卷45，答杨子直第一书，页12上。
[4]《语类》，卷94，第五十一、五十二条，页3775。
[5] 同上，卷1，第一条，页1。
[6] 同上，卷94，第二十一条，页3765。
[7]《周子全书》，卷9，《通书解》，页169。

一太极，而万物各有禀受，又自各全具一太极尔。如月在天，只一而已；及散在江湖，则随处而见，不可谓月已分也。”[1]论者谓此语受佛家华严宗之影响。诚然朱子曾引永嘉《证道歌》:“一月普现一切水，一切水月一月摄。”[2]理学之曾受佛教影响，自无待言。然物物有太极之思想，上沿《易经》之太极生两仪五行以至万物，与乎《太极图说》之“各一其性”与《通书》之“万一各正”。《通书》与《太极图说》处处相通，此其一端也。

五、无极而太极

朱、陆太极之辩，其关于思想方面者，莫过于陆氏对于“无极”之攻击。朱子答陆子美云:“《太极》篇首一句，最是长者所深排。……而来谕……又谓‘著“无极”字便有虚无好高之弊’。”[3]子美专意攻击，于太极之义，未有发明。子静替其兄反驳，曰:“《易·大传》曰:‘易有太极。’圣人言有，今乃言无，何也？作《大传》时不言无极。太极何尝同于一物而不足为万化根本耶？……后书又谓‘无极即是无形，太极即是有理。周先生恐学者错认太极别为一物，故著“无极”二字以明之’。……自有《大传》至今几年，未闻有错认太极别为一物者。……何足上烦老先生，特地于‘太极’上加‘无极’二字以晓之乎？且‘极’字亦不可以形字释之，盖‘极’者，‘中’也。言无极则是犹言无中也。是奚可哉！”[4]朱子答书极辩解“极”为“中”之非。又谓“周子所以谓之无极，正以其无方所，无形状。以为在无物之前，而未尝不立于有物之后。以为在阴阳之外，而未尝不行乎阴

[1]《语类》，卷94，第二〇三条，页3824。

[2] 同上，卷18，第二十九条，页640。《证道歌》载《大正新修大藏经》，第四十八册，页396。又见《景德传灯录》，卷30，页30下。

[3]《文集》，卷36，答陆子美第二书，页4下—5上。

[4]《象山全集》，卷2，与朱元晦第一书，页6上。

阳之中。以为通贯全体，无乎不在，则又初无声臭影响之可言也”[1]。两人发挥太极无极思想甚少，大多以意气用事。此场辩论，无补于太极无极之理解也。此理解则可于《太极图说解》与《语类》问答见之。

朱子注《太极图说》首句“无极而太极”曰：“上天之载，无声无臭[2]（原注：是解‘无极’二字），而实造化之枢纽，品汇之根柢也（原注：是解‘太极’二字）。故曰：‘无极而太极。’非太极之外，复有无极也（原注：有无合一之谓道[3]）。”门人杨方于朱子之注，提出异议。朱子释之曰：“圣人谓之太极者，所以指夫天地万物之根也。周子因之而又谓之无极者，所以着夫无声无臭之妙也。然曰‘无极而太极，太极本无极’，则非无极之后，别生太极，而太极之上，先有无极也。又曰五行阴阳，阴阳太极，则非太极之后，别生二（气）五（行），而二五之上，先有太极也。以至于成男成女，化生万物，而无极之妙，盖未始不在是焉。此一图之纲领，《大易》之遗意，与老子所谓物生于有，有生于无[4]，而以造化为真有始终者，正南北矣。”[5]

晚年门人之间，关于《太极图》者甚多，尤以“无极”为然。朱子阐明无极是无之至，而至无之中，乃至有存焉。无极无声无臭。非太极之外别有无极。太极无极无次序，无先后，无积渐。亦不可将无极便做太极。周子恐人以太极为一物，故说“无极而太极”，只是无形而有理之意[6]。《语类》卷94全论《太极图》与《通书》。卷1亦以太极居首。《文集》言太极者不下五十余处。盖程子言理而少言气，

[1]《文集》，卷36，答陆子静第五书，页9下。

[2]《诗经·大雅·文王之什》；《中庸》，第三十三章。

[3]《周子全书》，卷1，《太极图说解》，页5。

[4]《老子》，第四十章。

[5]《文集》，卷45，答杨子直第一书，页11下。卷49，答王子合第十三书，页10上，亦是此意。

[6]《语类》，卷94，第一至二十条，页3755—3762。

张子(张载,1020—1077)言气而少言理。朱子合而并之,然后理气之关系,乃可解决。以故必须表扬周子之《太极图说》,庶称为理之总名之太极,动而生阳,静而生阴。如是根据太极与阴阳之关系,理气之关系可以厘清。朱子以后,《图说》遂为理学之基石。《近思录》以之为首。以后《性理大全》与《性理精义》等书,无不皆然。《宋元学案》以《太极图说》有尊之者,亦有议之者,不若《通书》之纯粹无疵,故置《图说》在《通书》之后。其目的在避免争端,而非谓《通书》较为重要也。日本学者山井湧教授检查《文集》《语类》言太极者共二百五十余处。除关于《易经》与《图说》者外,为数甚少。且《四书章句集注》,全然不见。即《四书或问》亦只于《孟子或问》一处提及,而此处亦因周子推明太极之意而言[1]。山井湧教授之发见,可谓惊人。至其结论,以太极在朱子哲学系统中并非其血脉[2],则大可商量。从上面理气关系而言,非有太极之思想不可。至于《四书章句集注》不提太极,则因四书乃下学之事,无需形而上太极之论也。

朱子有《太极说》,首述程子无端无始之语,随论天道人道之不相离,元亨利贞[3]与动静之关系,动静对于成性立命之重要,如何致"寂然不动"之中,"感而遂通"之和[4]。如是熔《易经》乾卦之四德感寂与《中庸》之中和于一炉,以示天人合一。足见朱子太极之论,兼上达下学而有之。

---

[1] 山井湧:《明清思想の研究》,页72、75、79、86。

[2] Yamanoi Yu, "The Great Ultimate and Heaven in Chu Hsi's Philosophy" in Wing-tsit Chan, ed., *Chu Hsi and Neo-Confucianism*, pp. 82–84.

[3]《易经》,乾卦之四德。

[4]"寂感"出《易经·系辞上》,第十章。"中和"出《中庸》,第一章。

第五章
朱子论理气

朱子理之观念，根本上沿自程颐（1033—1107）。程子解“有物有则”[1]为物存在之原则[2]。朱子根据此旨，乃形成其理气哲学，为中国思想史上一大贡献。《文集》与《语类》讨论此问题甚多。兹分论之。

何谓理？

朱子于“理”字下一定义，曰：“天下之物，则必各有所以然之故与其所当然之则，所谓理也。”[3]又云：“既有是物，则其所以为是物者，莫不各有当然之则而自不容已。是皆得于天之所赋，而非人之所能为也。……所谓理也。”[4]陈淳（1159—1223）有云，可视之为“理”之解释。其言曰：“理无形状，如何见得？只是事物上一个当然之则便是理。‘则’是准则、法则，有个确定不易底意。只是事物上正当合做处便是‘当然’，即这恰好，无过些，亦无不及些，便是‘则’。”[5]

---

[1]《诗经・大雅・荡之什・烝民》。《孟子・告子第六上》，第六章引之。
[2]《遗书》，卷11，页5上。
[3]《大学或问》，经文，页7上，总页13。
[4] 同上，第五章，页39上下，总页37—38。
[5]《北溪字义》，卷下，“理”，第一三五条。

理有自然、所以然、当然之分。朱子云:"洒扫应对之事,其然(自然)也,形而下者也。洒扫应对之理,所以然也,形而上者也。"[1]理乃"至善,则事理当然之极也"[2]。又曰:"当然之理,无有不善。"[3]

朱子每将理与道比较,云:"道是统名,理是细目。"[4]朱子每言万物一理,似与此言矛盾。然细察其意,可得两解,皆与此言并无冲突。一为物皆有理,而万物同是一理。关于此点,下面再有说明。一为条理。"以各有条,谓之理;人所共由,谓之道。"[5]"道便是路,理是那文理。"[6]是理亦有条理之意。致何叔京(何镐,1128—1175)书云:"天理既浑然,然既谓之理,则便是个有条理底名字,故其中所谓仁义礼智四者,合下便各有一个道理,不相混杂。"[7]因此之故,所以称理为"有条理","有文路子","如一把线相似"[8]。以理为条理与以理为存在必然之则,并无二致,盖存在之则即纹路,亦即条理也。

朱子每言"实理""常理"。理非空虚之物,必有实现,所谓实理也。释《中庸》首章云:"中和云者,所以状此实理之体用也。天地位,万物育,则所以极此实理之功效也。"[9]理有正有权,有常有变。"常如风和日暖,变如迅雷烈风。"[10]"如冬寒夏热,此理之正也。有时忽然夏寒冬热,岂可谓非无此理?但既非理之常,便谓之怪。"[11]然不可谓迅雷烈风,便无理主之。《左传》昭公七年郑人相惊伯有之鬼

---

[1]《论语或问·子张第十九》,页658。
[2]《大学章句》,注经文"止于至善"。
[3]《语类》,卷4,第四十九条,页108。
[4] 同上,卷6,第二条,页158。
[5] 同上,第四条,页159。
[6] 同上,第五条,页159。
[7]《文集》,卷40,答何叔京第二十七书,页36上。
[8]《语类》,卷6,第七、十二、十三条,页160。
[9]《中庸章句》,第一章,页83—84。
[10]《语类》,卷37,第三十三条,页1574。
[11] 同上,卷3,第十九条,页58。

杀人，程颐解为“别是一理”[1]。朱子依之，谓“伯有为厉，别是一种道理。此言其变，如世之妖妄者也”[2]。如是万物皆有理。即枯槁之物亦有理。门人问枯槁之物亦有性，如何？对曰：“是他合下有此理，故云天下无性外之物。”因行街，云：“阶砖便有砖之理。”因坐，云：“竹椅便有竹椅之理。枯槁之物，谓之无生意则可，谓之无生理则不可。如朽木无所用，止可付之爨灶，是无生意矣。然烧什么木，则是什么气，亦各不同，这是理元如此。”[3]

理气不离

理既非空，故必与气相辅而行。“理离气不得。”[4]“理未尝离乎气。”[5]“气以成形，理亦赋焉。”[6]此点朱子屡屡言之，谓“天下未有无理之气，亦未有无气之理”[7]。又云：“既有理，便有气。既有气，则理又在乎气之中。”[8]答黄道夫（黄樵仲，1178进士）亦云：“天地之间，有理有气。理也者，形而上之道也，生物之本也。气也者，形而下之器也，生物之具也。是以人物之生，必禀此理然后有性，必禀此气然后有形。”[9]气不能无理，因凡人物必须有其所以然。理不能无气，因理不是空虚之物。“然理又非别为一物，即存乎是气之中。无是气，则是理亦无挂搭处。”[10]“气不结聚时，理亦无所附着。”[11]如是浑然一

[1]《遗书》，卷3，页6上。《左传 · 僖公七年》，第七节，伯有之鬼声言将杀人，郑人大惊。
[2]《语类》，卷98，第一一五条，页4019。
[3] 同上，卷4，第二十七条，页98。
[4] 同上，第六十五条，页116。
[5]《语类》，卷1，第十条，页3。
[6]《中庸章句》，第一章，页83—84。
[7]《语类》，卷1，第六条，页2。
[8] 同上，卷94，第三十七条，页3789。
[9]《文集》，卷58，答黄道夫第一书，页4下。
[10]《语类》，卷1，第十一条，页4。
[11] 同上，第十二条，页4。

体，非两物并存。朱子注《太极图说》谓“动静者所乘之机”。下注云：“理搭于气而行。”[1]所谓理附搭于气，并非指气为主，理为宾，而是理气不离，盖气亦附理，无主客之分也。门人问动静者所乘之机，朱子答曰：“太极理也，动静气也。气行则理亦行，二者常相依而未尝相离也。太极犹人，动静犹马；马所以载人，人所以乘马。马之一出一入，人亦与之一出一入。盖一动一静，而太极之妙未尝不在焉。”[2]曹端（1376—1434）著《辩戾》，痛击之，谓如是人为死人，理为死理。曹端忽视朱子理气浑然之旨，而徒以比喻为病，非精微之论也[3]。

理气先后

关于理气之关系，问题极多。其中以理气先后为最重要，因此讨论最烈。《语类》卷1与卷95等处，皆有多条。《文集》与友生书札往来亦有多起。《中庸章句》《大学或问》与《易学启蒙》皆涉及之。陈来博士《朱熹哲学研究》几以三十页讨论此题。于朱子理气先后思想之形成，考据精详，议论新颖。谓朱子早年主张理气无先后。南康（1179—1181）之后，经过朱、陆辩论太极（1187—1188），逐渐形成其理先气后之思想。至晚年走向逻辑路线，以逻辑而言，则理在气先云云[4]。此结论总述朱子关于理气先后思想之过程，持论鲜明，至可参考。兹先述朱子关于此题之言论，随加以评议。

朱子答杨志仁（杨复）云：“所论理气先后等说，正坐如此，怕说有气方具此理，恐成气先于理。何故却都不看有此理后方有此气？既有此气，然后此理有安顿处。”[5]可知关于理气先后问题，“等说”纷

[1]《周子全书》，卷1，页7。
[2]《语类》，卷94，第五十条，页3773。
[3] 参看第十七章，《道统与后继》，页256。
[4] 陈来：《朱熹哲学研究》，页29。
[5]《文集》，卷58，答杨志仁第二书，页12下。

纷。杨氏主张气在理先，此为朱子所不取。盖理在气先，乃是其一贯之意念。匆谓问答书札与专著，均坚持此说。论太极则曰："太极者，象数未形而其理已具之称。"[1]以天地言，"未有天地之先，毕竟是先有此理"[2]。论人物则曰："人物未生时，只可谓之理。"[3]又曰："未有这事，先有这理。如未有君臣，已先有君臣之理。未有父子，已先有父子之理。不成元无此理，直待有君臣父子，却旋将道理入在里面。"[4]门人问："有是理而后有是气。未有人时，此理何在？"答曰："也只在这里。"[5]所谓"这里"，即此理长存之意，亦即未有人时，已先有此理。论性则曰："先有个天理了，却有气。气积为质，而性具焉。"[6]论动静则曰："理有动静，故气有动静。若理无动静，则气何自而有动静乎？"[7]此处非指理之本身有动有静，而是指如无动静之理，则动静无由施行。论感应则曰："未有事物之时，此理已具，少间应处只是此理。"又曰："未应如未有此物，而此理已具；到有此物，亦只是这个道理。"[8]

以上无论何种课题，均持理先气后之说，上节理气不离，即无先无后，岂非冲突？《大学或问》云："天道流行，发育万物。其所以为造化者，阴阳五行而已。而所谓阴阳五行者，又必有是理而后有是气。及其生物，则又必因是气之聚而后有是形。故人物之生，必得是理，然后有以为健顺仁义礼智之性，必得是气，然后有以为魂魄五脏百骸之身。"[9]此处首言理在气先，随谓理气不离。岂非同一答题，而

---

[1]《易学启蒙》，卷2，页2上。
[2]《语类》，卷1，第一条，页1。
[3] 同上，卷95，第四十五条，页3858。
[4] 同上，第七十七条，页3868。
[5] 同上，卷1，第九条，页3。
[6] 同上，第七条，页2。
[7]《文集》，卷56，答郑子上第十四书，页33下。
[8]《语类》，卷95，第七十九、八十条，页3869。
[9]《大学或问》，经文，页3上，总页5。

自相矛盾如此？《语类》亦云："问：'天地未判时，下面许多都已有否？'曰：'只是都有此理，天地生物千万年，古今只不离许多物。'"[1]又云："未有此气，便有此理。既有此理，必有此气。"[2]此两处均先言理在气先，随言理气不离。且亦有可解为气先理后者。《中庸章句》曰："天以阴阳五行化生万物，气以成形，而理亦赋焉。"[3]答赵致道（赵师夏，1190进士）云："有是气则有是理，无是气则无是理。"[4]一方面谓理气无先后，一方面谓理先气后，另一方面又可解作气先理后。如是不符，难免引起友辈门人多年疑难。淳熙十五年戊申（1188）出示《太极图说解》以后，疑问更多。

气先理后之说之为朱子所摈弃，上面引答杨志仁书中，已至明显。气形理赋，无气无理，只谓理气不离而已。而理气不离与理先气后，实无矛盾。门人问理先而气后，朱子曰："虽是如此，然亦不须如此理会，二者有则皆有。"[5]门人又问："有是理便有是气，似不可分先后？"朱子曰："要之，也先有理。只不可说是今日有是理，明日却有是气；也须有先后。"[6]在朱子心目中，不分先后与理先气后，两者并非理气本身问题，而是吾人视线角度之问题。理气本身，则二者不离，无先无后。以吾人观之，则理为生物之本，气为生物之具。故从本原上，则理在先。从时间言，则无先后。若谓天地未判，已先有理，显是时间上理亦在先。然此是假设之词，下文即谓古今不离许多物。凡谓人物未生时或谓未有人时，均应作如是观。

朱子又云："所谓理与气，此决是二物。但在物上看，则二物浑沦，不可分开各在一处，然不害二物之各为一物也。若在理上看，则

[1]《语类》，卷1，第十五条，页5。
[2] 同上，卷63，第一二一条，页2459。
[3]《中庸章句》，第一章，页83—84。
[4]《文集》，卷59，答赵致道第一书，页42上。
[5]《语类》，卷94，第三十一条，页3767。
[6] 同上，卷1，第十四条，页5。

虽未有物而已有物之理。然亦但有其理而已，未尝实有是物也。”[1]从理上看，即是推论。朱子云：“理与气本无先后之可言，但推上去时，却如理在先，气在后相似。”[2]《语类》又载，或问先有理后有气之说，朱子答曰：“不消如此说。而今知得他合下是先有理，后有气邪；后有理，先有气邪？皆不可得而推究。然以意度之，则疑此气是依傍这理行。及此气之聚，则理亦在焉。”[3]又曰：“此本无先后之可言。然必欲推其所从来，则须说先有是理。”[4]冯友兰于此言下下案语云：“若就逻辑言，则‘须说先有是理’。盖理为超时空而不变者，气则为在时空而变化者。就此点言，必‘须说先有是理’。”[5]冯氏之论，即陈来所谓走向逻辑之路。此为讨论理气问题之新论据。盖因《太极图说解》出示学者后，议论纷然，于是多方解释，而理气不离之初衷，未摇动也。当然此新论据乃晚年之事。其实如上所引《语类》[6]之记录，皆在出示《图说解》以后之事也。

理气比较

冯氏比较理气，一为超时空而不变，一为在时空而变化。此即朱子形上形下之分。朱子云：“理未尝离乎气。然理形而上者，气形而下者。自形而上下言，岂无先后！理无形，气便粗，有渣滓。”是则理气因形上形下之分，故亦有精有粗。朱子又曰：“只是气强理弱。……便见得那气粗而理微。”[7]气强理弱，下面有说。微粗即精粗。又云：“形而上者指理而言，形而下者指事物而言。事事物物，皆

[1]《文集》，卷46，答刘叔文第一书，页24上。
[2]《语类》，卷1，第十二条，页4。
[3] 同上，第十三条，页4—5。
[4] 同上，第十一条，页4。
[5] 冯友兰：《中国哲学史》，页906。
[6]《语类》，卷1，第十条，页3—4。参看《文集》，卷58，答黄道夫第一书，页4下。
[7] 同上，卷4，第六十四条，页114。

有其理。事物可见而其理难知。”[1]于形上形下、精粗强弱之上,又有可见、难知之不同。然始终理是本[2],故在先。然此只是以意度之。实际上理气不离,故无先后也。

理生气也

所以召致理气问题时间有先后者,莫过于“生”字。朱子云:“有是理后生是气。”[3]又曰:“气虽是理之所生。”[4]《性理大全》所引亦有“理生气也”,在朱子注《太极图》之《集说》[5],又见《周子全书》朱子注《太极图说》“太极动而生阳”之《集说》[6]。从来学者不知此语来自何处。嗣经陈来考得出自吕柟(1479—1542)之《宋四子抄释》内之《朱子抄释》,并考得其来自朱子门人杨与立(1193进士)所编之《语略》[7]。此“生”字上沿《易经》“是生两仪”[8]。陈来与之以两种解释。一种是理可能产生气。另一种是“使之生”,即“使气从虚空中产生”。然两种说法无大差别[9]。予谓“生”字非“生子”“生花”之生。若然则时有先后且可离为二,而是“生事”“生心”之“生”,含有本原之意,亦有存在所由之意,即上面所言必然之理也。

理之生气是“无情意,无计度,无造作。只此气凝聚处,理便在其中”[10]。“气虽是理之所生,然既生出,则理管他不得。如这理寓于

---

[1]《语类》,卷75,第一〇八条,页3077。
[2] 同上,卷1,第九条,页2。
[3] 同上,第七条,页2。
[4] 同上,卷4,第六十四条,页114。
[5]《性理大全》,卷1,页10上。
[6]《周子全书》,卷1,页7。
[7] 陈来:《关于程朱理气思想两条资料的考证》,载《中国哲学史研究》1983年第2期,页85。
[8]《易经·系辞上》,第十一章。
[9] 陈来:《朱熹哲学研究》,页21。
[10]《语类》,卷1,第十三条,页5。

气了，日用间运用都由这个气，只是气强理弱。”[1]此以运行而言。若论本原，则可谓理强气弱，因理是气之必然性。在此意义上，理是气之主宰。门人问：“天地之心，天地之理。理是道理，心是主宰底意否？”[2]朱子解《太极图》附注云：“太极，理也；阴阳，气也。气之所以能动静者，理为之主宰也。”[3]此主宰非有意之主宰，乃程子（程颐）所谓“天地无心而成化”[4]之主宰，亦即理决定气之种种存在与性质之主宰。

理一分殊

华严宗每言一多相摄，论者遂谓儒家理一分殊，乃受佛教之影响。然理一分殊之观念，实为程子所新创。程子答门人杨时（1053—1135）论《西铭》云：“《西铭》之为书，推理以存义。扩前圣所未发，与孟子性善养气之论同功。岂墨氏之比哉？《西铭》明理一而分殊，墨氏则二本而无分。”[5]无分指墨子兼爱，不承认于君于父有特殊之关系也。故“分”字读“附问切”，如职分之分，非分别之分。通常理一分殊之论，指伦理而言。朱子从李侗（1093—1163）得理一分殊之教，“理不患其不一，所难者分殊耳”[6]。及读程子《遗书》，乃深入于心。至读周子《通书·理性命》章“万一各正，小大有定”，益加强其信仰。于是理一分殊，遂为其哲学一重要之元素。程子不特以理一分殊解仁义，而亦以之解天地万物。程子云：“天下之理一也。……虽物有万殊，事有万变，统之以一，则无能违也。”[7]朱子因之。其释“忠恕”曰：“忠为恕体，是以分殊而理未尝不一；恕为忠用，是以理一

[1]《语类》，卷4，第六十四条，页114。
[2] 同上，卷1，第十七条，页5—6。
[3]《周子全书》，卷1，页2。
[4]《经说》，卷1，《易说》，页2上。
[5]《伊川文集》，卷5，答杨时论《西铭》书，页12下。
[6] 李侗：《延平答问》，页11上、27上下；《后录》，页7上、9下。
[7]《易传》，卷3，页3下。

而分未尝不殊。”[1]又注《孟子》云：“天地之间，人物之众，其理本一，而分未尝不殊也。以其理一，故推己可以及人。以其分殊，故立爱必自亲始。”[2]又曰：“‘一实万分，万一各正’，便是理一分殊处。”[3]或问理一分殊，答曰：“圣人未尝言理一，多只言分殊。盖能于分殊中，事事物物，头头项项，理会得其当然，然后方知理本一贯。不知万殊各有一理，而徒言理一，不知理一在何处。”[4]此为董铢（1152—1214）丙辰（1196）以后所闻，隔李侗之死已三十余年，而印象尚深刻如此。

朱子亦用“万理”之词。尝曰：“佛说万理俱空，吾儒说万理俱实。”[5]又曰：“合天地万物而言，只是一个理。及在人，则又各自有一个理。”[6]亦含万理之义。然此并非言人人各有不同之理也。朱子言物物各有太极，与此同义。如是云云，并非指太极有分裂，或人人物物之太极不同。盖太极只一而已，有如月亮散在江湖，随处可见，然不可谓月已分裂也。故答门人云：“天下之理万殊，然其归则一而已矣。”[7]又云：“太极非是别为一物。……即万物而在万物，只是一个理而已。”[8]门人问：“未有一物之时如何？”答曰：“是有天下公共之理，未有一物所具之理。”[9]换言之，并无一物所具之理与别不同，亦如月光为一，只江湖之反照不同而已。

人物理气之同异

月光反照，纯是气之问题。理有偏全之不同，气亦有清浊精粗

---

[1]《论语或问·里仁第四》，页17下，总页188。
[2]《孟子或问·梁惠王第一上》，页8上，总页16。
[3]《语类》，卷94，第二〇二条，页3824。引语出《通书》，第二十二章。
[4] 同上，卷27，第四十一条，页1086。
[5] 同上，卷17，第三十三条，页609。
[6] 同上，卷1，第八条，页2。
[7]《文集》，卷63，答余正甫第一书，页25下。
[8]《语类》，卷94，第二十二条，页3765。
[9] 同上，第三十一条，页3767。

纯驳昏明厚薄之异。人物皆理与气合而成。朱子云:“人物之生,必禀此理然后有性,必禀此气然后有形。其性其形,虽不外乎一身,然其道器之间,分际甚明,不可乱也。”[1]然人物之赋禀,有同有异。“同者其理也,异者其气也。”[2]此处概言人与物,谓人物皆同是理,而人之气禀与物之气禀,大有不同。答友人云:“人物之性本无不同,而气禀则不能无异耳。程子所谓…… ‘只是物不能推,人则能推之’[3]者,以气禀之异而言也。”[4]《语类》亦云:“人物之生,有精粗之不同。自一气而言之,则人物皆受是气而生。自精粗而言,则人得其气之正且通者,物得其气之偏且塞者。惟人得其正,故是理通而无所塞。物得其偏,故是理塞而无所知。”[5]告子以生之谓性,指人物之性同。孟子驳之曰:“然则犬之性,犹牛之性;牛之性,犹人之性欤?”[6]朱子承是而言曰:“犬、牛、人,谓其得于天者未尝不同。惟人得是理之全,至于物,止得其偏。”[7]故人物理同而气异。朱子所言之性,是性即理之性。告子所言之性,则是气禀之性。盖“性,孟子所言理,告子所言气”[8]也。

至于人与人之间与物与物之间,亦同一方式,皆理同而气异。故朱子云:“禀得气清明者,这道理只在里面;禀得气昏浊者,这道理亦只在里面,只被这昏浊遮蔽了。譬之水,清底,里面纤微皆可见;浑底,里面便见不得。”[9]智愚之别,即在于此。又答门人云:“论万物之一原,则理同而气异;观万物之异体,则气犹相近而理绝不同也。气

[1]《文集》,卷58,答黄道夫第一书,页4下。
[2]《语类》,卷4,第十七条,页94。
[3]《遗书》,卷2上,页16上。不知谁语。
[4]《文集》,卷39,答徐元聘第二书,页24上。
[5]《语类》,卷4,第四十一条,页105。
[6]《孟子・告子第六上》,第三章。
[7]《语类》,卷59,第九条,页2183。
[8] 同上,第六条,页2182。
[9] 同上,第五十五条,卷2204。

之异者，粹驳之不齐；理之异者，偏全之或异。”[1]既云理同，又云理异，岂非自相矛盾？然所谓异者，乃理偏全之异，无论偏或全，仍是理，亦犹水之清浊不同，然不害其为水也。理之所以同与气之所以异者，盖理是从太极而言，故人物皆同。气则是从阴阳五行而言，故人与物固然不同，即人与人之间，与物与物之间，亦各有殊异。

朱子又有理随气异之论。苟不细看，易致误会。朱子云：“人物之生，天赋之以此理，未尝不同，但人物之禀受自有异耳。如一江水，你将勺去取，只得一勺；将碗去取，只得一碗；至于一桶一缸，各自随器量不同，故理亦随以异。”[2]显然气异理亦随之而异。然此处之异，乃偏全之异。理虽偏或全，然仍是理也。关于此点，朱子屡有讨论，谓“理固不可以偏正通塞言，然气禀既殊，则气之偏者便只得理之偏，气之塞者便自与理相隔”[3]。又曰：“若论本原，即有理然后有气，故理不可以偏全论。若论禀赋，则有是气而后理随以具。故有是气则有是理，无是气则无是理。是气多则是理多，是气少即是理少，又岂不可以偏全论耶？”[4]朱子屡言“气禀偏，则理亦欠阙了”[5]。“惟其所受之气只有许多，故其理亦只有许多。如犬马，他这形气如此，故只会得如此事。”[6]理随气异，乃偏全之异。理到底是犬马之必然性，故理到底是本，是主。

从上所述，可见理为朱子哲学之中心思想。天地人物伦常道德，均以理释之。然理与气，浑然一体，不可分为二物。理气关系，为朱子思想之高峰，亦即中国哲学之高峰。程朱之学曰理学，盖有由也。

---

[1]《文集》，卷46，答黄商伯第四书，页11下。
[2]《语类》，卷4，第十四条，页93。
[3]《文集》，卷62，答杜仁仲第一书，页15下。
[4]《文集》，卷59，答赵致道第一书，页42上。
[5]《语类》，卷4，第六十五条，页114。
[6] 同上，第十条，页91。

第六章 朱子论天

朱子思想系统中之天，其义有三。门人问经传中“天”字，朱子答曰：“要人自看得分晓，也有说苍苍者，也有说主宰者，也有单训理时。”[1]又问天即理之说，曰：“天固是理，然苍苍者亦是天，在上而有主宰者亦是天。”[2]此思想上承伊川（程颐，1033—1107）。程子曰：“夫天，专言之则道也。……分而言之，则以形体谓之天，以主宰谓之帝，以功用谓之鬼神，以妙用谓之神，以性情谓之乾。”[3]

苍苍者天

朱子大部分沿袭传统，然增新义。《语类》云：“天地初间只是阴阳之气。这一个气运行，磨来磨去，磨得急了，便挼许多渣滓，里面无处出，便结成个地在中央。气之清者便为天，为日月，为星辰，只在外，常周环运转。地便只在中央不动，不是在下。”[4]阴阳二气，即是水火[5]。“天运不息，昼夜辗转。”[6]邵雍（1011—1077）云：“樵者问渔

[1]《语类》，卷1，第二十二条，页8。
[2] 同上，卷79，第六十七条，页3240。
[3]《易传》，卷1，页1上。
[4]《语类》，卷1，第二十三条，页8。
[5] 同上，第三十三条，页10。
[6] 同上，第二十五条，页9。

者曰:‘天何依?’曰:‘依乎地。’曰:‘地何附?’曰:‘附乎天。’曰:‘然则天地何依何附?’曰:‘自相依附。天依形,地附气。’”[1]朱子比较明晰,谓“天以气而依地之形,地以形而附天之气”[2]。门人问:“天地会坏否?”对曰:“不会坏。只是相将人无道极了,便一齐打合,混沌一番,人物都尽,又重新起。”[3]此新天地乃是新义。固是古来循环道理,然佛家世劫之说,不无影响。观其解释生第一个人时借用佛家化生之说,无所托,突然而生,可以知之[4]。最有意义者,乃朱子化石之发现。朱子云:“常见高山有螺蚌壳,或生石中,此石即旧日之土,螺蚌即水中之物。下者却变而为高,柔者变而为刚,此事思之至深,有可验者。”[5]于是作一科学之发现,较早于欧洲发现化石三百年。惜其即物穷理,未若欧洲走上实验科学之路耳。

天即理

以理训天,自是朱子理的哲学之本色。从上述伊川之语观之,此思想亦源程子。然精密加详,益以新义,则朱子之贡献也。朱子云:“天之所以为天者,理而已。天非有此道理,不能为天。故苍苍者即此道理之天。”[6]故注《论语·获罪于天》章云:“天即理也。”[7]注《孟子·顺天者存》章亦云:“天者,理势之当然也。”[8]又云:“天者,理而已矣。大(国)之字小(国),小之事大,皆理之当然也。自然合理,故曰乐天。不敢违理,故曰畏天。”[9]传统上获罪于天、顺天、逆天、乐

[1]《邵子全书》,卷7,《外书》,《渔樵对问》,页4上。
[2]《语类》,卷1,第二十六条,页9。
[3] 同上,第三十九条,页11。
[4] 同上。
[5] 同上,卷94,第十六条,页3759。
[6] 同上,卷25,第八十三条,页1001。
[7]《论语集注·八佾第三》,第十三章。
[8]《孟子集注·离娄第四上》,第七章。
[9]《孟子集注·梁惠王第一下》,第三章。

天、畏天，皆作人格神解，今乃以理说之，可谓大胆万分之新义。"夫子之言性与天道，不可得而闻"，朱子释之曰："性者，人所受之天理。天道者，天理自然之本体。其实一理也。"[1]程颐虽云天专言之则道，然解不可得闻之天道，未有见如朱子之彻底也[2]。

朱子云："天又理之所从以出者也。"[3]似谓天在理先。又云："宇宙之间，一理而已。天得之而为天，地得之而为地，而凡生于天地之间者，又各得之以为性。"[4]似谓天在理后。学者或以为此中有些矛盾。其实理无先后之可言。朱子下文谓"此理之流行，无所适而不在"，乃指天地万物各循其理，方能尽性成物耳。非谓天地万物生于理也。门人问是否天则就其自然者言之，命则就其流行而赋于物者言之，性则就其全体而万物所得以为生者言之，理则就其事事物物各有其则者言之。朱子曰："然。"[5]并谓"理者天之体，命者理之用，性是人之所受"[6]。然天与命非二物，"盖以理言之谓之天，自人言之谓之命，其实则一而已"[7]。解乐天知命曰："天以理言，命以付与言，非二事也。"[8]毕竟天与理非父子之关系而乃体用之关系。理为天之体。天即命，而命者理之用也。

主宰与帝

天不外是苍苍之形体，然天义是理，则必有主宰之[9]。朱子云："苍苍之谓天。运转周流不已，便是那个。而今说天有个人在那里批

[1]《论语集注·公冶长第五》，第十二章。
[2]《经说》，卷6，《论语说》，页5上。伊川只云此是夫子之至论。
[3]《孟子集注·尽心第七上》，第一章。
[4]《文集》，卷70，《读大纪》，页5上。
[5]《语类》，卷5，第一条，页133。
[6] 同上，第二条，页133。
[7]《孟子集注·万章第五上》，第六章。
[8]《文集》，卷40，答何叔京第十八书，页30上。
[9]《语类》，卷68，第十条，页2679。

判罪恶，固不可；说道全无主之者，又不可。这里要人见得。”[1]问孰为主宰？朱子答曰：“自有主宰。盖天是个至刚至阳之物，自然如此运转不息。所以如此，必有为之主宰者。这样处要人自见得，非语言所能尽也。”因举《庄子》“孰纲维是？孰主张是？”[2]十数句，曰：“他也见得这道理。”[3]《庄子》续云：“孰居无事推而行是？意者其有机缄而不得已邪？意者其运转而不能自止邪？”道家之答案为自然论、机械论或怀疑论。儒家之上帝传统太强，故朱子云必有主宰。程子曰：“《诗》《书》中凡有个主宰底意思者，皆言帝；有一个包涵遍覆底意思，则言天。”[4]此之谓也。

《诗》《书》之帝，无疑是人格神。道教且称之为玉皇大帝、三清大帝等，有声有色。朱子以理代之，谓“如‘父子有亲，君臣有义’[5]，虽是理如此，亦须是上面有个道理教如此始得。但非如道家说，真有个‘三清大帝’着衣服如此坐耳”[6]。简单而言，“帝是理为主”[7]。根据此理之原则，乃解文王“在帝左右”[8]为“察天理而左右也。古注亦如此”[9]。其实孔颖达（574—648）《疏》尚未离开天帝，谓文王“常观察天帝之意，随其左右之宜，顺其所为，从而行之”[10]。朱子则直解为理。然主宰之义，究是神秘。属于信仰范围，而非可以理性解决之。故朱子屡屡要人自见得。彼云：“理是如此。若道真有个文王上上下下，则不可。若道诗人只胡乱恁地说，也不可。”[11]《书经》记高宗

[1]《语类》，卷1，第二十二条，页8。
[2]《庄子》，卷5，《天运第十四》，页35下。
[3]《语类》，卷68，第十一条，页2679。
[4]《遗书》，卷2上，页13下。
[5]《孟子·滕文公第三上》，第四章。
[6]《语类》，卷25，第八十三条，页1001。
[7]《语类》，卷1，第二十一条，页8。
[8]《诗经》，《大雅·文王之什·文王》。
[9]《语类》，卷81，第一三五条，页3372。
[10]《毛诗正义》，卷16，页236，总页504。
[11]《语类》，卷81，第一三四条，页3371—3372。

武丁梦天帝赐予良弼[1]。门人谓据此则真有个天帝与高宗对答。朱子应之曰:“今人但以主宰说帝,谓无形象,恐也不得。若如世间所谓‘玉皇大帝’,恐亦不可。毕竟此理如何?学者皆莫能答。”[2]即谓天帝之有无,非吾人所能知。吾人所知者,只是苟有天帝,亦必循理而已。

天地生物之心

主宰之原动,来自何处?天地之心是也。问:“天地之心,天地之理。理是道理,心是主宰底意否?”曰:“心固是主宰底意,然所谓主宰者,即是理也,不是心外别有个理,理外别有个心。”又问:“此‘心’字与‘帝’字相似否?”曰:“‘人’字似‘天’字,‘心’字似‘帝’字。”[3]又云:“天地之心,而理在其间也。”[4]此心“不可道是不灵,但不如人恁地思虑”[5]。天地之心,果何为哉?生物是也。生之观念,来源甚古。《易经·系辞》云:“生生之谓易。”[6]又云:“天地之大德曰生。”[7]“天地以生物为心”,则是程子伊川之言[8]。而朱子以之为其言天之中心思想也。朱子讨论天地生物之心,比讨论天、主宰与帝,多至数倍。

朱子著《仁说》,开始即谓“天地以生物为心者也,而人物之生,又各得夫天地之心以为心者也”[9]。南轩(张栻,1133—1180)以“天地以生物为心”之语为未安,不知理由为何。朱子则以为无病,盖天

[1]《书经·说命上》,第二节。
[2]《语类》,卷79,第四十六条,页3233。
[3] 同上,卷1,第十七条,页5—6。
[4]《文集》,卷58,答黄道夫第二书,页5上。
[5]《语类》,卷1,第十六条,页5。
[6]《易经·系辞上》,第五章。
[7]《易经·系辞下》,第一章。
[8]《外书》,卷3,页1上,或以为明道(程颢,1032—1085)语。
[9]《文集》,卷67,《仁说》,页20上。

只是以生为道也[1]。其后南轩云:"'天地以生物为心'之语,平看虽不妨,然恐不若只云'天地生物之心,人得之为人之心'似完全。"[2]今《仁说》未改,可知张语无效。然其讨论之热烈,可以见矣。与其他学者,讨论甚多[3]。谓此观念在朱子思想系统中,与太极、仁等同等重要,非过言也。

以朱子观之,"天地别无勾当,只是以生物为心。一元之气,运转流通,略无停间,只是生出许多万物而已"[4]。此心未尝停顿,亘古亘今,生生不穷。春生冬藏,其理未尝间断[5]。何以如此,则朱子未有正式之答案。惟在其问答之间,亦可以找出数种理由。其一为凡物必须有生。朱子云:"天地之心,只是个生。凡物皆是生,方有此物。如草木之萌芽,枝叶条干,皆是生方有之。人物所以生生不穷者,以其生也。"[6]其二为阴阳相推。朱子云:"夫舒而为阳,惨而为阴,孰非天地生物之心哉?"[7]其三为春气。朱子曰:"春气温厚,乃见天地生物之心。到夏是生气之长,秋是生气之敛,冬是生气之藏。若春无生物之意,后面三时都无了。"[8]其四为蒸气所迫。朱子云:"'天地以生物为心'。譬如甑蒸饭,气从下面滚到上面,又滚下,只管在里面滚,便蒸得熟。天地只是包许多气在这里无出处,滚一番,便生一番物。他别无勾当,只是生物。"[9]四者意思相同,亦有重复,而后者为最有趣。盖指天地生之力量,至刚至健,不能或止也。

---

[1]《文集》,卷32,答钦夫论仁说第一书,页16下—17上。
[2]《南轩先生文集》,卷21,答朱元晦第二十一书,页5下,总页674。
[3] 如《文集》,卷42,答吴晦叔第十书,页18上。
[4]《语类》,卷1,第十八条,页6。参看卷69,第八十六条,页2754。
[5] 同上,卷63,第十二条,页2031;卷27,第一〇七条,页1125。
[6] 同上,卷105,第四十四条,页4186。
[7]《文集》,卷25,《与建宁傅守札子》,页11下。
[8]《语类》,卷20,第一一七条,页754。
[9] 同上,卷53,第十四条,页2033。

“复”其见天地之心

最易见天地生物之心者，乃在一阳之初复。《易经》“复”卦彖辞曰：“七日来复，天行也。‘复’其见天地之心乎。”关于此点，朱子议论甚详。书札往来与师生答问，往往辩论此题。“复”非天地之心，因“复”而可以见天地之心也。朱子云：“‘复’非天地心，‘复’则见天地心。……盖天地以生物为心，而此卦之下一阳爻，即天地所以生物之心也。至于‘复’之得名，则以此阳之复生而已。……但于其复而见此一阳之萌于下，则是因其复而见天地之心耳。”[1]“圣人说‘复’其见天地之心，到这里微茫发动了，最可以见生气之不息也。”[2]又云：“阳极于外而复生于内，圣人以为于此可以见天地之心焉。盖其复者气也。其所以复者，则有自来矣。向非天地之心，生生不息，则阳之极也，一绝而不复续矣。”[3]程子伊川注“‘复’其见天地之心”云：“一阳复于下，乃天地生物之心也。先儒皆以静为见天地之心，盖不知动之端乃天地之心也。”[4]先儒指王弼（226—249）等之注《易》。王弼云：“寂然至无，是其本矣。故动息地中，乃天地之心见也。”[5]朱子释伊川之言曰：“伊川……一段，盖谓天地以生生为德，自‘元亨利贞’[6]乃生物之心也。但其静而复，乃未发之体；动而通焉，则已发之用。一阳来复，其始生甚微，固若静矣。然其实动之机，其势日长，而万物莫不资始焉。此天命流行之初，造化发育之始，天地生生不已之心于是而可见也。若其静而未发，则此之心体虽无所不在，然却

[1]《文集》，卷42，答吴晦叔第十书，页18上。“复”卦坤上震下，初九为阳爻，由下上升，即反复之意。参看卷40，答何叔京第八书，页21下。

[2]《语类》，卷71，第四十二条，页2849。

[3]《文集》，卷32，答张钦夫第三十三书，页4下。

[4]《易传》，卷2，页33上。

[5] 王弼：《周易注》。见楼宇烈《王弼集校释》，页336。

[6]《易经》，“乾”卦之四德。

有未发见处。此程子所以以'动之端'为天地之心,亦举用以该其体尔。"[1]朱子之言,不无批评程子之微意。盖以动见天地之心,亦犹以静见天地之心之趋于一边也。且动之端虽微,已是造化之始。朱子之意,"'复'未见造化,而造化之心于此可见"[2]耳。南轩曾致书朱子,以动中涵静,所谓"复"见天地之心,不免犹有静为见天地之心之意。朱子则坚持动之不能无静,静之不能无动。一阴一阳,互为其根也[3]。"须通动静、阴阳、善恶观之。"[4]此其所以不取老子之只守静以观其复也[5]。

朱子不特不赞同单纯以静或动见天地之心,亦不赞同只以"复"见天地之心。其言曰:"圣人赞《易》而曰:'"复"见天地之心。'今人多言惟是'复'卦可以见天地之心,非也。六十四卦无非天地之心,但于'复'卦忽见一阳来复,故即此而赞之尔。论此者当知有动静之心,有善恶之心,各随事而看。"[6]又云:"须知元亨利贞便是天地之心。"[7]换言之,天地生物之心,包括造化全部,非只一阳来复也。于是发问:"然却为甚于'复'然后见天地之心邪?"[8]实际上,"复"见天地之心与六十四卦见天地之心,并无冲突。且"复"卦阴极而阳,正足以表示一阴一阳之互为其根,只以惟"复"乃见天地之心为不安耳。

天 心

论者皆用"天地之心",朱子用"天之心"以代"天地之心"者少

---

[1]《语类》,卷71,第五十条,页2852。
[2] 同上,第五十三条,页2854。
[3]《文集》,卷32,答张钦夫第四十七书,页26上。张书已佚。
[4]《文集》,卷49,答王子合第二书,页2上。
[5]《语类》,卷71,第五十三条,页2858。"观复"出《老子》,第十六章。
[6] 同上,第六十条,页2858。
[7]《文集》,卷40,答何叔京第十六书,页29上。参看卷67,《元亨利贞说》,页1上。
[8]《文集》,卷47,答吕子约第二十书,页22下。

而又少。《文集》《语类》所知只各一见[1]。朱子本人用“天心”以作“天地之心”者,《文集》只见两次。《壬午封事》云:“此乃天心仁爱陛下之厚,不待政过行失而先致其警戒之意。”《丞相李公奏议后序》云:“若宣和(1119—1125)、靖康(1126)之变,吾有以知其非天心之所欲。”[2]此外尚有三次,乃引张载(1020—1077)《正蒙》“合天心”之言或述其意而言耳[3]。其他多处,“天心”乃指君心,与天地之心无关也[4]。

有心无心

天地生物之心,是有心耶?是无心耶?既是生物之心,当然有心。苟无心则须牛生出马,桃树上发李花[5]。然此心无思虑,无营为,故谓之为“无心之心”[6]。问:“程子谓:‘天地无心而成化,圣人有心而无为。’”[7]朱子答曰:“这是说天地无心处。”[8]朱子有云:“万物生长,是天地无心时。枯槁欲生,是天地有心时。”[9]此语极耐人寻味。盖万物之生长,乃依理而行。天理大公无私,不须有主宰为之思虑营为,故谓之无心。枯槁欲生,乃是生意。即如阴极复阳,可以见天地之心也。

人物得之以为心

张子云:“天无心。心都在人之心。一人私见固不足尽,至于众

[1]《文集》,卷57,陈安卿来书,页36上;《语类》,卷95,第九十六条,页3874。
[2]《文集》,卷11,页8下;卷76,页7下。
[3]《张子全书》,卷2,《正蒙·大心第七》,页21上;《语类》,卷98,第六十一、六十八条,页4001;卷95,第一二七条,页3887。
[4] 如《文集》,卷13,《辛丑延和奏札一》,页6下。
[5]《语类》,卷1,第十八条,页6。
[6] 同上,卷4,第二十四条,页96。
[7]《经说》,卷1,《易说》,页2上。
[8]《语类》,卷1,第十八条,页6。
[9]《语类》,卷1,第十九条,页7。

人之心同一则却是义理，总之则却是天。故曰天曰帝，皆民之情然也。”[1]此旨上沿《书经》与《孟子》之“天视自我民视，天听自我民听”[2]。朱子则与之以哲学的解释。《仁说》首句即谓天地以生物为心，而人物得之以为心。上语得诸伊川，下语则朱子所自加[3]。《语类》详论之曰：“天地以此心普及万物，人得之遂为人之心，物得之遂为物之心，草木禽兽接着遂为草木禽兽之心，只是一个天地之心尔。”[4]一个天地之心，是指大宇宙而言，一人一物，是一小宇宙。“天地之生万物，一个物里面便有一个天地之心。”[5]此与其万物各一太极，同一典型。伊川曰：“心，生道也。有是心，斯具是形以生。恻隐之心，人之生道也。”[6]朱子申释之曰：“‘心，生道也。’心乃生之道。‘恻隐之心，人之生道也’，乃是得天之心以生。生物便是天之心。”[7]“盖无天地生物之心，则没这身。才有这血气之身，便具天地生物之心矣。”[8]人不特禀得天地之心，而亦如天视自我民视，人心即是天地之心之表现。朱子论“人能弘道”[9]云：“‘人者，天地之心。’没这人时，天地便没人管。”[10]此非谓人胜于天，而是天人合一，故朱子云：“熹所谓仁者天地生物之心，而人物之所得以为心，此虽出于一时之臆见，然窃自谓正发明得天人无间断处。”[11]

在天为生物之心，在人则为行仁之心。人受天地之气而生，

[1]《张子全书》，卷4，《周礼》，页7下。
[2]《书经·秦誓中》，第七节；《孟子·万章第五上》，第五章。
[3]《文集》，卷67，《仁说》，页20上。
[4]《语类》，卷1，第十八条，页7。
[5] 同上，卷27，第六十三条，页1107。
[6]《遗书》，卷21下，页2上。
[7]《语类》，卷95，第九十六条，页3874。参看卷53，第九十条，页2062。
[8] 同上，卷53，第十条，页2031。
[9]《论语·卫灵公第十五》，第二十八章。
[10]《语类》，卷45，第六十六条，页1850。
[11]《文集》，卷40，答何叔京第十七书，页29下。

"故此心仁，仁则生矣"[1]。仁为众善之长。仁自然生出义礼智等等美德[2]。故仁有生意。心亦如天地生物，生生不穷[3]。故程子谓"心譬如谷种。生之性，便是仁也"[4]。张子曰："为天地立心。"[5]张伯行（1652—1725）注云："天地以生生为心，变化万物，而性命因之各正。儒者亦以此为心，而参赞位育，必实全其尽性之能争。"[6]尽性则仁，仁则圣，圣则天人合一矣。

[1]《语类》，卷5，第三十条，页138。
[2]《文集》，卷32，《答张钦夫论仁说》，页17下。
[3]《语类》，卷5，第三十一条，页138。
[4]《遗书》，卷18，页2上。
[5]《张子语录》，卷中，页6下。
[6]张伯行：《近思录集解》，第二章，《为学》，页50下。

第七章 朱子论格物

格物之词，来自《大学》。朱子自幼即读此书。尝自忆云："自十五六时，知读是书而不晓格物之义，往来于心余三十年。"[1]前后经程颐（1033—1107）与李侗（1093—1163）之熏染，然后自成其说。延平（李侗）教其就事反复推寻其理，俟融释脱落，然后别穷一事。如是积累多，自有洒然[2]。此说似较伊川（程颐）之说为胜。伊川云："今日格一件，明日又格一件。积习既多，然后脱然自有贯通处。"[3]然朱子侧重积累贯通，以伊川只遇难通处方又格一件耳[4]。

程颐更改《大学》本文，改"亲民"为"新民"。朱子采用"新"字，又破天荒分经传，而补第五章格物之传，共一百三十四字。谓"学者即凡天下之物，莫不因其已知之理而益穷之，以求至乎其极。至于用力之久，而一旦豁然贯通焉。……此谓物格，此谓知之至也"。此为影响中国思想甚大而为后人攻击甚力者。学者或以一旦豁然贯通为等于佛家顿悟。此乃误解"一旦"为"豁然"，而不知一旦只是

---

[1]《文集》，卷44，答江德功第二书，页39上。

[2]《大学或问》，页24上，总页47。

[3]《遗书》，卷18，页5下。

[4]《语类》，卷18，第二十六条，页638；第一二一至一二三条，页679—680；卷104，第七条，页4152。

一朝或他日，豁然只是程颐之脱然与李侗之融释脱落耳。至于朱子何以独补此章，则无可解。

补传谓即物穷理。即物并非徒然接物。答江德功书云："人莫不与物接，但或徒接而不求其理，或粗求而不究其极，是以虽与物接而不能知其理之所以然与其所当然也"，则"无以顺性命之正而处事物之当，故必即是物以求之"[1]。对江氏以格物为心接事物，极端批评。评杨时（1053—1135）反身而诚之说曰："况格物之功，正在即事即物而各求其理。今乃反欲离去事物而专务求之于身，尤非《大学》之本意矣。"[2]王阳明（1472—1529）以心求理于事物之中，便析心与理为二[3]。王氏盖忽略朱子心具众理而应万事之旨，以为理在前面另为一物，则析心与理为二者非朱子而实王氏也。

程颐训"格"为"至"，即到达也。朱子从之[4]。朱子又云："格者，极至之谓。"[5]此乃引申之义，盖必"至乎其极"，乃谓格也[6]。"物格者，事物之理，各有以诣其极而无余之谓也。"[7]物是事物，并不限于自然界之品物，"盖天下之事皆谓之物"，尤其是仁义礼智[8]。

格物之法，详《大学或问》。于《大学》经文"物格"之下，谓"析之有以极其精而不乱，然后合之有以尽其大而无余"[9]。此泛言格知之极至也。于第五章补传则备举程颐格物致知九条，以为所当用力之地与其次第工程。(1)或读书讲明道义，或论古今人物而别

---

[1]《文集》，卷44，答江德功第二书，页37上下。

[2]《中庸或问》，页39下，总页78。

[3]《传习录》，中，第一三五"朱子所谓"条。

[4]《遗书》，卷2上，页6下；《语类》，卷15，第九条，页453；第三十三条，页462；《大学章句》，第一章；《文集》，卷44，答江德功第二书，页37。

[5]《大学或问》，页7下，总页14。

[6]《语类》，卷15，第七条，页453；参看卷18，第十八条，页653。

[7]《大学或问》，页7下，总页14。

[8]《语类》，卷15，第二十至二十一条，页455；第三十五条，页462；第三十八条，页464。

[9]《大学或问》，页8上，总页15。

其是非，或应接事物而处其当否。今日格一物，明日又格一物。积习既多，然后脱然有贯通处。(2) 自一身之中以至万物之理，有个觉处。(3) 非谓必尽穷天下之理，又非谓止穷得一理便到。(4) 以类而推。若一事上穷不得，且别穷一事。(5) 物必有理，皆所当穷。(6) 如欲为孝，则当知所以为孝之道。(7) 物我一理。才明彼即晓此，此合内外之道也。一草一木，亦皆有理，不可不察。(8) 当知至善之所在。(9)格物莫若察之于身，其得之尤切[1]。九条并无次序，亦乏分析。又举五条以为涵养本原之功，即立诚、致敬、用敬致知、养知寡欲与收其心而不放也[2]。其本人用力之方，"则或考之事为之著，或察之念虑之微，或求之文字之中，或索之讲论之际。……自其一物之中，莫不有以见其当然而不容已与其所以然而不可易者。必其表里精粗无所不尽，而又益推其类以通之。至于一日脱然而贯通焉"[3]。

根据此种理论，进而批评程氏门人与湖南学派。吕大临(1046—1092)以必穷物之理同出于一为格物。朱子则以理一万殊，必要收拾归一。谢良佐(1050—1103)谓穷理只是寻个是处，然必以恕为本。朱子则谓恕在穷理之后，且推我之心以穷理，便碍理了。杨时以格物为反身而诚，则天下之物无不在我。朱子则以此为格物后之事，而亦非只格一事则天下之理便皆诚者。尹焞(1071—1142)谓今日格一物，明日格一物非程颐之言。朱子云："安得遽以一人之所未闻而尽废众人之所共闻者哉？"胡安国(1074—1138)言物物致察而宛转归己。朱子以此为求之于外，亦未尝求其所以然。惟有胡宏(1106—1161)说格之之道，必立志以定其本，居敬以持其志为极精，然亦只说

[1]《大学或问》，页17下—19上，总页34—37。程颐语以次见《遗书》，卷18，页5下；卷17，页6上；卷2上，页22下；卷15，页11上下；卷18，页19上，页8上下；卷7，页3下；卷17，页7下。

[2]《遗书》，卷22上，页1上；卷3，页5下；卷18，页5下；《外书》，卷2，页4上；《遗书》，卷25，页1上。

[3]《大学或问》，页20上下，总页39—40。

得里面一边，遗了外面一边[1]。

《大学或问》之外，《语类》又有多条，皆是随时问答，故亦无次序。以博学、审问、慎思、明辨[2]皆是格物之事[3]。"且就事物上格去。如读书，便就文字上格；听人说话，便就说话上格；接物，便就接物上格。精粗大小，都要格它。"[4]一身之内与身外之物，均要格[5]。"须是四方八面都理会教通晓，仍更理会向里来。譬如吃果子一般：先去其皮壳，然后食其肉，又更和那中间核子都咬破，始得。"[6]要闲时理会，不要临时理会[7]。要须切己与验其是非[8]。最重要者为积累贯通。此点屡屡提及。如行路，左脚进一步，右脚又进。如是一理通则万理通，自然浃洽贯通，如用一根绳索，通过全部铜钱[9]。《文集》云："其格之也，亦须有缓急先后之序。岂遽以为存心于一草木器用之间而忽然悬悟也哉？"[10]此是渐进之功，补传所谓"用力之久，而一旦豁然贯通"也。

格物之目的在于穷求其理。"穷理者，欲知事物之所以然与其所当然者而已。"[11]又云："所谓穷理者，事事物物各自有个事物底道理，穷之须要周尽。"[12]然穷理必须格物。《大学》不说穷理，却言格物[13]。

---

[1]《大学或问》，页22上—24上，总页43—47；《语类》卷18，第九十八至一一二条，页670—674；钱穆：《朱子新学案》，第二册，页522—526。

[2]《中庸》，第二十章。

[3]《语类》，卷18，第一一八条，页677。

[4] 同上，卷15，第二十四条，页458。

[5] 同上，卷18，第七十三条，页654。

[6] 同上，第九十三条，页668。

[7] 同上，第十四条，页631。

[8] 同上，卷15，第十三、十四条，页454。

[9] 散见《语类》，卷18；《大学或问》，页21上，总页41；页24上，总页47；《文集》，卷61，答林德久第三书，页2上。

[10]《文集》，卷39，答陈齐仲，页23上。

[11] 同上，卷64，答或人，页33上。

[12]《语类》，卷15，第三十五条，页463。

[13] 同上，第三十一条，页461；卷62，第七十二条，页2378。

所以然者，盖“言理，则无可捉摸，物有时而离；言物，则理自在，自是离不得”[1]。朱子与门人又以“格物穷理”连词，显然以格物乃能穷理也。朱子又言“居敬穷理”，谓“此二事互相发。能穷理，则居敬工夫日益进；能居敬，则穷理工夫日益密”。虽是二端，“其实一本”[2]。然必要即物以穷其理。

格物即致知。“致，推极”，有推出之意[3]。“推致到极处，穷究彻底，真见得决定如此。”[4]推之之法，以类而推。但得一道而入，则可以类推而通其余矣[5]。盖理同出一源。如水只是水。在此杯是水，彼杯亦是水。禅家所谓“一月普现一切水，一切水月一月摄”[6]是也。格物致知虽是大致相同，然亦有分别。格物是逐物格将去，致知则是推得渐广。格物是物物上穷其至理，致知是吾心无所不知。格物是零细说，致知是全体说。格物以理言，致知以心言。格物是就物而言，致知是自我而言[7]。然格物致知只是一事[8]。“格物致知，亦是因其所已知者推之，以及其所未知，只是一本，元无两样工夫也。”[9]盖致知即在格物之中，非格之外别有致处。亦非今日格物，明日致知也[10]。及至格理既穷，则天下事物之理，知无不到[11]。此谓物格，此谓知至。即“吾心所可知处，不容更有未尽矣”[12]。换言之，物既格至十

[1]《语类》，第三十四条，页462。
[2] 同上，卷9，第十八至二十二条，页238—239。
[3]《大学章句》，第一章；《语类》，卷15，第四十七条，页466。
[4]《语类》，卷18，第四条，页625。
[5] 同上，第二十三、二十四、二十七条，页636—638。
[6] 同上，第二十九条，页640。禅语出《永嘉证道歌》，载《大正新修大藏经》，第四十八册，页396。又见《景德传灯录》，卷30，页30下。
[7] 同上，第四十三、四十四、四十九、五十条，页465，467，468；卷120，第九十一条，页4648。
[8] 同上，第四十一条，页465。
[9]《文集》，卷59，答陈才卿第五书，页31上。
[10]《语类》，卷18，第三十三条，页641；卷120，第九十一条，页4648。
[11] 同上，卷15，第六十八条，页474。参看卷69，第五十八条，页2747。
[12]《文集》，卷46，答黄商伯第四书，页11上。

分，则吾心之知，达到极处。

致知只是一面，力行又是一面。儒家知行并重，从古已然。知行难易问题，曾有长期之讨论，朱子则不言及。惟于知行先后之关系，则上沿程颐，以知为先。程子云："须是知了方行得。"又云："人力行，先须要知。"[1]朱子亦云："又须先知得方行得。"[2]门人问先知然后行。朱子答曰："不成未明理，便都不持守了！"[3]"如人行路，不见便如何行？"[4]然此"非谓今日涵养，明日致知，后日力行也"[5]。有如其理先气后之论，本无先后，但推论之如此而已。知行虽分先后，亦须分轻重。论先后则知为先，论轻重则行为重[6]。到底知行互相发明。朱子曰："知、行常相须，如目无足不行，足无目不见。"[7]又云："知与行，工夫须着并到。知之愈明，则行之愈笃。行之愈笃，则知之益明。二者皆不可偏废。"[8]又云："知与行须是齐头做。……不可道知得了方始行。"[9]且谓"须是于知处求行，行处求知"[10]。则知行不只相须相发，而亦相摄矣。

知而不为，即是未知[11]。《杂学辨》云："知而未能行，乃未能得之于己。岂特未能用而已乎。然此所谓知者，亦非真知也。真知则未有不能行者。"[12]又云："不真知得，如何践履得！

[1]《遗书》，卷18，页4下—5上。
[2]《语类》，卷14，第一六九条，页449。
[3] 同上，卷9，第六条，页236。
[4] 同上，第三十四条，页242。
[5] 同上，卷115，第二十五条，页4425。
[6]《语类》，卷9，第一、第四条，页235。
[7] 同上。
[8]《语类》，卷14，第一六九条，页449。
[9] 同上，卷117，第二十七条，页4490—4491。
[10] 同上，卷23，第五十四条，页882。
[11] 同上，第七十二条，页890。
[12]《文集》，卷72，《杂学辨：张无垢中庸解》，页35。

若是真知，自住不得。”[1]真知者，“是要彻骨都见得透”[2]。真知则必行，故真知之验，在于行事。门人问云：“有知其如此而行又不如此者，是如何？”朱子答之曰：“此只是知之未至。”[3]此与王阳明(1472—1529)“知而不行，只是未知”[4]之言，如出一辙，可谓为王阳明知行合一之先声。然在朱子，须格物穷理然后知至。在阳明，则人有良知，不待穷格。故知行合一之高峰，仍属阳明[5]。

致知力行，非先读书不可。关于如何读书，从来未有如朱子之精详者。朱子之《白鹿洞书院揭示》，乃是修为之道德原则，而非读书日程或方法。惟其《读书之要》，则于读书大旨，备言主要。曰：“循序而渐进，熟读而精思。……字求其训，句索其旨。……虚心静虑，勿遽取舍于其间。先使一说自为一说，……复以众说互相诘难。……有所不通，则姑置而徐理之。”[6]《语类》有《读书法》两卷，指导甚详。读书须用敬，存心，定心，放宽，仔细，耐烦，体认学理，观圣贤之意；从细处看，细察文势语脉，潜思玩味，下死工夫，推勘到底，弃去旧见以来新见。更要切己。逐段逐句逐字理会，至无去处。看得一书彻了，方再看一书。读一遍了，又思量一遍；思量一遍，又读一遍。读书要立程，不贪多，不躐等，不记数，不责效，不可有欲了底心，不硬说，不先立己意，不迁就。方法之中，以虚心、怀疑与熟读为最要。此三点《语类》屡屡言之，尤以熟读为然[7]。其句语可以作座右铭者有“读书宁详毋略，宁近毋远，宁下毋高，宁拙毋巧”[8]，“读

[1]《语类》，卷116，第二十二条，页4451。
[2]《语类》，卷15，第二条，页452。
[3] 同上，第一〇〇条，页482。
[4]《传习录》，上，第五“爱因”条。
[5] 参看拙著《朱子新探索》，页296—298，《知行合一之先声》。
[6]《文集》，卷74，《读书之要》，页14上—15上。
[7] 以上皆《语类》，卷10—11，《读书法》。
[8]《语类》，卷116，第二十一条，页4450。

书须要敛身正坐，缓视微吟，虚心涵泳，切己省察”[1]，“读书无疑者，须教有疑；有疑者，却要无疑”[2]。

除上述方法之外，尚有静坐。朱子云：“读书闲暇，且静坐，教他心平气定，见得道理渐次分晓。这个却是一身总会处。”[3]朱子训门人每每以此为教[4]。尝教门人郭德元（郭友仁）“半日静坐，半日读书。如此一二年，何患不进”[5]。颜元（1635—1704）对此猛力抨击，谓“朱子‘半日静坐’，是半日达么（摩）也。‘半日读书’，是半日汉儒也。试问十二个时辰，那一刻是尧、舜、周、孔乎？宗朱者，可以思矣”[6]。颜元志在打倒清代朱子学权威，遂以朱子之读书为汉儒之训诂，静坐为达摩之摈去外务，面壁九年。又不指明朱子仅是教友仁一人如是，并非教人人如是。其实颜元甚熟《语类》，只是借题发挥，而学者之攻朱者乃乐引颜元，亦不思之甚矣[7]。

群书之中，以《四书》为上。盖以《四书》为孔、孟之言而说心性、仁义、修身、齐家、治国、平天下，深切于人伦日用之常。教人“先读《大学》以定其规模，次读《论语》以立其根本，次读《孟子》以观其发越，次读《中庸》以求古人之微妙”[8]。“《大学》《中庸》《语》《孟》四书，道理粲然。……何理不可究！何事不可处！”[9]故于绍熙元年庚戌（1190）集此四书为《四子书》。以后在我国、韩国、日本产生巨大影响。六百年来成为我国教育之基本教材与开科取士之础石。尤重要者，宋元以后，《四书》直是替代《五经》为儒家传统之权

[1] 同上，卷11，第二十一条，页283。
[2]《语类》，第七十八条，页296。
[3] 同上，第十九条，页283。
[4] 参看《语类》，卷114—191，《训门人》。
[5] 同上，卷116，第五十五条，页4474。
[6]《朱子语类评》，《颜李丛书》，第六册，页24上。
[7] 参看拙著《朱子新探索》，页299—313，《朱子与静坐》及《半日静坐半日读书》。
[8]《语类》，卷14，第三条，页397。
[9] 同上，第二条，页397。

威。朱子断定《诗》大序为后人所作，小序全不可靠[1]。《诗集传》以三百五篇中之二十四篇为男女情爱之作[2]。此是大胆假设，前人未有此说。又谓《书经》序与注非孔安国所作而乃后人文字，其文体不似前汉[3]。此说为清代疑经运动与今古文之争埋下一伏线。甚至谓"借经以通乎理耳。理得，则无俟乎经"[4]。此非谓不读《六经》，而是"读《六经》时，只如未有《六经》，只就自家身上讨道理"[5]而已。当其刊行《四子书》时，亦刊四经。前此又著《诗集传》与《周易本义》，日后更起草《集书传》，口授门人成之。是则《六经》亦可作求理之助也。故朱子云："经旨要子细看上下文义。名数制度之类，略知之便得。"[6]又云："看经传有不可晓处，且要旁通。待其浃洽，则当触类而可通矣。"[7]大概而言，"必先观《论》《孟》《大学》《中庸》，以考圣贤之意；读史，以考存亡治乱之迹；读诸子百家，以见其驳杂之病"[8]。"《礼记》《左传》最不可不读。"[9]学者如能循此方法读书，则可物格知至，能知亦能行矣。

---

[1]《语类》，卷80，第二十六条，页3290；第三十七条，页3295。

[2]《诗集传》，第四十二、四十八、六十四、七十二、七十四、七十六、八十一、八十三至九十五，一三七、一三九、一四〇、一四三篇。

[3]《语类》，卷78，第二十五至二十七条，页3153。

[4] 同上，卷11，第一〇九条，页305。

[5] 同上，第八十七条，页297。

[6] 同上，第一〇〇条，页301。

[7] 同上，第九十九条，页301。

[8] 同上，第九十一条，页298。

[9] 同上，第九十五条，页300。

第八章
朱子论修养

绍熙五年甲寅（1194），朱子年六十五，罢免待制侍讲后，十一月归途至江西玉山县。邑宰请至县庠讲学。因学者所请问而发明要义。先言为学之要，不在科举，随发挥为学之意义，议论颇详。然后说人性本善，须变化气质，以去人欲而复天理。故当尊德性以全其大，道问学以尽其小。《玉山讲义》载《文集》卷七十四[1]。诸本《朱子年谱》云："此乃先生晚年教人亲切之训，读者其深味之。"此讲乃其由衷之言，可谓之晚年定论。今因所讨论，以示朱子教人修养道德之方。

朱子开口即谓"'古之学者为己。今之学者为人'[2]，故圣贤教人为学，非是使人缀缉言语、造作文辞，但为科名爵禄之计，须是格物、致知、诚意、正心、修身，而推之以至于齐家、治国，可以平治天下，方是正当学问"。宋代科举盛行，学校书院皆重时文。目的在功名利禄，最丧人志。故朱子云："科举累人不浅，人多为此所夺。但有父母在，仰事俯育，不得不资于此，故不可不勉尔。其实甚夺人志。"[3]孔

[1]《文集》，卷74，页18上—21上。
[2]《论语·宪问第十四》，第二十四章。
[3]《语类》，卷13，第一五二条，页391。

子复生，也不免应举，然科举不能夺其志[1]。举业乃分外事[2]。“士人先要分别科举与读书两件，孰轻孰重。若读书上有七分志，科举上有三分，犹自可。若科举七分，读书三分，将来必被他胜却。”[3]

科举之累，只是《玉山讲义》之消极方面。其积极方面则简而明，约而精。其大意云：“大凡天之生物，各付一性。性非有物，只是一个道理之在我者。……凡此四者（仁义礼智）具于人心，乃是性之本体。方其未发，漠然无形象之可见。及其发而为用，则仁者为恻隐，义者为羞恶，礼者为恭敬，智者为是非。随事发见，各有苗脉，不相淆乱，所谓情也。故孟子曰：‘恻隐之心，仁之端也。羞恶之心，义之端也。恭敬之心，礼之端也。是非之心，智之端也。’[4]……仁字是个生底意思，通贯周流于四者之中。……故程子（程颐，1033—1107）谓‘四德之元，犹五常之仁。偏言则一事，专言则包四者’[5]，正谓此也。……天之生此人，无不与之以仁义礼智之理，亦何尝有不善？但欲生此物，必须有气，然后此物有以聚而成质。而气之为物，有清浊昏明之不同。……而性之善未尝不同也。……而凡吾日用之间所以去人欲复天理者，皆吾分内当然之事。……就日用间便着实下功夫始得。《中庸》所谓尊德性者，正谓此也。……故君子之学，既能尊德性以全其大，便须道问学以尽其小。……要当使之有以交相滋益，互相发明，则自然该贯通达，而于道体之全，无欠阙处矣。”《玉山讲义》虽短，而于性善、四端、气禀、天理人欲、尊德性道问学，无不包括。直可以谓之朱子伦理学之轮廓。

性善之说，始自孟子，谓“仁义礼智，非由外铄我也，我固有

---

[1]《语类》，第一五七条，页392。
[2] 同上，第一四〇条，页387。
[3] 同上，第一四一条，页387。
[4]《孟子・公孙丑第二上》，第六章；《孟子・告子第六上》，第六章。
[5]《易传》，卷1，页2下。四德指《易经》“乾”卦之元亨利贞，五常指仁义礼智信。

之”[1]。故《玉山讲义》强调四端。四德之中，以仁为首，盖仁包四者。且程颐有云：“心譬如谷种。生之性，便是仁也。”[2]朱子于仁字用功甚力，可谓之无日不言仁。其讨论人数之多、尺牍之繁，恐比太极、理气、中和等基本观念为多。其说散见于其传注、书札与问答，几无处不是。尝著《仁说》，与友生讨论十余年然后定稿[3]。开始即谓“天地以生物为心者也，而人物之生，又各得夫天地之心以为心者也”。上语引程颐[4]，下语自己所增。“仁之为道，乃天地生物之心。……诚能体而存之，则众善之源，百行之本，莫不在是。”如是将宗教、哲学、伦理，熔于一炉。凡克己、复礼、孝弟、恭敬、忠恕，皆所以存此心、行此心也。并下仁之定义为“心之德，爱之理”。所谓德者，犹言润者水之德，盖仁有生意，故为众善之源。所谓爱之理，则理是根，爱是苗。仁之爱如糖之甜。爱即仁理之在心者。发而为孝弟等等。《玉山讲义》注重“仁之一字，须更于自己分上实下功夫始得”。

为仁之方，以敬为要。朱子教人特重敬字，以为“敬字工夫乃圣门第一义”[5]。盖“敬者，一心之主宰而万事之本根也”[6]。敬则能克己，能胜百邪，能常惺惺，能收敛身心，能自做主宰，能使心常光明而洞万理，能复天理而灭人欲。故云：“学者当知孔门所指求仁之方，日用之间，以敬为主。”[7]

朱子著《敬斋箴》，有云：“正其衣冠，尊其瞻视。潜心以居，对越上帝。足容必重，手容必恭。……出门如宾，承事如祭。……守口如瓶，防意如城。……不东以西，不南以北。……惟精惟一，万变是

[1]《孟子·告子第六上》，第六章。
[2]《遗书》，卷18，页2上。
[3]《文集》，卷67，页20上—21下。参看拙著《朱学论集》，页37—68，《论朱子之仁说》。
[4]《外书》，卷3，页1上。明沈桂《明道全书》作程颢语。
[5]《语类》，卷12，第八十五条，页335。
[6]《大学或问》，经文，页2下，总页4。
[7]《语类》，卷12，第一一七条，页339。

监。从事于斯，是曰持敬。动静无违，表里交正。”[1]全篇特重主一。此箴乃读张栻（1133—1180）《主一箴》[2]有感而作。“不东以西”，只是主一。主一无适，乃程颐敬之定义[3]。朱子解之曰：“只是专一。”[4]尝云：“程先生所以有功于后学者，最是‘敬’之一字有力。”[5]然敬非块然兀坐，须是“敬以直内，义以方外”[6]，即程颢（1032—1085）所谓“敬义夹持”[7]。尹焞（1071—1142）说敬只就整齐严肃上做。朱子评之曰：“和靖（尹焞）之说固好，但不知集义，又却欠工夫。”[8]

敬义夹持，即是程颐之名句，“涵养须用敬，进学则在致知”[9]。《文集》《语类》引用此语，不下数十次。朱子申释其义曰：“无事时，且存养在这里，提撕警觉，不要放肆。到那讲习应接，便当思量义理。”[10]并谓“二者偏废不得。致知须用涵养，涵养必用致知”[11]。答吕伯恭（吕祖谦，1137—1181）书云：“两言虽约，其实入德之门，无逾于此。”[12]答刘子澄（刘清之，1139—1195）书云：“此二言者，体用本末，无不该备。”[13]答陈师德(陈定，1150—1174)书云：“此二言者，实学者立身进步之要，而二者之功，盖未尝不交相发也。”[14]王懋竑（1668—1741）论之曰：“按自庚寅（1170）与吕东莱（吕祖谦）、刘子澄书，拈出程子两语，生平学问大指，盖定于此。……至甲寅（1194）与孙敬甫

---

[1]《文集》，卷85，页5下—6上。全篇引经据典。
[2]《南轩先生文集》，卷36，页10上，总页1071。
[3]《遗书》，卷15，页20上。
[4]《语类》，卷120，第五十四条，页4633。
[5] 同上，卷12，第八十三条，页334。
[6]《易经》，“坤”卦，《文言传》。
[7]《遗书》，卷5，页2下。
[8]《语类》，卷17，第十四条，页597。
[9]《遗书》，卷18，页5下。
[10]《语类》，卷95，第一六九条，页3901。
[11] 同上，卷18，第五十七条，页648。
[12]《文集》，卷33，第四书，页2下。
[13] 同上，卷35，第二书，页12下。
[14] 同上，卷56，第一书，页22上。

(孙自修,壮年1196)书云:‘……此两言者,如车两轮,如鸟两翼,未有废其一而可行可飞者也。’[1]尤为直截分明。盖相距二十五年矣,而其言无毫发异也。”[2]

涵养用敬,乃根据孟子性善之说。然孟子未有气之言论。朱子谓“孟子亦言气质之性,如‘口之于味也’[3]之类是也”[4]。此只可以谓之含有此意,究未明言。又谓孔子言“习相远也”[5]是指气质[6],亦是如此。他如荀子论性恶[7],扬雄(前53—18)主善恶混[8],韩愈(768—824)言三品[9],皆是以气为性,且未提出气字。至张载(1020—1077)、二程,始明言气质之性。张子曰:“形而后有气质之性,善反之,则天地之性存焉。”[10]二程曰:“论性不论气不备,论气不论性不明。”[11]朱子以张程之说为新义,曰:“此起于张、程。某以为极有功于圣门,有补于后学,读之使人深有感于张、程,前此未曾有人说到此。……故张、程之说立,则诸子之说泯矣。”[12]

朱子沿张、程气质之说,加以哲学之说明,遂远胜前人,亦为后人所不及。朱子以性为理,然理不离气。无气质则性无安顿处[13]。故本然之性与气质之性,不可分而为二。朱子云:“人性本善而已,才堕入气质中,便熏染得不好了。虽熏染得不好,然本性却依旧在此,

[1]《文集》,卷63,第一书,页19上。
[2]《朱子年谱·考异》,卷1,页269。
[3]《孟子·告子第六上》,第七章;《孟子·尽心第七下》,第二十四章。
[4]《语类》,卷61,第十七条,页2318。
[5]《论语·阳货第十七》,第二章。
[6]《语类》,卷59,第四十三条,页2199。
[7]《荀子》,卷17,《性恶第二十三》。
[8]《法言》,卷3,页1上下。
[9]《韩昌黎全集》,卷11,《原性》,页5下—7下。
[10]《正蒙·诚明第六》。
[11]《遗书》,卷6,页2上。
[12]《语类》,卷4,第六十四条,页112—113。
[13]同上,第四十三条,页107。

全在学者着力。今人却言有本性,又有气质之性,此大害理!”[1]譬如水,“水为泥沙所混,不成不唤做水”[2]。故答友人云:“气质是阴阳五行所为。性即太极之全体。但论气质之性,则此全体堕在气质之中耳,非别有一性也。”[3]“性如水,气质之性如杀些酱与盐,便是一般滋味。”[4]正如水有清浊,气质之性亦有清浊。“禀得气清者,性便在清气之中,这清气不隔蔽那善。禀得气浊者,性在浊气之中,为浊气所蔽。‘五行之生,各一其性’[5],这又随物各具去了。”[6]根据此理论,故人有智愚贤不肖之异,而人与物不同。《大学或问》云:“以其气而言之,则得其正且通者为人,得其偏且塞者为物。是以或贵或贱而不能齐也。……然其通也,或不能无清浊之异。其正也,或不能无美恶之殊。故其所赋之质清者智而浊者愚,美者贤而恶者不肖,又有不能同者。”[7]有人只通得一路,能尽通天下利害而不识义理,或工于技艺而不解读书。如虎豹只知父子,蜂蚁只知君臣,是皆气禀所拘[8]。孟子所谓“夫物之不齐,物之情也”[9],至朱子乃有哲学之解释。间或持论太过,难以实证者,如云“日月清明气候和正之时,人生而禀此气,则为清明浑厚之气,须做个好人;若是日月昏暗,寒暑反常,皆是天地之戾气,人若禀此气,则为不好底人”[10]。又如谓仙人“不是不死,但只是渐渐销融了,不觉耳。……唯有那些清虚之气,故能升腾变化”[11]。若如是则同时同地出世之人,必智愚相若,而实际上不然。仙人只是

---

[1]《语类》,卷95,第五十五条,页3861。
[2] 同上,第三十九条,页3851。
[3]《文集》,卷61,答严时亨第一书,页22下。五行为金、木、水、火、土。
[4]《语类》,卷4,第五十二条,页109。
[5]《周子全书》,卷1,《太极图说》,页13。
[6]《语类》,卷94,第七十五条,页3780。
[7]《大学或问》,经文,页3上下,总页5—6。
[8]《语类》,卷4,第七十六条,页121。
[9]《孟子·滕文公第三上》,第四章。
[10]《语类》,卷4,第五十九条,页110。
[11] 同上,卷125,第五十九条,页4509。

传说。升天变形,皆无其事也。

朱子主意,乃在变化气质。“人之为学,却是要变化气禀。”[1]“人只要去其气质物欲之隔。”[2]《孟子集注》云:“盖气质所禀虽有不善,而不害性之本善。性虽本善,而不可以无省察矫揉之功,学者所当深玩也。”[3]又云:“须知气禀之害,要力去用功克治。”[4]盖观人气质之变,可以验其进退之浅深[5]。变化气质之法,在于为学[6]。答门人曰:“所谕变化气质,方可言学,此意甚善。但如鄙意则以为惟学为能变化气质耳。若不读书穷理,主敬存心,而徒切切计较于今昨是非之间,恐其劳而无补也。”[7]若能明理,则气质自然变化。或问气质之偏如何救得?朱子答曰:“若见得大底道理分明,有病痛处,也自会变移不自知,不消得费力。”[8]

大底道理即是天理。天理明则人欲泯。天理人欲之词,虽在《玉山讲义》仅提一次,而在朱子思想系统中占一重要地位。天理人欲之观念,上沿《礼记·乐记》篇。张子、程子均甚侧重。张子云:“上达反天理,下达徇人欲者欤。”[9]大程子明道谓“天理二字,却是自家体贴出来”[10]。二程子伊川以人欲比人心,天理比道心[11]。朱子继承其说,而分析精详[12]。朱子解天理为“仁义礼智之总名,仁义礼

[1]《语类》,卷4,第五十九条,页111。
[2]《语类》,卷60,第一一四条,页2292。
[3]《孟子集注·告子第六上》,第六章。
[4]《语类》,卷4,第五十九条,页111。
[5]《语类》,卷120,第一一一条,页4655。
[6] 同上,卷122,第五条,页4719。
[7]《文集》,卷49,答王子合第一书,页1上。
[8]《语类》,卷8,第十九条,页210。参看卷118,第五十一条,页4553。
[9]《正蒙·诚明第六》。
[10]《外书》,卷12,页4上。
[11] 同上,卷2,页4上。“人心道心”出《书经·大禹谟》,第十五节。
[12] 参看拙著《朱子新探索》,页255—267,《朱子论天理人欲》。

智便是天理之件数”[1]。解人欲云:“人欲不必声色货利之娱、宫室观游之侈也。但存诸心者,小失其正,便是人欲。”[2]又曰:“盖天理中本无人欲,惟其流之有差,遂生出人欲来。”[3]所谓本无人欲者,亦即人性本善而无恶,然失其正则流于恶。故欲乃不正之欲,亦即私欲。或以“慾”字以别之。然“欲”与“慾”通用,故“人欲”“私欲”,皆指“慾”。朱子曰:“夫外物之诱人,莫甚于饮食男女之欲。然推其本则固亦莫非人之所当有而不能无者也。但于其间自有天理人欲之辨而不可以毫厘差耳。”[4]毫厘之差,并不在饮食男女之有无而在道之得失,故人欲即不正当之欲,非自然之欲而是自私之欲,盖“饮食,天理也。要求美味,人欲也”[5]。

程颐之“人心私欲,道心天理”之说,朱子以为“私欲二字太重。……盖心,一也。自其天理备具、随处发见而言,则谓之道心。自其有所营为谋虑而言,则谓之人心。夫营为谋虑,非皆不善也。便谓之私欲者,盖只一毫发不从天理上自然发出,便是私欲”[6]。如是“所谓人心私欲者,非若众人所谓私欲也。但微有一毫把捉底意思,则虽云本是道心之发,然终未离人心之境也”[7]。门人问:“前辈多云,道心是天性之心,人心是人欲之心。今如此交互取之,当否?”朱子答曰:“既是人心如此不好,则须绝灭此身,而后道心始明。……人心是此身有知觉,有嗜欲者,如所谓‘我欲仁’[8]‘从心所欲’[9]‘性

[1]《文集》,卷40,答何叔京第二十七书,页36上。
[2] 同上,卷37,与刘共父第二书,页14下—15上。
[3]《文集》,卷40,第二十九书,页39下。
[4]《大学或问》,第五章,页21下,总页42。
[5]《语类》,卷41,第二十二条,页1671。
[6]《文集》,卷32,问张敬夫第三十七书,页7上。
[7] 同上,卷42,答吴晦叔第十一书,页20上。
[8]《论语·述而第七》,第二十九章。
[9]《论语·为政第二》,第四章。

之欲也，感于物而动’[1]，此岂能无！但为物诱而至于陷溺，则为害尔。……且以饮食言之，凡饥渴而欲得饮食以充其饱且足者，皆人心也。然必有义理存焉，有可以食，有不可以食。……此道心之正也。”[2]可知朱子亦如孔子，心有所欲，但要循理而已。

朱子并不主张绝欲或无欲。注《孟子·寡欲》章云：“欲，如口鼻耳目四支之欲，虽人之所不能无，然多而不节，未有不失其本心者，学者所当深戒也。”[3]门人问周先生（周敦颐，1017—1073）说静与程先生（程颐）说敬，义则同而其意似有异。朱子答曰：“程子是怕人理会不得他‘静’字意，便似坐禅入定。周子之说只是‘无欲故静’[4]，其意大抵以静为主，如‘礼先而乐后’。”[5]周子绝非摒除欲望，惟是主静，故朱子以礼乐解之。礼乐非无欲明矣。《延和奏札》有云：“心之所主，又有天理人欲之异。二者一分而公私邪正之涂判矣。盖天理者，此心之本然。循之则其心公而且正。人欲者，此心之疾疢。循之则其心私而且邪。”[6]非谓心所欲便是私而邪，只是须辨别天理人欲，使天理胜而人欲灭耳。若谓朱子太过严肃，犹有可说。然朱子喜酒好诗，游山玩水[7]，固非压欲者之流也。

以上强调求仁、用敬、变化气质、复天理而灭人欲，可见修养之大纲。《玉山讲义》以尊德性道问学为终结，而以尊德性为主。“尊德性而道问学”，语出《中庸》[8]。论者谓淳熙二年乙未（1175）朱子与陆

---

[1]《礼记·乐记》，第十一节。

[2]《语类》，卷62，第四十一条，页2361—2363。

[3]《孟子集注·尽心第七下》，第三十五章。

[4]《周子全书》，卷2，页23。

[5]《语类》，卷94，第一〇三条，页3788。

[6]《文集》，卷13，《延和奏札二》，页7下。

[7] 参看拙著《朱子新探索》，页113—115，《朱子之严肃》；页130—136，《朱子之酒兴》。

[8]《中庸》，第二十七章。参看拙著《朱子新探索》，页280—287，《尊德性而道问学》。

象山（1139—1193）鹅湖之会，乃因尊德性道问学之不同，以陆主尊德性而朱主道问学。吴澄（1249—1333）隐示朱子只重道问学而轻尊德性[1]。黄宗羲（1610—1695）父子则直以朱子为主道问学[2]。其实朱子两方并重。《中庸章句》注上述之言云："尊德性，所以存心而极乎道体之大也。道问学，所以致知而尽乎道体之细也。二者修德凝道之大端也。"朱子自认"熹平日所论，却是问学上多了。……今当反身用力，去短集长，庶几不堕一边耳"[3]。又云："某向来只说得尊德性一边轻了，今觉见未是。"[4]此乃因其教授生徒与注解经书所致，然立意去短集长，始终未忘二者如车之两轮、鸟之两翼也。《玉山讲义》且谓以尊德性为主，盖"不'尊德性'，则懈怠弛慢矣，学问何从而进"[5]。"能尊德性，便能道问学，所谓本得而末自顺也。"[6]总之，诚如《玉山讲义》所云："要当使之有以交相滋益。"此即谓两轮两翼，未可废其一也。

[1]《吴文正公全集》，卷22，《尊德性道问学斋记》，页1下。
[2]《宋元学案》，卷58，《象山学案》，页2上，3下。
[3]《文集》，卷54，答项平父第二书，页5下—6上。
[4]《语类》，卷64，第一四九条，页2522。
[5] 同上，第一三二条，页2517。
[6] 同上，第一五二条，页2523。

第九章
诸生、精舍与书院

朱子仕宦只七年余，其余一生家居福建，最喜以授徒为乐。二十四岁至二十七岁为同安主簿，即“诸生相从游者多矣”[1]。许升从游最早。升字顺之，号存斋，同安人。年十三即从讲学。朱子秩满，复从北归，淬励凡六七年。淳熙十二年乙巳（1185）卒，朱子为文祭之，曰：“其后别去二十余年，中间相见不过一再。”[2]《文集》答许顺之书二十七通，答其《论》、《孟》、《易》、仁、君子之问，大致赞许，然亦谓其有失之太幽深者[3]。

同安而后，以至易箦前四日，诲人不倦。某一时期人数若干，学者从未统计研究。其总数姓名则有之。计戴铣（1496进士）《朱子实纪》三百一十八人。宋端仪（1447—1501）《考亭渊源录》三百七十九人。韩国李退溪（李滉，1501—1570）《理学通录》四百一十一人。朱彝尊（1629—1709）《经义考》一百三十九人。万斯同（1638—1702）《儒林宗派》四百三十三人。黄宗羲（1610—1695）《宋元学案》二百二十四人。王梓材（1792—1851）与冯云濠（1834举人）合纂之《宋元学案补遗》增加二百九十八人，共五百二十二人。朱玉（壮年

[1]《文集》，卷87，《祭许顺之文》，页14下。
[2] 同上。
[3]《文集》，卷39，答许顺之，页7下—22下。

1122)《朱子文集大全类编》四百四十二人。数目膨胀，无非滥探，思以夸大朱门而已。诸家未考《语类》，不审师生问答，而遽据通讯谓为门人而实系讲友如何镐(1128—1175)者。如是滥作弟子者达一百四十余人，反而诸书不载而《语类》有问学多条如吴浩者多人。诸书错漏无数，或籍贯讹乱，或名称因形音相近而误，或名字互换，或析一人为二人，如此之类，不胜枚举，尤以《儒林宗派》为然。予思以厘正之，因撰《朱子门人》。结果依《语类》问答之例，共得入门弟子四百六十七人，另未及门而私淑者二十一人，共四百八十八人。其中包括诸书所未载而从《语类》确证其曾有问学而实为弟子者五十二人。此将近五百之数，实为汉代以来所未有。明代王门号称满布天下，然见书牍者不过三百零七人。与朱门比较，仅得五分之三。

此四五百人之中，有两彦忠，两谦之，两一之，三光祖，三性之，三德之，四敬之。朱子未尝混乱。按《语类》记录别人用字而自家用名之例，又从问答内容，不难辨别同名是谁。其他问题，亦可详考。田中谦二从《语类》考得与陈淳同时者二十五人，并各人与陈淳同席次数。最多者为李唐咨，共十一次。此外又有刘砥等三十人之同时同席表[1]。更有表列说明陈淳等十三人师事朱子若干次，其中以黄榦(1152—1221)八次为最多，廖德明六次次之，万人杰五次又次之。师事二三四次者共有十人[2]。其他二次以上而无表列者尚不在内。唯某一时人数若干，仍未调查。然众口一词，谓朱子卜居建阳以后(1191)，尤其是竹林精舍落成(1194)，门人大增，且著名弟子皆是此时期之人，而朱子思想，又是晚年定论。故虽此时期确实人数，不得而知。而其最为热闹，则可必矣。就以《语类》记录者姓氏而论，记录者而不计同录共九十八人。其中无年期如黄榦者十六人，实得有

[1] 田中谦二:《朱门弟子师事年考》，载《东方学报》1973年第44期、1975年第48期，页159—348。

[2] 同上，页158—319。

年期者八十二人。内七人两年记录，故记录有年期者增至八十九人。此八十九人之中，由辛亥（1191）朱子迁居建阳以至朱子没年连竹林精舍在内者五十八人，比较由最早庚寅（1170）记录以至庚戌（1190）共得三十一人，为五与三之比。故谓建阳与竹林精舍最盛，不为过也。以上是某年或某年以后所闻。建阳之前，某年以后所闻者十三人，则其所闻，可能是在建阳时期。更可见竹林精舍前后之旺矣。

黄榦《朱子行状》云："抠衣而来，远自川蜀。"[1]即谓来自南宋全国之意。统计福建一百六十四人，浙江八十人，江西七十九人，湖南、安徽各十五人，江苏、四川各七人，湖北五人，广东四人，原籍河南、山西各一人。此为里名可知者共三百七十八人。江西七十九人之中，不少先从陆象山（1139—1193）而后师事朱子。江西人之从事朱子者远超乎福建人从事江西陆象山之上。江西虽为陆门之大本营，同时许多学者游于朱、陆之间。然弃陆就朱者不少，弃朱就陆，则未之闻。可谓南宋思想由江西南倾福建，而非由福建北倾江西矣。

由陆而倾朱者，最著名有包扬（字显道）。包为象山门人，尝诋朱子读书讲学充塞仁义。《宋元学案》以入象山门人《槐堂诸儒学案》，实所应尔。然象山卒后，绍熙四年癸丑（1193）显道率其生徒十四人来朱子精舍，执弟子礼。此为集体来学之最显著者。

集体来学者尚有两端。《宋元学案补遗》引汪佑云："朱子自闽归徽，省墓星源（婺源），绍兴庚午（1150）一至，淳熙丙申（1176）再至。……执弟子礼者三十人。"[2]此三十人未必同时，然赵师端兄弟咸至，则非先后皆独一人也。绍熙五年甲寅（1194）朱子讲学于长沙郡斋，是晚请教者七十人。其他人数较少者不必计矣。

---

[1]《勉斋集》，卷36，《朱子行状》，页45上。

[2]《宋元学案补遗》，卷69，《紫阳书院建迁源流记》，页169。

与集体相似者，则有父子、兄弟同事朱子。父子同事者有九宗，兄弟二人同事者有二三十宗，三人（连从兄弟）同事者十宗，宋宗室后人七从兄弟同事者一宗，甚至三世受业如蔡元定家两宗。有师事五六七八次者，已如上述。有从游四五十年者。有童年师侍者。有比朱子年长者。有年老不能从游乃遣子往学者。有老病不能卒业，遣子受学者。有乏资不能时见，闻乡有从辄问者。有裹粮千里而来者。有无财不能进拜者。亦有大富大贵者。有十年愿见而卒达目的者。有弃科举或官而从者。有老友不以门人待之者。有同学于张栻（1133—1180）、吕祖谦（1137—1181）或陆象山者。有先从一人而后从朱子者。有往返必至，至必留月余者。有不一二岁辄至，至必累月而后归者。有筑庐为居者。有道人一名但无佛徒。其来也，或纳贽，或以书求见，或献文，或献诗，或因人介绍，或与人同至，或徒步而来。其去也，皆因各人个性以赠言，或劝读书，或须省闲事，或求放心，或鼓励乡试，或劝旅行，或宴别，或赠书[1]。

朱子宣扬道学，固用专著与书札，授徒则多靠讲说。除《玉山讲义》外无讲义，只有《语类》问答记录一百四十卷，总共一万四千余条。最早者为乾道六年庚寅（1170）杨方所闻。最长者有二千四百余字，答黄义刚、黄榦、林择之等人井田封建之问[2]。最短者只十六字，答或人所问明明德为何[3]。以讲题论，讨论最多者为孟子不动心与知言以养浩然之气[4]，占五十四页[5]。占全卷者为“克己复礼为仁”[6]。多是晚年竹林精舍之言，可谓之晚年定论。记录者一百零一人，内不知名者四人，同录者三人，余皆一人所录。所录有重者，有或详或略

[1] 详见拙著《朱子新探索》，页454—461，《朱子门人补述》。
[2]《语类》，卷90，第四十二条，页3647—3654。
[3] 同上，卷14，第六十条，页416。
[4]《孟子·公孙丑第二》，第二章。
[5]《语类》，卷52，第二至一五二条，页1951—2005。
[6]《论语·颜渊第十二》，第一章。《语类》，卷41。

者，或有异者，有词异而实同者，有异而矛盾者。由卷一一三至一二〇为训门人八卷。其中训陈淳条数最多而长，远在训其他门人之上[1]。诸录之中，胡适（1891—1962）最赞陈淳，谓其“两次的记录最小心，最用功，最能表现朱子说话的神气，是最可宝贵的史料”[2]。

《语类》几全为问答，亦有只为朱子或门人之语者。通常门人有问，朱子答之。间亦以书问，朱子则批答之。有三人或五人讨论而请教于朱子者。每令门人说书，有挑选讲，有轮讲。最重学生发问。尝问学者：“近来全无所问，是在此做甚工夫？”[3]凡有所感，则厉声而言，或疾言，或良久且答，或竟笑而不答。答则因人而异。如辅广看文字太快，极不仔细。故朱子教以须于主一上做工夫。黄义刚作事多悔，易为流俗所迁。朱子教以就书上玩味，考究义理[4]。又如门人问知止。答徐寓则云：“真个是知得到至善处。”答钱木之则谓：“知止是知事物所当止之理。”答游子蒙则谓：“知止如射者之于的。”答林子渊则云：“知与行，工夫须着并到。”答廖德明则云：“譬如吃饭，只管吃去。”[5]问答虽是时间不同，而朱子熟识门人之个性与景况，则无可否认者也。

门人问答，虽以理学为主，而经史子集，无所不谈。然亦有少数稍为专门者，如董铢之问礼、陈厚之之问心学、丘膺之问老子、范元裕之问古圣贤、周谟之问性理、林至之问理学、林子渊之问格物，皆缩小范围，求精不求博。讨论多在精舍，或一二人，或三数人，或多至十余人。《语类》记载，不少有三门人共同请问者。如廖德明、李唐咨与陈

[1]《语类》，卷117，第二十四至五十七条，页4489—4521。

[2] 胡适：《语类的历史》，载《朱子语类》卷首。

[3]《语类》，卷97，第九条，页3939。

[4] 同上，卷110，第二十二至二十三条，页4369—4370；卷116，第七与九条，页4443—4444。

[5] 同上，卷14，第一六六、一六三、一六一、一六九、一七二条，页446—450。“知止”出《大学》经文。

淳同问颜子喟然之叹[1]，诸生讨论性气[2]与朱子令诸生讨论汉唐四子[3]。苟通检《语类》，所得绝不止此数。门人所问，以黄榦为最有特色。其所问历举《论语集义》《论语集注》朱子所举诸说，悉举其名，并述大意。《语类》释《论语》诸章凡五说至九说[4]，似是记忆而来。果尔，则朱子之记忆力，诚是惊人，而黄榦亦头脑清醒。讨论多在晚上举行。某时用灯笼取光。间亦有客在座。

朱子特重有疑。故每有门人意见不同者。如朱子以王安石（1021—1086）置回易库，以求利息，与《周礼》泉府目的相背。潘时举谓国家费用皆用于此，岂得不取耶[5]？此其一例也。方士繇尝劝朱子少著书。朱子曰："在世间吃了饭后，全不做得些子事，无道理。"士繇曰："但发大纲。"朱子曰："那个毫厘不到，便有差错，如何可但发大纲！"[6]刘炎录云："方伯谟（方士繇）以先生教人读《集注》为不然。蔡季通丈（蔡元定）亦有此语，且谓'四方从学之士稍自负者，皆不得其门而入，去者亦多'。某（刘炎）因从容侍坐，见先生举似（说明）与学者云：'读书须是自肯下工夫始得。某向得之甚难，故不敢轻说与人。至于不得已而为注释者，亦是博采诸先生及前辈之精微写出与人看，极是简要，省了多少工夫。学者又自轻看了，依旧不得力。'……其为学者之心盖甚切。"[7]元定从游最久。时常过从，互相敬爱。其所云不知是否。

《语类》既为门人笔记，不免诠释引申。《文集》则出自朱子本人手笔。故时间同者，当以《文集》为准。时间《文集》较后者，应以

[1]《语类》，卷40，第四十五条，页1651—1653。颜子之叹出《论语·子罕第九》，第十章。

[2] 同上，卷53，第七十八条，页2058—2059。

[3] 同上，卷137，第二十一条，页5235—5236。

[4] 同上，卷31，第三十一、三十二等条。

[5] 同上，卷130，第三条，页4903—4904。

[6] 同上，卷105，第七条，页4175。

[7] 同上，卷121，第七十九条，页4702。

《语类》为是。

门人中值得重视者两人。一为黄榦，一为陈淳。黄榦，字直卿，号勉斋先生，谥文肃，福州闽县（今福建闽侯）人。《宋史》云："瑀没，榦往见清江刘清之（1139—1195）。清之奇之。……因命受业朱熹。……熹与榦书曰：'吾道益孤矣，所望于贤者不轻。'后遂以其子（第三女）妻榦。……熹作竹林精舍成，遗榦书，有'它时便可请直卿代即讲席'之语。及编《礼书》，独以《丧》《祭》二编属榦。……病革，以深衣及所著书授榦，手书与诀曰：'吾道之托在此，吾无憾矣。'讣闻，榦持心丧三年。"[1]"吾道之托"之语，见《文集·与黄直卿书》[2]。此是朱子易箦前一日所书。书中并云《礼书》希望参考条例，以次修成。深衣之说，王懋竑（1668—1741）辩之甚力，谓"《宋史》，言以深衣为寄，考之一无所据，盖暗用禅家衣钵之说，其为附会无疑"[3]。然王氏显示朱子有微意而黄榦亦知所咐嘱。引黄榦《辞晦庵先生墓文》"末年之咐嘱，榦独何人而当此期望之厚耶"之语为据。然此文乃写在朱子逝世二十一年之后。其时黄榦已六十九岁。文中屡言"咐嘱""叮咛""大义""微言""期望"。皆对黄榦一生之学问修养而言，无指为承受道统之意。若谓传授，则当早已言之，岂待朱子死后二十一载而后言之耶？朱子晚年每言斯道之传，不绝如线，又虑未有可担负者。若已属意黄榦，何用叹息耶？朱子之叹，乃叹道学中绝之危，而非无人可以传授衣钵也。

黄榦甚贫。朱子曾致书云："此女得归德门事贤者，固为甚幸。但早年失母，阙于礼教，而贫家资遣，不能丰备，深用愧恨。"[4]答友人

[1]《宋史》，卷430，页12777—12778，《黄榦传》。
[2]《文集》，卷29，与黄直卿书，页22下—23上。
[3]《朱子年谱》，页344。
[4]《文集》，续集，卷1，答黄直卿第三十四书，页10上。

书，亦谓黄榦"食贫"[1]。黄榦《噫嘻示儿》云："腰折亦无米五斗，饿死安得粟一囊？徒令汝曹困齑盐，对我面目青且黄。冬寒轻裘不得御，朝饥软饭不得尝。……人生穷通固有命，丈夫志气当自强。"[2]朱子尝欲为其婿作一小屋，惟以无钱而止[3]。

黄榦为朱子作《行状》，乃朱子死后十年承朱子季子在之请。俟一二年后，方敢下笔。"于是追思平日闻见，定为草稿，以求正于四方之朋友，如是者十有余年。"其间抄写传递，商量辩论者屡屡。"一言之善则必从，一字之非则必改。"于是成为一万六千余言之大文章[4]。既成之后，"藏之箧笥，以为未死之前，或有可以更定者，如是又四年"。最后乃遣男告之家庙。从来缮写行状之慎，未有如此者。《行状》不特黄榦一人之"百年论定"，而是同门若干人之论定，又是中国以至韩国、日本数百年之论定也。全祖望（1705—1755）称黄榦为"有体有用之儒"[5]，非过奖也。黄榦与李燔并称"黄李"。盖李燔再见朱子，朱子令凡诸生未达者，先访李燔。俟有所发，乃从朱子折衷[6]。黄榦则同门不敢以师之所传为别录，以榦尚在也[7]。

陈淳，字安卿，漳州龙溪人。年二十二，始读《近思录》。此后三四年间又得《四书集注》等书读之。家穷空甚，乃教乡党小童以奉养两亲。年三十一，以秋试赴临安（杭州），自谓归经武夷，可赴五夫里从学。然为贫所迫，未能如愿。明年绍熙元年庚戌（1190）四月，朱子知漳州，淳以侯门如海，迟迟者累月。卒以书并录旧日自警之章为贽，求见朱子[8]。因病至十一月十八方拜席下。朱子一见恨晚，谓南

[1]《文集》，正集，卷64，答巩仲至第十七书，页13上。
[2]《勉斋集》，卷40，《噫嘻示儿》，页17上下。
[3]《文集》，续集，卷1，答黄直卿第七十六书，页19下—20上；第八十书，页20上下。
[4]《勉斋集》，卷36，全卷。
[5]《宋元学案》，卷63，《勉斋学案》，页1上。
[6]《宋史》，卷430，页12783，《李燔传》。
[7]《宋元学案》，卷63，《勉斋学案》，页12下。
[8]《北溪大全集》，卷5，《初见晦庵先生书》，页1上—4下。诗见卷1，页1上。

来吾道喜得陈淳。翌年朱子除(差)主管南京鸿庆宫,四月二十九日去郡。淳送至同安县东之沈井铺,五月二日而别。别后屡以书请问,朱子以书答之,并屡以书来招。然以菽水不给,岁岁为训童拘绊,未能一走建阳。八年后(1199)乃与其岳父李唐咨同抵建阳之竹林精舍。越年(1200)正月五日拜别而归。两次从侍,七月有奇耳。

初次师侍,朱子屡次训淳穷究根源来处。再次师侍,则侧重下学之功。训淳诸条,句句亲切。诸友入侍坐定,朱子目淳申说。诸生揖退,朱子留淳独语。屡次召入卧内。行前饯席酒五行。与门人交,未有如是亲密者。淳录其所闻六百余条,无所不包。问答亦逾百条。

黄榦与陈淳为得意之门生。四五百之中,自然有少数令朱子失望者。杨方往来几五十年,然每每意见相左,可谓最令惬心之门生。余如包约、胡大时、徐昭然、陈永奇,亦与朱子和而不同。此是意中之事。然大底亲密敬重,如以女妻黄榦,语李唐咨以女妻陈思谦,劝吕焕回家娶亲,为吴寿昌写醉墨。如此之类,皆足以见师生感情,固不限于讲论之间也。

庆元二年丙辰(1196)朝廷攻击道学甚急,称为伪学。十二月朱子落职罢祠,蔡元定亦被贬道州(今湖南道县)。朱子云:"而今却是平地起这件事出。"[1]州县捕元定甚急,朱子曰:"不晓何以得罪。"[2]门人不特元定备受迫害。其被排斥者前后不止一人。叶味道对学制策,胡纮(1163进士)以为伪徒,黜之,因以下第。杨方坐朱子党,罢官而归。此外尚必有多宗。情势日见危险。有劝朱子散分学徒,闭门省事以避祸者。朱子曰:"祸福之来,命也。"[3]泰然处之。然门徒难免畏祸回避,托辞去归者。《行状》云:"从游之士,特立不顾者,屏伏丘壑。依阿巽儒者,更名他师,过门不入。甚至变易衣冠,狎游市

---

[1]《语类》,卷107,第二十五条,页4246。
[2] 同上,第三十二条,页4245。
[3]《语类》,卷107,第二十七条,页4246。

肆，以自别其非党。”[1]朱子谓徐文卿“经年不得渠书。想亦畏伪学污染也”[2]。其甚者，则朱子没，竟不往吊。

如上所述，究属少数。学徒避去，而辅广不为所动。朱子赞之曰：“当此时立得脚定者甚难，惟汉卿（辅广）风力稍劲。”[3]其为远害思归者，董铢正色责之，喻以理义。诸生亦翕然以定。畏避者固有其人，而奋勇向前者更多。朱子去国（1194），寓西湖灵芝寺。送者少而李杞独从之。张宗说率僚友送诸武夷，会于精舍。吴昶、黄士毅、刘爚、傅修，走谒精舍，就正所学。郑可学、曾兴宗、林梦得、傅定等执礼益勤，讲学不辍。又有宁绝仕途、不屈于权威者，如滕璘等是也。韩侂胄（1207卒）当国，或劝璘一见可得高官。璘曰：“彼以伪学诬一世儒宗，以邪党锢天下善士，……顾可谒之以干进乎？”[4]其在官者，则正面对抗，冒险护道。吴必大因属权指朱子为伪学，遂致仕。权臣移檄令自言非伪学，柴中行不肯，宁不考校。金朋说应荐上状，敢言素师朱熹，不知为伪，遂解职归。傅伯成为太常司丞，力言朱熹不可目以伪学。朱子落职罢祠，监察御史吴猎且奏曰：“陛下（宁宗）临御未数月，今日出一纸去宰相，明日出一纸去谏臣，昨又闻侍讲朱熹遽以御札畀祠，中外惶骇，谓事不出于中书，是谓乱政。”[5]其大胆抗议，有如此者。元定之贬也，詹体仁调护之，刘砥兄弟馈赆特厚。朱子没，正当严禁伪学之际，而会葬者几千人。周谟冒隆寒戴星徒步，偕乡人受业者往会葬。李燔亦率同门前往。林得遇、黄灏均不远千里而来会。范念德为铸钱司主管，亦便道与焉，不畏犯上也。由此观之，威武不屈之精神，朱子如是，门人亦如是。

---

[1]《勉斋集》，卷36，《朱子行状》，页37下。
[2]《文集》，续集，卷6，与赵昌甫书，页1下。
[3]《宋元学案》，卷64，《潜庵学案》，页1上。
[4]《考亭渊源录》，卷15，页4上下，《滕璘传》。
[5]《宋史》，卷397，页12086，《吴猎传》。

《考亭渊源录》末卷以赵师雍、傅伯寿、胡纮为考亭(朱子)叛徒。胡纮并非弟子,恨朱子不待以鸡以酒,为疏劾朱子,卒致断截其政治生涯。此是政敌,从未尝敬守朱子教言,不得云叛。《行状》云:“傅伯寿,故家子,尝执子弟礼,恨不荐己。先生辞次对除修撰也,伯寿行词有‘(大逊如)慢,(小逊如)伪’等语。及先生没,伯寿守建宁,又不以闻。”[1]黄榦只言事实,而《渊源录》竟以叛徒视之,恐不免门户之见。赵师雍受教于朱、陆之门。陆子卒,师雍曾致书朱子,言惜不及见两论辩有所底止。朱子答之云:“荆门(陆象山)之讣,闻之惨怛,故旧凋落,自为可伤,不计平日议论之同异也。来喻又谓恨不及见其与熹论辨有所底止,此尤可笑。……岂今垂老而肯以其千金易人之弊帚者哉?”[2]赵氏致朱子书,今已不存。大概师雍来书狂僭无礼,故复书谓其“傲睨”,又不肯为渠挥墨。想朱子并非无故生气。然如《宋元学案》所云:“其于朱子,不过意见不尽合,今置之胡纮、傅伯寿之列,则缪矣。”[3]诚是公平之论。

以上屡提精舍,以下当略述精舍生活情形。朱子先后建造三精舍,即乾道六年庚寅(1170)春在福建建阳县距城十二公里之寒泉坞其母墓侧所筑之寒泉精舍,淳熙十年癸卯(1183)四月在武夷山所筑之武夷精舍与绍熙五年甲寅(1194)十一月在建阳考亭所筑之竹林精舍是也。寒泉精舍之结构,已无可考,即遗址亦难寻觅。但同年在建阳芦山之巅云谷所造晦庵,只是草堂,则寒泉精舍必甚简单,寒泉离五夫里八十公里。中途虽有歇马站,绝不常至。然才至便宾客满座。曾与友人相处旬日,但恐诸生废业。又尝携二子过寒泉约朋友来叙[4]。吕东莱(吕祖谦,1137—1181)留止旬日,共辑《近思录》,则

[1]《勉斋集》,卷36,《朱子行状》,页37上。
[2]《文集》,卷55,答赵然道,页27下。
[3]《宋元学案》,卷77,《槐堂诸儒学案》,页12上。
[4] 详拙著《朱子新探索》,页142—144。

精舍相当热闹，且有常课。《语类》杨方最早记录（1170），必是寒泉所闻。

武夷精舍因有杂咏并序，吾人借知精舍在武夷山大隐屏峰下两麓相揖之中，武夷河九曲之第五曲。地广数亩，为屋三间。主要者为仁智堂，自称堂主。左室为朱子栖息之居，右室以延宾友。别为两屋，一以居学者，一以居道流。皆以当地竹木为之。有亭台，有茶灶。非鱼艇不能入，风景绝佳[1]。朱子在此十年，除外任年余外实讲学于此七年有奇。学子云集。蔡元定、游九言、刘爚、黄榦、詹体仁、李闳祖、李方子、叶味道等皆在九曲沿岸择地筑室。今则只有精舍两墙之一部及其木窗而已。据朱玉《朱子文集大全类编》，朱子绍兴二十七年丁丑（1157）自同安归，即筑室于此。前后往来于山间达四十年之久。酷爱武夷山水。咏武夷风景诗最多，有云"山水为留行"，又云"除是人间别有天"[2]。学者因其有"忆住潭溪四十年，……谁教失计东迁缪"[3]之句，断其迁居武夷。潭溪指五夫里。然从同安归来至徙建阳考亭，始终住五夫里，有《文集》记载为据[4]。且据《语类》记录姓氏，魏椿戊申（1188）所录，明言"五夫所闻"。翌年（1189）亦云"当径走五夫"[5]。故谓"卜居屏山下，俯仰三十秋"[6]。屏山者，五夫也。武夷精舍既成，则谓"琴书四十年，几作山中客"[7]。予疑精舍以前，家眷常住五夫，朱子以武夷为后园，常到此游玩。每逢亲友故旧来访，乐与寻胜。精舍以后比较长住。张栻谓王阮曰："当今道在武夷，子盍往求之？"[8]张栻死于淳熙七年庚子（1180），则精舍以前

[1]《文集》，卷9，《武夷精舍杂咏并序》，页2下—3下。
[2] 同上，《武夷棹歌》，页4上、6上。
[3] 同上，《怀潭溪旧居》，页9上。
[4] 详拙著《朱子新探索》，页140。
[5]《北溪大全集》，卷5，《初见晦庵先生书》，页3下。
[6]《文集》，卷4，《卜居》，页9上。
[7]《文集》，卷9，《武夷精舍杂咏并序》，页3下。
[8]《宋史》，卷395，页12053，《王阮传》。

已成学术中心矣。正因学者蹿集，乃筑精舍。著名门人除筑室河岸者外，江默、周谟、林武、林得遇、潘柄、戴蒙，皆是武夷诸生[1]。武夷传说有狐狸精丽娘来与朱子同居，后经摆渡乌老头夫妇揭露，遂去。朱子散步花间，见一死狐狸，乃敬重葬之云[2]。朱子影响深入民间如此。

建阳之考亭，山水秀丽，朱子之父尝过此而爱之。朱子绍熙二年辛亥（1191）自漳州归，即卜居于此。初寓建阳之同繇桥，旋以斋舍迫狭，迁在佛顶庵中与学者相聚。三年壬子（1192）筑室于考亭，称考亭书堂，以怀念其亲。五年甲寅（1194）筑竹林精舍于所居之东，以居学者。大概离朱子所居不太近。曾祖道庆元三年丁巳（1197）见朱子于考亭，随后迁入精舍[3]。“季通（蔡元定，1135—1198）被罪，……贺孙（叶味道）退归精舍，告诸友。”[4]朱子病笃，精舍诸生来问疾。朱子起坐曰：“误诸生远来。”[5]凡此皆实证精舍为学子所居，且距离非近也。朱子所居有清邃阁。又有静香堂，不知在何处。此外有书院，为讲学与拜先圣之所。书院可能自为一间，亦可能在某间之内。大抵诸生之宿舍名精舍，而此精舍与书院又合称精舍。精舍与书院两名，常可互换。

诸年谱皆云竹林精舍改名沧洲精舍。《宋元学案》卷六九名《沧洲诸儒学案》，即以此故。予曾考究，证实朱子生前未尝用沧洲精舍之名。黄榦《行状》与陈淳《竹林精舍录后序》[6]均用竹林而不用沧洲。意者朱子庆元元年乙卯（1195）改号遁翁。因精舍近洲，易箦之前一月，乃自称沧洲病叟。绝无此一月之内病甚而改精舍之名之理。

---

[1] 参看拙著《朱子新探索》，页480。
[2] 同上，《朱子与丽娘》，页174—181。
[3]《语类》，卷116，第三十三条，页4460。
[4] 同上，卷107，第二十二条，页4244。
[5]《蔡氏九儒书》，卷6，蔡沈，《朱文公梦奠记》，页58上。
[6]《北溪大全集》，卷10，《竹林精舍录后序》，页3下。

后人因沧洲病叟之名，常称沧洲而竹林之名以晦。改名之说，非其实也[1]。

竹林精舍成，朱子遗书黄榦谓“它时便可请直卿代即讲席”[2]。黄榦亦云：“先生归自讲筵，日与诸生论学于竹林精舍，命叔重（董铢）长其事，诸生日所讲习，叔重先与之反复辩难，然后即而折衷焉。”[3]叔重非堂长，而乃主席之类。竹林似无一定课程。随时问答之外，亦有轮讲。朱子且常在晚上说书。诸生或侍坐，或侍食，或问疾。诸生问疾，朱子必正冠坐揖。建阳时期总共九年，比武夷为短。然学子之多，声誉之隆，则出乎武夷之上。杰出门徒如黄榦、辅广、陈淳、蔡元定、蔡沈、陈埴辈，皆竹林诸生。

竹林精舍淳祐四年甲辰（1244）诏立为书院。现时书院之面积一万平方米，大部已成菜地。原有之集成殿与朱子祠，均已不存。只余书院之墙基与门前之石牌而已。

朱子除建筑三精舍外，又重建两书院。淳熙六年己亥（1179）三月到南康任，即命学吏访白鹿洞书院遗址。因樵夫而知在星子县庐山五老峰下，距南康十余里。乃命县令王仲杰及教授杨大发修复书院。建屋五间，十月经始，次年三月落成。首奏请皇帝颁赐匾额。自捐地四百八十七亩。七年庚子（1180）九月荐杨日新为堂长。为使书院重建本末传之后代，商之吕祖谦为之记并刻于石。两者对此甚为慎重，逐段讨论，盖以庐山佛老之祠，以百数计，而南康军三县，只得三所。故要迎头赶上，争回儒家优胜地位。又以章句之学盛行，教学目的，纯在场屋。今应倡明道学，研求义理。

北宋早期书院任务，限于授徒、藏书与祭圣贤。朱子沿之。授徒初只欲养徒一二十人。毕竟人数若干，不得而知。然朱门人之中，

[1] 参看拙著《朱子新探索》，页472—477，《沧洲精舍辨》，又页483。

[2]《宋史》，卷430，页12777—12778，《黄榦传》。

[3]《勉斋集》，卷38，《董县尉墓志铭》，页17下。

已有十六人肄业于此。朱子又延赴省待补之士二十八人，齐来书院。适值书院放假，可供宿食。此是空前之举，堪称现代访问学者制度之先河。藏书方面，朱子自捐《汉书》，并得诸州所赠若干，复得御赐九经。供祭方面，朱子思立一孔庙，内不塑像，只设牌位。继南康任者钱闻诗（壮年1181）主张设像。朱子则谓最多只塑孔子像坐于地下，以免有匍匐就食之嫌。结果钱氏仍塑立像。其后朱子撰《跪坐拜说》，叙事之本末，揭于孔庙之门[1]。

传统任务之上，朱子增多学规、课程与讲学三种功能：（1）学规。朱子以为学目的在乎修己治人。故辑《孟子》《中庸》《论语》与董仲舒（约前179—前104）名言以明五教，为学之序，与修身处事接物之要，揭示楣间，是为《白鹿洞书院揭示》[2]。此亦为朱子新创，前所未闻。其徒程端蒙与董铢合撰《学则》，以教儿童。饶鲁（壮年1256）合辑《学规》《学则》而并揭之。门人相继提倡。历代中日巨儒亦仿《学规》自为教条。《学规》遂为历史上教育之金规玉律。说者谓学规受佛门《百丈清规》之影响。然彼则仪式甚详，此则原则简单，无关系也。（2）课程。书院所授何课、所用何书，已无可考。以《文集》卷七四《白鹿洞书堂策问》观之，可知重点在《论》《孟》。同安时期侧重所有儒家经典，今则渐趋专门。（3）讲学。朱子公事有暇，每到书院主讲。淳熙八年辛丑（1181）陆象山来访，朱子请其为诸生讲说。陆氏讲《论语》"君子喻于义，小人喻于利"[3]一章。听者泪下。朱子刻讲义于石。此为脍炙人口之演讲。说者谓实是明代会讲之先声，则是过言。盖会讲有组织，成一运动，不能以一人一讲为比。然朱子延意见相左之学者致辞，确实开风气之先。以后黄榦来讲"乾""坤"二卦，吸引南北之士，历史上不多见也。

---

[1]《文集》，卷68，《跪坐拜说》，页1上—2下。

[2] 同上，卷74，《白鹿洞书院揭示》，页16下—17下。

[3]《论语·里仁第四》，第十六章。

朱子南康任满，诸子设宴饯行。其后又在白鹿讲堂之西，立祠供奉，以朱子不许而废。门人李燔、黄义刚、张洽，明儒胡居仁（1434—1484）与王阳明（1472—1529）高第蔡宗兖相继为白鹿书院堂长。阳明捐地。其高第邹守益（1491—1562）并为周敦颐（1017—1073）等作传以教诸生。历数世纪，白鹿为各地书院之模型。影响历代教育文化，不可谓浅。

白鹿亦有武夷同样之传说，谓有狐狸精变作美丽小娘，服侍朱子。后来又一青蛙精来同居。卒相吵闹，翌日失踪。朱子在桥下发现已死之一狐一蛙，遂以礼葬之书院之林下云。

现今书院相当完整。首为午乾门。左右有莲池。再进为礼圣殿，内有石刻吴道子（792卒）《先师孔子行教像》。礼圣殿右为明伦堂。堂后有石门，门内小洞有石鹿一只，所以纪念唐隐士李渤（773—831）在此读书养鹿云。礼圣殿左侧园地甚广，存一百三十许碑刻。园中之丹桂树，传为朱子所植。

朱子修复另一书院，即同负盛名之岳麓书院。绍熙五年甲寅（1194）朱子知潭州（长沙）。急以重建潭州岳麓书院为事。首先增加学生十员，供给米饭，并揭白鹿学规。详与蔡元定商量岳麓坐落。属门人饶幹设计。到潭三月，奉诏入朝奏事，重建工作经已开始，有无完成，尚乏证据。王懋竑力辩绝无重建，谓《委教授措置岳麓书院牒》未有改建之议[1]。而不知此牒仅关别立员额，与重建无干也。王氏并不信建筑湘西精舍。然《岳麓旧志》明言朱子计划重建于河旁[2]，不容否认。予疑湘西为书院之宿舍。

朱子确曾讲学于原有书院。《语类》云："先生至岳麓书院，抽签子，请两士人讲《大学》，语意皆不分明。先生遽止之，乃谕诸生曰：

[1] 牒载《文集》，卷100，页13下。《朱子年谱》，页326。
[2]《岳麓志》，卷3，页51上，《湘西书院说略》。

'前人建书院，本以待四方士友，相与讲学，非止为科举计。某自到官，甚欲与诸公相与讲明。一江之隔，又多不暇。"[1]在郡学亦有讲学之记载。"甲寅（1194）八月三日，（袭）盖卿以书见先生于长沙郡斋，请随诸生遇晚听讲，是晚请教者七十余人。"[2]此虽郡斋，而书院学生参加，是意中事。

至于现时景况，则岳麓修复最好。现为湖南大学第一院。未入正门即到赫曦台。此名为朱子所取，正所以象征朱子在书院历史中之崇高地位云。正门前进为讲堂。其正厅墙壁，纷列木匾石碑。其中"忠孝廉节"四大字，为朱子墨迹之最大者。亦有类似《学规》之石碑。讲堂左右为三十书斋。大堂右侧原有八景，现在修复中。左侧有孔庙，中日战争后重建。庙前之石阶、石狮、石墙，均是清代遗物。前进半里原为御书阁，现则为现代化之办公大楼。岳麓书院建设委员会计划以宋代建筑样式恢复御书阁。在此地区之内尚有许多明代建筑，前用以祭礼理学巨儒，今则转用办公室与学生宿舍。总之，岳麓书院比其他学府保存最完善，风景亦最美观。

尚有同文书院与燕南书院传为朱子所建，然皆无据，或是后人所立以纪念朱子者。朱子本人除白鹿与岳麓外，与许多书院有关。至少在六所书院讲学，为三书院作记，为一书院作诗并序，为九所书院题额，又在某一书院停留一段长期时间。不计重复，最少与二十四书院有关。其他未见记载或未发现者，固无论矣。

朱子重建书院之初，即有门人效劳。蔡元定、饶幹之于岳麓，李燔、黄义刚、张洽之充白鹿洞书院堂长，已如上述。尚有林学蒙为道南书院堂长，蔡念诚为延平书院堂长，蔡模为建安书院堂长，邓邦老为道南书院堂长。讲学于白鹿者黄榦以外有林择之、陈宓与包定。

[1]《语类》，卷106，第四十二条，页4220。

[2] 同上，卷116，第十三条，页4447。

讲学于其他书院者有胡安之之于南轩书院、陈埴之于明道书院与黄榦之于安庆府书院。据《考亭渊源录》，陈埴主明道书院讲席，四方学者，从游数百人。

更能光大朱门者乃门人之建立书院。计有陈宓创立延平书院、辅广创立传贻书院、赵师雍筑文公书院、钟震筑主一书院、黎贵臣建昭文书院、吴雄建阳坪书院与私淑门人魏了翁创立鹤山书院。又有门人潘友恭之父创建月林书院、赵善待之孙筑郑山书院，一共九处。可谓成为一强大之书院运动。吾人敢问，若非朱子与朱门为此精舍与书院之运动，我国是否可能变为日本之佛教化？

第十章
朱子之著述

学者通常以《朱子文集》与《朱子语类》为第一手材料。其生平议论,大概皆在于此。

一、《朱子文集》

此书又名《晦庵集》《朱子大全》等。正集一百卷为朱子季子在(1169—?)所编,续集十卷(1145)为王遂所编,别集十一卷为余师鲁(壮年1263)所编。内包括诗千首以上,封事、奏状、申请、辞免二百七十一,书札约一千八百,杂著一百零七,序六十九,记八十三,跋三百零一,铭、箴、赞等七十二,祝文七十二,祭文四十四,碑文与墓志铭七十五,行状、传、谱七十五,公移一百三十。由二十四岁(绍兴二十三年癸酉,1153)至易箦前一日致其门人黄榦(1152—1221),一生著述,除专著外,皆备于此。政见以壬午(1162)、庚子(1181)、戊申(1188)三封事为最重要。故黄榦所撰《朱子行状》与王懋竑(1668—1741)《朱子年谱》均全载之。诗卷二《观书有感》"半亩方塘""源头活水"之句与卷四比较具有哲学思想之《斋居感兴》二十首为最有名。学者有指定某地之方塘数处,悉近附会。朱子只抒其灵感而已。书与张栻(号南轩,1133—1180)四十九通与吕东莱(名祖谦,字伯恭,1137—1181)一百零三通,为五百人中最多者。朱子十六世孙朱玉(壮年1722)类别为《朱子文集大全类编》一百一十卷。先以年谱、《行状》、历朝褒典等等,后加庭训、异迹诸项。

二、《朱子语类》

《语类》为黎靖德(壮年1263)所编,刊于咸淳六年庚午(1270)。取数十家所录,"遗者收之,误者正之。考其异同而削其复者"(黎靖德序)。分一百四十卷,共约一千四百二十余条。最长者为卷十六,共二百五十三条。讨论《大学》经文。最短者为卷八十八,只有讨论《大戴礼记》八条。问答之最长者有二千四百余字,最短者只十六字。以类编次。先太极天地,继之以理气、鬼神、性理。然后小学、为学之方、知行、读书法、持守、力行。随以《大学》《论语》《孟子》《中庸》及经书,孔孟周程张子,周程张邵子之书,朱子为学、注书、政事、政论、门人,吕陈叶陆诸儒,老佛,史论,而以杂类与作文终焉。由门人一百零一人记录。其中以叶贺孙(味道)所录最多,凡九百八十余条。所录多为一人所记,亦有三人同录者。卷首有《朱子诸录姓氏》,举其名字与某年或某年以后所闻。

三、《朱子全书》

康熙五十二年癸巳(1713),李光地(1642—1718)承御命从《语类》与《文集》采若干条,分别门类,为《朱子全书》六十六卷,侧重《四书》《五经》,然性理、诸子与论史、论文,亦居三分之一。《凡例》云:"今合此二书,撮取精要……故曰全书也。"《朱子全书》所选之语,《语类》与《文集》异者,当以《文集》为正。《语类》与《文集》同者,当以年期之先后为是。

四、《上蔡语录》

朱子自幼即闻理学,对谢良佐(蔡州上蔡人,1050—1103)产生兴趣。盖其父尝与罗从彦(1072—1135)游，而从彦学于杨时(1053—1135)。杨与谢为同门友，同为二程(程颢，1032—1085；程颐，1033—1107)之高第也。朱子自述云:“熹自少时妄意为学，即赖先生(谢良佐)之言以发其趣。”[1]又云:“某二十年前得《上蔡语录》观之，初用银朱画出合处；及再观，则不同矣，乃用粉笔；三观，则又用墨笔。数过之后，则全与元看时不同矣。”[2]故于三十岁(绍兴二十九年己卯，1159)成《上蔡语录》。此为朱子著述之最早者。初得曾恬(壮年1150)所录谢语。其中五十条诋程氏。朱子疑而去之。而后乃得江民表(壮年1101)《辨道》五十言，皆与曾恬作上蔡语无异。朱子论仁思想，对上蔡以仁如桃杏之仁，具有生意，甚为赞扬。惟对上蔡以知觉为仁，则极反对。

五、《论语要义》

六、《论语训蒙口义》

隆兴元年癸未(1163)，三十四岁，编《论语要义》序云:“熹年十三四时受其说(二程《论语说》)于先君。……于是遍求古今诸儒之说，合而编之。……尽删余说及其门人朋友数家之说，补缉订正，以为一书，目之曰《论语要义》。”[3]同年又编《论语训蒙口义》。其序云:“予既序次《论语要义》以备览观，暇日又为儿辈读之。大抵诸老先生之为说本非为童子设也，故其训诂略而义理详，……殆非启蒙之要。因为删录，以成此编。”[4]此两书今皆不传。

[1]《文集》，卷80，《上蔡谢先生祠记》，页4下—5上。
[2]《语类》，卷104，第十二条，页4157。
[3]《文集》，卷75，页6下—7上。
[4] 同上，页7上下。

七、《延平答问》

朱子虽从小于理学已有所闻。然自十四岁从学三先生于五夫里。三先生皆于佛老富有同情，而五夫里佛道空气浓厚。故年十五六时尝留心于禅[1]。后来“自见于此道（禅）未有所得，乃见延平（李侗，1093—1163）”[2]。由二十四岁至三十三岁，四见延平。延平教以默坐澄心，求喜怒哀乐未发之前气象与理一分殊之说。朱子与延平相从，不过数月，故以书札讨论为多。计由绍兴二十七年丁丑（1157）至隆兴元年癸未（1163）。延平死后，朱子编为《延平答问》。后人由《语类》摘其有关延平之语，并加朱子祭文与行状为《后录》。

八、《困学恐闻》

隆兴二年甲申（1164）成《困学恐闻》。其序云：“予尝以困学名予燕居之室。……目其杂记之编，曰《困学恐闻》，盖又取夫子路有闻，未之能行，惟恐有闻[3]之意。”[4]此书今已不存。

九、《程氏遗书》

延平为罗从彦弟子，故朱子由二程，经杨时、罗从彦、李侗为四传，于二程夙有渊源。是以于三十九岁（乾道四年戊子，1168）成《二程遗书》二十五卷，附录一卷。朱子于目录后序云：“始诸公各自为书。先生没而其传浸广。然散出并行，无所统一。传者颇以己意私窃窜易。历时既久，殆无全篇。熹家有先人旧藏数篇。……最为精

---

[1]《语类》，卷104，第三十八条，页4166。
[2] 同上，第三十七条，页4164。
[3]《论语·公冶长第五》，第十三章。
[4]《文集》，卷75，页9下。

善。后益以类访求，得凡二十五篇。因稍以所闻岁月先后第为此书。”除五篇不知何人所记外，每篇均书明谁人记录，并指明是明道先生（程颢）或伊川先生（程颐）之语或二先生之语。其二先生语者，间有“明”字或“正”字断为明道之语或伊川（字正叔）之语。其“二先生”者，则不定为谁，因兄弟二人意见往往相同也。

十、《家礼》

乾道六年庚寅（1170），朱子四十一岁。各本《年谱》此年均有“家礼成”一条，谓朱子居母丧尽礼，筑寒泉精舍，“日居墓侧，朔、望则归奠几筵，自始死至祥禫，参酌古今，咸尽其变，因成丧祭礼。又推之于冠昏，共为一编，命曰《家礼》。既成，未尝为学者道，易箦之后，其书始出于人家。其间有与先生晚岁之论不合者。黄榦直卿云：‘《家礼》世多用之’，然其后亦多损益，未暇更定，览者详择焉。”朱子《家礼序》云：“尝独观古今之籍，因其大体之不可变者而少加损益于其间，以为一家之书。大抵谨名分，崇爱敬以为之本。至其施行之际，则又略浮文，敦本实。”[1]王懋竑《年谱》独删此条，而于《考异》详为讨论，谓《宋史》本传以《家礼》入于所编次之中，删去《古今家祭礼》。故后之人但知有《家礼》，而《古今家祭礼》遂失其传。王氏著《家礼考》，力辩《家礼》绝非朱子之书，以《家礼序》中绝不提居丧事。其他问题尚多，故谓所亡者为《祭礼》而非《家礼》。所云《家礼》四卷，乃《仪礼经传通解》中“家礼”六卷之四云云[2]。《四库全书总目提要》全引之，称为“考证最明”[3]。然《家礼》自宋以来通行。韩、日两国亦采用之，皆谓朱子所撰。王氏与其他学者之疑，固无伤于其对社会之影响也。

---

[1]《文集》，卷75，页17上。
[2]《朱子年谱·考异》，卷1，页266。
[3]《四库全书总目提要》，页441。

十一、《论语精义》二十卷

十二、《孟子精义》十四卷

乾道八年壬辰(1172),朱子四十三岁成此二书。淳熙七年庚子(1180)改名《要义》,后又改名《集义》。《语孟集义序》曰:"《论》《孟》之书,学者所以求道之至要。……宋兴百年,河洛之间,有二程先生者出,然后斯道之传有继。其于孔子孟氏之心,盖异世而同符也。……既又取夫学之有同于先生者,若横渠张公(张载,1020—1077)、范氏(范祖禹,1041—1098)、二吕氏(吕希哲,约1036—约1114;吕大临,1046—1092)、谢氏(谢良佐)、游氏(游酢,1053—1123)、杨氏(杨时)、侯氏(侯仲良,壮年1100)、尹氏(尹焞,1071—1142),凡九家之说,以附益之,名曰《论孟精义》。"[1]今世刊本,通用此名。《论语精义》与《孟子精义》各有纲领一编,不入卷数。其后采摄菁华,撰成《语孟集注》。学者或以《集注》为精,以《精义》为粗。然学生问朱子常读何书?朱子答云看《伊川易传》《语孟精义》《程氏遗书》《近思录》[2]。则在朱子心目中,《精义》等于《近思录》矣。当然《精义》不及《集注》之重要,然亦不可忽视也。

十三、《资治通鉴纲目》五十九卷

乾道八年壬辰(1172),朱子四十三岁。司马光(1019—1086)撰《资治通鉴》二百九十四卷,既成又撮其精要之语,别为目录二十卷,更著举要八十卷。朱子以本书太详,目录太简,而举要详不能备首尾,略不可供检阅。又凡事之首尾详略,一用平文书写。虽有目录,

[1]《文集》,卷75,页19下—20上。
[2]《语类》,卷104,第三十六条,页4405—4406。

亦难检查。且其间如周末诸侯，僭称王号，而不正其名。汉丞相亮（诸葛亮，181—234）出师讨贼，而反书入寇。是以如《资治通鉴纲目序》所云："增损檃括，以就此编。"[1]诚如黄榦《行状》所云："考论西周以来，至于五代，取司马公编年之书，绳以《春秋》纪事之法，纲举而不繁，目张而不紊。国家之理乱，君臣之得失，如指诸掌。"[2]此书甚费心力，屡经修改。幸得诸生襄助，其中以蔡元定（1135—1198）、赵师渊［乾道八年（1172），进士］之力为多。钱穆考据此书最详。至宜参考[3]。

十四、《八朝名臣言行录》

乾道八年又成此书。序云："予读近代文集及记事之书，观其所载国朝名臣言行之迹，多有补于世教。然以其散出而无统也，既莫究见始终表里之全，而又汩于虚浮诡诞之说。予尝病之。于是掇取其要，聚为此录。"[4]前集五朝十卷，后集三朝十四卷，故曰八朝。朱子伧率成书，并不重视。

十五、《西铭解义》

乾道八年又成《西铭解义》。王懋竑《朱子年谱》引洪去芜改订本《年谱》（1700）云："横渠张子，学古力行，笃志好礼，为关中士子宗师。尝于学堂双牖，左书《砭愚》，右书《订顽》。伊川先生曰：'是启争端。'改曰《东铭》《西铭》。伊川先生尝言：'《西铭》明理一而分殊，扩前圣所未发，与孟子性善养气之论同功，自孟子后，盖未之见。'[5]游其门者，必令看《大学》《西铭》。先生至是发明其义。"[6]《西铭》只二百五十三

---

［1］《文集》，卷75，页21下—22上。
［2］《勉斋集》，卷36，《朱子行状》，页43上下。
［3］《朱子新学案》，第五册，页120—148。
［4］《文集》，卷75，页22下。
［5］《伊川文集》，卷5，答杨时论《西铭》书，页12下。此处只述其意。
［6］《朱子年谱》，卷1下，页51。

字，而理学天人一体与理一分殊两大宗旨，悉具于此，为我国伦理学史上影响最大之文案。朱子发挥其义，尤重理一分殊，体用无别。十六年后，乃出此解以示人。其审慎如此。朱子注结论曰："盖以'乾'为父，以'坤'为母，有生之类，无物不然，所谓理一也。而人物之生，血脉之属，各亲其亲，各子其子，则其分亦安得而不殊哉！一统而万殊，则虽天下一家，中国一人，而不流于兼爱之弊；万殊而一贯，则虽亲疏异情，贵贱异等，而不梏于为我之私。此《西铭》之大指也。"[1]

十六、《太极图说解》

乾道九年癸巳（1173），朱子四十四岁，成《太极图说解》。《太极图说》极短，只二百四十九字。周子（周敦颐，1017—1073）得《太极图》于道士。图本《易经》太极生两仪而五行而万物。周子之说，重点在"圣人定之以中正仁义而主静"。毫无道家炼丹之色彩。理学重要典籍，如《近思录》《性理大全》《性理精义》，皆以《太极图说》居首。周子曾否传授《太极图》于二程，成为理学一大公案。二程终身不言太极。朱子则云，二程不传，盖未得其人耳。朱子解图说"无极而太极"为无极即太极。无极只无声无臭而已，非如道家之有生于无之谓也。此解是否周子原意，不得而知。惟程子言理，张子言气。朱子不得不厘清理气之关系。是以表彰周子之《太极图说》，解太极为理，阴阳为气。太极动静生阴阳，而理气关系，至是大明。至淳熙十五年戊申（1188）始出《太极图说解》与《西铭解义》以示学者。朱子《题太极西铭解后》云："近见儒者多议两书之失……因出此解。"[2]两书西文翻译已有数种。予亦译为英文。朱子之注则未及也[3]。

---

[1]《张子全书》，卷1，页7上。

[2]《文集》，卷82，页14上。

[3] 俱见拙译*A Source Book in Chinese Philosophy*, pp. 463-465, 497-500；与拙择*Reflections on Things at Hand*, sec. 1 and 89。

十七、《通书解》

同年又成《通书解》四十卷。朱子以前《太极图说》并未得学者注意。周子号召，在乎其《通书》。《通书》又名《易通》。以《易经》之“寂然不动”为诚，而申为仁义中正，希贤希圣。朱子注释，不断改订。后至淳熙十四年丁未（1187）始定。是年作《周子通书后记》云：“大抵推一理二气五行之分，合以纪纲道体之精微，决道义文辞禄利之取舍，以振起俗学之卑陋。至论所以入德之方，经世之具，又皆亲切简要，不为空言。”[1]1963年予译《通书》为英文[2]。

十八、《程氏外书》十二卷

《二程遗书》五年之后（乾道九年癸巳，1173），朱子以《遗书》不能无遗，于是又取诸集录，参伍相除，得十二篇，以为《程氏外书》。若干语下加“明道”“伊川”或“淳”“正”等字。“淳”指明道之字伯淳也。其“外书”云者，特以取之之杂或不能审其所自来也。

十九、《伊洛渊源录》十四卷

同年又成此书，尽载周子以下及程子交游及门弟子言行。广为搜集资料，又得门人为助。《宋史》亦述伊洛诸儒，然分“道学”“儒林”两派，开我国数百年门户之见。实殊非朱子之所料。

二十、《古今家祭礼》二十卷

淳熙元年甲午（1174），朱子四十五岁。王本《年谱》独有“编次古今家祭礼”一条，其他《年谱》无之。《文集·跋古今家祭礼》云：

---

[1]《文集》，卷81，页28上。

[2] *A Source Book in Chinese Philosophy*, pp. 465–480.

"右古今家祭礼，熹所纂次，凡十有六篇。"[1]此书今已不存。《文集》有《家礼序》又有《跋古今家祭礼》，两者并非一书甚明。王氏增此一条，未为无据。惟谓《家礼》非朱子书，则嫌太强。或者先后两书有所增益，未尝不可能也。

二十一、《近思录》十四卷

淳熙二年乙未（1175）吕东莱三月二十一日由东阳（浙江金华）偕其徒潘景愈[隆兴元年（1163）进士]来访朱子。先到朱子所居之五夫里。由此同赴朱子乾道六年庚寅（1170）在建阳所筑之寒泉精舍。留止月余，同编《近思录》。五月五日完毕，一同偕其他友人游武夷山而赴江西鹅湖寺与陆象山（名九渊，1139—1193）兄弟相会。至六月八日分手而归。朱子与吕东莱在寒泉精舍相与读北宋四子之书，摘取六百二十二条，成《近思录》。"近思"盖取《论语》"切问而近思"[2]之意，以其切于日用也。所选凡周敦颐著述四种，共十二条；明道四种，共一百六十二条；伊川七种，共三百三十八条；张子十二种，共一百一十条。通篇以二程子伊川为最多。其《易传》以义理发挥其本人思想，与朱子以《易经》为卜筮之用，相背而驰。而竟取一百零六条之多，盖以其切于日用也。选语以周子为先，而以《太极图说》居首，二程兄弟次之，张子为后。张子比二程年长，应在其前。然朱子以道统由孔孟以至周程，乃是正统。张子不过道统之旁枝而已。邵雍（1011—1077）之数象哲学，道家气味太浓，所以不入道统之内。

《近思录》分十四目。在初本无篇目，每卷只言其大纲。朱子云："《近思录》逐篇纲目：一、道体；二、为学大要；三、格物穷理；

[1]《文集》，卷81，页5下。
[2]《论语·子张第十九》，第六章。

四、存养；五、改过迁善，克己复礼；六、齐家之道；七、出处、进退、辞受之义；八、治国、平天下之道；九、制度；十、君子处事之方；十一、教学之道；十二、改过及人心疵病；十三、异端之学；十四、圣贤气象。”[1]其后叶采（壮年1248）为《近思录集解》，乃定篇目为道体、为学、致知、存养、克己、家道、出处、治体、治法、政事、教学、警戒、辨异端、观圣贤十四目[2]。《近思录》为我国第一本哲学选集。其思想乃朱子本人之哲学轮廓，亦为以后《性理大全》《朱子全书》《性理精义》之典型。直接、间接支配我国思想与社会制度七八百年，影响韩国、日本亦数百载。朱子尝云：“《四子》（四书），《六经》之阶梯；《近思录》，《四子》之阶梯。”[3]重要之处，可以言喻。数百年来，注释甚多。除儒道经书之外，以此为最。计我国二十一种，韩国最少八种，日本注释二十四种，另讲说、存目、校注与现代日语译本，不下百数。西译有德文、英文[4]。继《近思录》而后，数百年间，我国有续录二十种，韩国所知者有四种。或选朱子之语，或选程门、朱门以及宋明诸传之语。皆依《近思录》例，分十四卷，依十四目[5]。

《近思录》为朱子与吕东莱所共辑。言《近思录》者，每单举朱子之名。对于吕氏，固嫌忽略，然两名并举，亦未为平。动机、策划与书之规模，全属朱子。观其道统观念可知矣。《宋史·艺文志》亦明言“朱熹、吕祖谦编”。然为此录第一个注家之叶采，虽在其注解序中并举两者之名，而在进书表则单提朱子。以后中国注家多人，皆不提东莱之名。日本注家，殆皆如此。惟江永（1681—1762）（《近思录

[1]《语类》，卷105，第二十四条，页4179。

[2]《近思录》与叶采之注有德文译本，为Olaf Graf, *Djin si lu, die sungkonfuzianische Summa mit dem Kommentar des Yä Tsai*（Tokyo: Sophia University, 1953）。

[3]《语类》，卷105，第二十二条，页4179。

[4]除德文译本外，予又译为英文，为*Reflections on Things at Hand*（New York: Columbia University Press, 1967）。

[5]详拙著《朱学论集》，页163—180；与《朱子新探索》，页401，《近思录概述补遗》。

集注》)连称朱吕。《四库全书总目提要》谓“讲学家力争门户,务黜众说而定一尊,遂没祖谦之名,但称《朱子近思录》,非其实也”[1]。然《提要》谓二者同撰,似无主客之分,则又不可。二者讨论审慎。吕氏贡献,不为不多。书编成后,仍屡屡通讯,参详甚力。朱子初本不要卷一“道体”,卒加此章以之为首,想是东莱之意。是以朱子请其为跋于编末,以明日用躬行者有所依据之意。张子《易说》“一故神”为东莱所反对,遂不增入。朱子欲加数段说科举坏人心术处,东莱不肯。亦有朱子不欲采入而因东莱坚持而卒加入者。程子《易传》所选比任何别书为多,谅亦东莱坚持之故。最低限度,若谓两人合编,解题亦应说明以朱子为主。

二十二、《阴符经考异》一卷

同年朱子序云:“《阴符经》三百言,……以文字气象言之,必非古书。然非深于道者,不能作也。大要以至无为宗,以天地文理为数。谓天下之故,皆自无而生有。人能自有以返无,则宇宙在手矣。”朱子解《太极图说》之“无极”为无声无臭,不取道家有生于无之说。此处竟然其说,诚是可异。《朱子遗书》本有黄瑞节附录,采程子、邵子、朱子等人之语。

二十三、《论语集注》十卷

二十四、《孟子集注》十四卷

二十五、《大学章句》

[1]《四库全书总目提要》,页1901。

二十六、《中庸章句》

二十七、《论语或问》二十卷

二十八、《孟子或问》十四卷

二十九、《大学或问》

三十、《中庸或问》

淳熙四年丁酉(1177),朱子四十八岁。《论孟集注》《或问》成,《大学章句》《中庸章句》亦于此时完成,通称《四书章句集注》或简称《四书集注》。朱子幼受庭训,熟读《四书》。尝自述云:"孟子所谓弈秋,……某八九岁时,读《孟子》到此,未尝不慨然发奋。"[1]又云:"某自丱读《四书》,甚辛苦。"[2]又云:"熹年十三四时受其(《论语》)说于先君。"[3]又云:"某年十五六时,读《中庸》'人一己百,人十己千'一章[4],因见吕与叔(吕大临)解得此段痛快,读之未尝不竦然警厉奋发。"[5]又云:"某年十七八时,读《大学》《中庸》,每早起须诵十遍。今《大学》可且熟读。"[6]如是孔孟之学,浸染已久。四十三岁,已成《论孟精义》。今撮《精义》之精华为《集注》《章句》,发明其词,使读者玩味经文,便得其理。又为《四书或问》以疏其所以去取诸家解说之由。有两说相似而少异者,相资为用。其二说皆通者,

[1]《语类》,卷121,第十条,页467。
[2] 同上,卷104,第一条,页4151。
[3]《文集》,卷75,《论孟要义目录序》,页6下。
[4]《中庸》,第二十章。
[5]《语类》,卷4,第四十一条,页106。
[6] 同上,卷16,第二十二条,页509。

则并存之。《论孟集注》《学庸章句》征引诸说,自汉以下至于两宋,凡五十六家,九百二十三语。其中四十一为宋人,占八百四十八语。以二程为多。二程及程氏门人占三分之二以上。单就《论语集注》而言,已有三十余家。《大学》分经传,以经为孔子之言,传为曾子所述。于第五"知本章"以传已亡而补之,以释格物致知之义。取用程子之意,言欲致吾之知,在即物而穷其理。因其已知之理而益穷之,以求至乎其极。至于用力之久,而一旦豁然贯通焉,则物格而知至矣。《大学或问》此章先引程子两条,以明格物致知所以当先。次引九条,以明格物致知所用力之地与格物致知之方。然后批评司马光、胡瑗(993—1059)、程门四子、胡宏(1106—1161)等人格物之说。《集注》《章句》不断删改,日益精密。易箦之前三日,犹改《大学·诚意章》。间有与《或问》前后不相应者。朱子云:"某所解《语》《孟》和训诂注在下面,要人精粗本末,字字为咀嚼过。此书,某自三十岁便下工夫,到而今改犹未了,不是草草看者,且归子细。"[1]又云:"某于《大学》用工甚多。"[2]又云:"某于《论》《孟》,四十余年理会,中间逐字称等,不教偏些子。学者将注处,宜子细看。"[3]又云:"某《语孟集注》,添一字不得,减一字不得。"[4]日人大槻信良著《朱子四书集注典据考》,指出四书注释有新义者一百七十五处[5]。

三十一、《诗集传》八卷

淳熙四年丁酉(1177)编成。《文集》有《诗集传序》[6],此是旧序,其时尚用《诗》之小序。后以汉儒明说小序是卫宏所作,朱子以

---

[1]《语类》,卷116,第三十七条,页4462。
[2] 同上,卷14,第五十一条,页412。
[3] 同上,卷19,第六十一条,页704。
[4] 同上,第五十九条,页703。
[5]《朱子四书集注典据考》,页3以下。
[6]《文集》,卷76,页2下—4上。

为不止出于一人之手，而多是两三手合成一序。大小序均是后人杜撰，妄意推想诗人之美刺。今人不以诗说诗而以序解诗，认为无当。故尽去小序，搜集众说，以经文为主而订其序之是非，不用其本人旧序。三百五篇之中，断定二十四篇为男女情爱之作。此为前人所不敢道。

三十二、《周易本义》十二卷

亦淳熙四年丁酉（1177）写成。是书以上下经为二卷，十翼为十卷，亦名《易经集注》。卷首有《筮仪》《卦歌》与九图，皆非朱子之作，乃后人误增附入者。《文集·书临漳所刊四经后》云："熹尝以谓《易经》本为卜筮而作，皆因吉凶以示训戒。故其言虽约而所包甚广。夫子作传，亦略举其一端，以见凡例而已。然自诸儒分经合传之后，学者便文取义。往往未及玩心全经而遽执传之一端，以为定说。于是一卦一爻，仅为一事，而《易》之为用，反有所局，而无以通乎天下之故。"[1]朱子以近世言《易》，直弃卜筮而虚谈义理，以致文义牵强而无归宿。《易》是卜筮之书，卦辞爻辞，无所不包，看人如何用耳。每劝学者先以卜筮占决之意，熟读经文，求其本义，莫看注解；然后以传释之。斯其命辞之意，与其所自来之故，皆可渐次而见。朱子晚年不满意于此书，惟未及改订。故此书终不如《四书集注》之精当。

三十三、《易学启蒙》四卷

朱子成《周易本义》九年之后，淳熙十三年丙午（1186），朱子五十七岁，又成《易学启蒙》。序云："近世学者……其专于文义者，既支离散漫而无所根着。其涉于象数者，又皆牵合傅会，而或以为出

[1]《文集》，卷82，页20下。

于圣人心思智虑之所为也。若是者予窃病焉。因与同志，颇辑旧闻，为书四篇以示初学。”[1]于是推本孔子经传中说象数者只有数条，亦采用之，以见孔子所已言者，不过如此。读者晓得此数条，则于《易》略通大体而象数亦皆有用。书分《本图书》第一，冠以河图洛书二图；《原卦画》第二；《明蓍策》第三；《考占变》第四。附以六十四卦之变为三十二图。《易五赞》（原象、述旨、明筮、稽类、警学），现载《文集》卷八十五，原附《易学启蒙》后，而编集者多遗之。

三十四、《孝经刊误》

同年又成《孝经刊误》，以《孝经》多出后人附会，因掇取他书之言，可发之旨，别为外传。以今文本首六章、古文本七章为同是一时之言，故合为一章，删去六十一字。以下为传，删去一百五十九字。每节加以解释，指明传文诠释经文之意。

三十五、《小学》六卷

淳熙十四年丁未（1187），朱子五十八岁，成《小学》。书分内外两篇。内篇分明伦、敬身、稽古（考虞夏商周圣贤行迹）。外篇分嘉言九十一条，善行八十一条。朱子相信古有《小学》一书，今则全书已不可见而杂出于传记者亦多。因搜辑经史子集三十二家，三百八十六条，以为此书，为儿童爱亲、敬长、隆师、亲友之道而为修、齐、治、平之本。或问明伦何以无朋友一条。朱子答以“当时是众编类来，偶无此尔”[2]。可见诸生襄理，尤以刘清之（1139—1195）负责为多。

---

[1]《文集》，卷76，页17上。

[2]《语类》，卷105，第二十四条，页4178。

三十六、序《大学章句》与《中庸章句》

淳熙十六年己酉(1189),朱子六十岁,方序此二书。王懋竑引洪去芜《年谱》云:"二书定著已久,犹时加窜改不辍。至是,以稳洽于心而始序之。……先生微言大义,具见二书序中,尤学者所当尽心也。"[1]《中庸章句序》首用"道统"连词,述《书经·大禹谟》"人心惟危,道心惟微。惟精惟一,允执厥中"。以后此十六字诀,遂为道统之传。

三十七、《中庸辑略》二卷

石𡼖[绍兴十五年(1145)进士]搜集周子、二程、张子关于《中庸》之语而益以二程门人之说,初名《集解》,淳熙十年癸卯(1183)朱子为之序,称其采掇无遗、条理不紊。越六年,淳熙十六年己酉(1189),朱子作《中庸章句序》。因重为删定,更名《辑略》,而仍以《集解》原序冠其首。朱子《中庸章句序》云:"既为定著《章句》一篇,以俟后之君子。而一二同志复取石氏书,删其繁乱,名以《辑略》,且记所尝论辨取舍之意,别为《或问》,以附其后。"

三十八、《孟子要略》

绍熙三年壬子(1192),朱子六十三岁,成《孟子要略》,亦称《孟子指要》与《孟子要指》。今其书不存。惟《朱子语类》有关于此书之问答数处。王懋竑《朱子年谱》全录之。

三十九、《仪礼经传通解》三十七卷,续二十九卷

庆元二年丙辰(1196),朱子六十七岁。王安石(1021—1086)废

[1]《朱子年谱》,卷3下,页168。

罢《仪礼》，独存《礼记》，弃经任传，遗本宗末。而博士诸生又不过诵其虚文，以供应举。于是朱子与学者撰是书，以《仪礼》为经，而取《礼记》及诸经史杂书所载有及于礼者，皆附于本经之下。具列注疏诸儒之说。计有家礼五卷，乡礼三卷，学礼十一卷，邦国礼五卷，王朝礼十四卷。丧、祭二礼，则以规模次第，属之门人黄榦。榦仅修丧礼十五卷，其祭礼尚未订定而没。其后杨复重修祭礼十四卷，共六十六卷。

四十、《周易参同契考异》一卷

庆元三年丁巳（1197），朱子六十八岁，成《参同契考异》。朱子《书周易参同契考异后》云，此书"词韵皆古，奥雅难通。……今合诸本，更相雠正。……其诸同异，因悉存之"[1]。每节之下，随文诠释，实皆笺注之体，不尽订正文字。《朱子遗书》本有黄瑞节附录，选朱子数段，并附按语。朱子自署"空同道士邹䜣"。照《四库全书总目提要》解释，邹本邾国，其后去邑为朱，故以寓姓。《集韵》"熹"为"虚其"切，"䜣"亦"虚其"切，故以寓名。并谓"殆以究心丹诀非儒者之本务，故托诸廋辞欤"[2]。"空同"无知之义，朱子谦词也。

四十一、《韩文考异》十卷

同年又成《韩文考异》。序云："姑考诸本之同异而兼存之。"[3]《书韩文考异前》亦云："悉考众本之同异而一以文势义理及他书之可验者决之。"[4]

---

[1]《文集》，卷84，页26下。
[2]《四库全书总目提要》，页3047。
[3]《文集》，卷76，页27下。
[4] 同上，页28上。

四十二、《书集传》六卷

庆元四年戊午（1198），朱子六十九岁。朱子成数篇及亲稿百余段。其他悉口授蔡沈（1167—1230），俾足成之。

四十三、《楚辞集注》八卷

庆元五年己未（1199），朱子七十岁。朱子以前注释《楚辞》太重思想与词句而忽略著者之情意。朱子乃选屈原（前343—前277？）《离骚》二十五首，并别人十六首，又从晁补之（1053—1110）之《续离骚》与《变离骚》五十二首，因以前章句注释，"或以迂滞而远于性情，或以迫切而害于义理。使原之所为抑郁而不得伸于当年者，又晦昧而不见白于后世。予于是益有感焉。疾病呻吟之暇，聊据旧编，粗加檃括，定为《集注》八卷"[1]。屈原被放后，忠君爱国，以成《离骚》。朱子遭道学之禁，落职罢祠。丞相赵汝愚（1140—1196）逃永州（今湖南零陵），途中死于衡州。朱子有怀于此，乃注《楚辞》以见意。易箦前三日尚改《楚辞》一段。

纵观乾道八年壬辰（1172），朱子四十三岁，著书最多，凡四种。由绍兴二十九年己卯（1159）至淳熙四年丁酉（1177）二十年间，朱子由三十岁至四十八岁，为著述活动时期。吕氏宝诰堂集合以上四、七、十一、十二、十九、二十一、二十二、二十七、二十八、三十三、三十四、三十六、四十，并加《文集》卷72之《杂学辨》与《宋史》本传为《朱子遗书》。

---

[1]《文集》，卷76，《楚辞集注序》，页31下—32上。

第十一章
朱子之生活

朱子原是出于富有之家。其故家在婺源（今属江西）置有田地。惟其父朱松（1097—1143）须质田百亩，方能举家入闽为宦。及朱松父死，贫不能归，乃葬其父于福建之南。朱子十四岁丧父，遵父遗命徙福建北部崇安县五夫里。父执刘子羽（1097—1146）为其建屋以居。朱子一生七十一年，除为外宦七年两个月及在朝四十六日薪俸稍厚以外，前后奉祠二十二年又七个月。此外全靠门徒贽奉、朋友馈赠及撰写序跋酬金为活。祠禄甚微，且亦贬值。所入除全家米粮以外，所余无几。门徒富家子弟者有之，然门人四百六十七人之中，有官职者只一百三十三人，占百分之二十八。门人女婿黄榦（1152—1221）贫穷至甚。朋友所赠必少，盖朱子去取极严。赵汝愚（1140—1196）悯朱子贫乏，尝割清俸以周之。朱子与书云："穷巷书生，蔬食菜羹，自其常分。……吾未敢虚辱厚意。谨已复授来使，且以归纳。……人参附子，则已敬拜赐矣。"[1]朱子所写序、跋、墓志铭等甚多。酬劳相当不少。某次为人作传，其子以先人所藏《汉书》为酬，朱子转赠白鹿洞书院。是则此项收入亦属有限。无怪奏状书札中，每每称贫。黄榦《朱子行状》云："其自奉则衣取蔽体，食取充腹，居

[1]《文集》，卷27，与赵帅第五书，页8下。

止取足以障风雨。人不能堪，而处之裕如也。”[1]《宋史》本传亦云：“箪瓢屡空，晏如也。诸生之自远而至者，豆饭藜羹，率与之共。往往称贷于人以给用，而非其道义则一介不取也。”[2]尝欲为黄榦建小屋，竟未如愿。欲立一家庙，亦志未遂。遣子赴浙江金华就学，无资遣人陪行。迁福建中部建阳新建一第，工未毕而囊已空。著述无资雇人抄写。如此之类，不胜枚举。大概朱子不善理财，应酬亦大。故张栻（1133—1180）劝其撙节，而朱子则饥寒危迫之虑，未尝一日弛其心。故乾道九年癸巳（1173）差台州崇道观时，有旨谓朱熹“安贫乐道，廉退可嘉”。

朱子既穷，不能不谋一生路，于是旁及印书。此事《行状》《宋史》本传、各本《年谱》与论朱子者皆所不提。或以此是小事，或以材料太少。然从《朱子文集》可考见其曾亲自排铺校对。大部由其次子野掌理。门人林择之（林用中）亦协理财务。择之管“文字钱”，当是序跋志铭之酬金。张栻闻其刊小书，提出异议。恐闻者别生思维，宁别作小生事不妨。然朱子印书，亦所以宣传道学，不只弥补收入而已也[3]。

朱子每言“贫病日侵”“贫病殊迫”“贫病支离”“贫病不足言”。其为一介寒士，人所共知。但其健康如何，诸书亦未细及。然《朱子文集》随处可见，辞免奏状，所言尤烈。最早记载为绍兴二十九年己卯（1159），朱子三十岁，辞免召赴行在（杭州）状，云“素有心气之疾，近数发动。应对思虑，未复故常”[4]。此是以病为辞，未必实况。四年之后（1163）与其师李侗（1093—1163）书谓途中医士来诊，“云无他

[1]《勉斋集》，卷36，《朱子行状》，页42上。

[2]《宋史》，卷429，页12767—12768，《朱熹传》。

[3] 详见拙著《朱子固穷》一文（1981），采入拙著《朱子论集》，页220—222。拙作《朱子新探索》，页127—129，《朱子之印务》，总括之。

[4]《文集》，卷22，《辞免召命状》，页1上。

疾，只是禀受气弱，失汗多，心血少。气不升降。上下各为一人”[1]。则其体弱可知。及至乾道九年癸巳（1173）乞免召命，已谓“复苦脚弱，步履艰难”[2]。南康之任（1179）勉强扶曳起行。及至十五年戊申（1188）奏事延和殿，则“素有足疾，在道屡作。自入国门，右足先痛，中间小愈，仅能扶持入对。行立稍久，即觉左足复痛，不能支吾”[3]。两年后，脚气发动，连及右臂，以故不能参加锡宴。绍熙五年甲寅（1194）奏事行宫，拜起极为艰难。闰十月进讲《大学》。经筵后留身奏事。既退，上即降御批，谓“朕悯卿耆艾，方此隆冬，恐难立讲，已除卿宫观”。此中或有别因。若谓朱子辞免，志在必得，难免张大其词。然答陈亮（1143—1194）书云：“脚气发动，用药过冷，今遂大病。”[4]答刘光祖（1142—1222）亦云：“某足弱气痛，已半年矣。杖策人扶，仅能略移跬步。”[5]则奏状所云，非虚语矣。

公事文件侧重足弱，想是起跪之故。与朋友书则常言目昏。淳熙八年辛丑（1181），朱子五十三岁，请赴行在奏事，已云“目昏耳重”[6]。以后每言目昏。答刘子澄（刘清之，1139—1195）谓目力昏暗，全看文字不得[7]。朱子屡为此言。庆元二年丙辰（1196）落职罢祠以归，则已左目全盲，其右亦昏，几全不见物矣[8]。此外臂痛不能写字，气痞不能久伏几案，亦时有之。

以上所述，多在晚年。《文集》卷三十一至三十二答张钦夫（张栻）四十八书，卷四十三答林择之三十一书，卷四十答何叔京三十一书均不提病状，大概讨论学术之故。乾道三年丁亥（1167）访张栻于

[1]《文集》，卷24，与延平先生书，页9下。
[2] 同上，卷22，《辞免召命状五》，页4下。
[3] 同上，《与宰执札子》，页36上。
[4] 同上，卷36，答陈同甫第十书，页29上。
[5] 同上，续集，卷6，答刘德修，页7下。
[6] 同上，卷22，《除浙东提举乞奏事状》，页19下。
[7] 同上，卷35，答刘子澄第九书，页18下。
[8] 同上，卷53，答刘季章第四书，页4下。

长沙，择之同行，此行为期三四个月。冒雪骑马游衡山，归家数日，即登芦山。则此时尚健。淳熙二年乙未（1175）吕东莱（吕祖谦，1137—1181）来访，同在寒泉精舍编《近思录》。完成后与门人士友游武夷山，然后赴江西信州鹅湖寺与陆象山（陆九渊，1139—1193）兄弟相会。此行约需两月，精神亦壮。晚年虽是足弱臂痛，目昏耳重，而著书讲学如故。真是劳其筋骨，饿其体肤，不能夺其志矣。

志之大者，可云修礼。此为朱子终生愿望。年十七八即考订祭礼。二十四岁为同安主簿，首即定释奠礼，并申请严检婚娶仪式。四十岁丁母忧，翌年葬母。筑精舍日居墓侧，朔望则归奠几筵。同时参酌古今礼仪，撰成丧葬祭礼。尝欲修《吕氏乡约》乡仪及约冠婚丧祭之仪，惜未如愿。淳熙四年丁酉（1177）象山兄弟居丧，以书问朱子既祔之后，主是否应复于寝。朱子此时已是礼仪权威矣。南康任内申请礼部颁降礼书，庶臣民均有礼文可守，并乞增修礼书。戊申（1188）封事，力辩宦官主管丧事之非。漳州任内（1190）采古丧葬婚娶之仪，揭以示之。禁男女聚僧庐为传经会及女之未嫁者私设庵舍。绍熙二年辛亥（1191）以淳熙六年己亥（1179）所颁礼书不备，申请补充施行。五年甲寅（1194）在朝，奏论孝宗山陵，申请讨论嫡孙承重之服。又争论庙祧。庆元二年丙辰（1196）撰《仪礼经传通解》。逝世之前一日，致书门人托修礼书。如是整生注目礼仪，再接再厉。

朱子本人最重礼式。《行状》云："其闲居也，未明而起，深衣幅巾方履，拜于家庙以及先圣。退坐书室，几案必正，书籍器用必整。其饮食也，羹食行列有定位，匕箸举措有定所。……其祭祀也，事无纤巨，必诚必敬。小不如仪，则终日不乐。已祭无违礼，则油然而喜。死丧之礼，哀戚备至。饮食衰绖，各称其情。"[1]据《朱子语类》，"先生每日早起，子弟在书院，皆先着衫到影堂前击板，俟先生出。既启门，

[1]《勉斋集》，卷36，《朱子行状》，页41下—42上。

先生升堂,率子弟以次列拜炷香,又拜而退。子弟一人诣土地之祠炷香而拜。随侍登阁,拜先圣像,方坐书院,受早揖,饮汤少坐,或有请问而去。月朔,影堂荐酒果;望日,则荐茶;有时物,荐新而后食"[1]。

朱子极其虔诚,实是最实践宗教之人物。在同安、南康、漳州任,屡为文以告先圣。竹林精舍落成,亦告先圣。举凡一生功业大事,必告先圣。显然对于孔子有热烈之宗教信仰而与孔子有个人感情之关系。浙东大旱为灾,祈祷山川庙宇求雨多次。漳州亦然。家祭礼仪严谨。凡衣服素馔,无不合式。长子死,亲自治丧。对于先人坟墓,亦有特殊亲切之怀[2]。

因其特重礼教,是以态度严肃。有学者每相揖毕,辄缩左手袖中。朱子曰:"公常常缩着一只手,是如何也?似不是举止模样。"[3]小童添炭,拨开火散乱。朱子曰:"可拂杀了,我不爱人恁地,此便是烧火不敬。所以圣人教小儿洒扫应对,件件要谨。某外家子侄,未论其贤否如何,一出来便齐整,缘是他家长上元初教诲得如此。只一人外居,气习便不同。"[4]《语类》尚有多条,表示其态度之严正者[5]。

所谓严肃,并非绝不诙谐。最显著者为与门人吴寿昌开玩笑。寿昌好禅,尝谒佛者疏山。《语类》有一段记载云:"先生问寿昌:'子见疏山,有何所得?'对曰:'那个且拈归一壁去。'曰:'是会了拈归一壁?是不会了拈归一壁?'寿昌欲对云:'总在里许。'然当时不曾敢应。会先生为寿昌题手中扇云:'长忆江南三月里,鹧鸪啼处百花香。'执笔视寿昌曰:'会么?会也不会?'寿昌对曰:'总在里许。'"[6]

---

[1]《语类》,卷107,第五十三条,页4252。又见拙著《朱学论集》,页191。
[2] 参看拙著《朱子之宗教实践》载《朱学论集》,页181—204。
[3]《语类》,卷121,第一〇三条,页4715。
[4] 同上,卷7,第十七条,页203。
[5] 参看《朱子新探索》,页113—115,《朱子之严肃》。
[6]《语类》,卷118,第八十七条,页4566。

此为寿昌本人所录。朱子对门人之倾于禅者，殊不客气。独于寿昌则处之泰然。几若寿昌是其幽默之对象。某日寿昌问鸢飞鱼跃，何故仁在其中。朱子良久微笑曰："公好说禅，这个亦略似禅，试将禅来说看。"寿昌对曰："不敢。"朱子曰："莫是'云在青天水在瓶'么?"寿昌又不敢对。朱子曰："不妨试说看。"寿昌曰："渠今正是我，我且不是渠。"朱子曰："何不道'我今正是渠'？"既而又曰："须将《中庸》其余处一一理会，令教子细。到这个田地时，只恁地轻轻拈掇过，便自然理会得，更无所疑，亦不著问人。"[1]

朱子数百门人中，以陈淳(1159—1223)知之最深。淳之叙述云："望之俨然而可畏，即之温然而可亲。其接人也，终日怡悦，薰然如春风之和而可挹。事有所不可，则其断之也，雷霆之威，又厉然而不可犯。"[2]则其或笑或怒，亦至自然。或微笑，或良久乃笑，或说至某处方笑。《语类》载其笑处总在十次以上。反之，记其怒者，只三四次而已。《语类》载：朱子气疾作，诸生连日皆无问难。一夕，遣介召入卧内，诸生亦无所请。朱子怒曰："诸公恁地闲坐时，是怎生地? 恁地便归去强，不消得恁地远来！"[3]朱子鼓励门人好问，病中亦讲学不休。门人或因朱子气作，不敢扰其宁静，而不知朱子不以气作之故，不容其教学之精神稍懈也。此次大发脾气，实所少见。

朱子教学，是其最快乐处。闲情逸趣，则在旅游与诗酒之兴。旅游方式或乘舟，或骑马，或走路，或用车。惟乘轿除同安主簿以外，未有所闻。答门人居敬穷理之问，谓譬如出路要乘轿便乘轿。可知原则上并非反对以人代畜。

游览之著名者，一为衡山之游，一为庐山之游。乾道三年丁亥(1167)携门人范念德访张南轩(张栻)于长沙。门人林择之来会。

[1]《语类》，卷118，第八十条，页4565。
[2]《北溪大全集》，卷17，《侍讲待制朱先生叙述》，页4上。
[3]《语类》，卷121，第一〇六条，页4716。

十一月六日自长沙渡湘水。十二日湘潭彪德美来参加。遇风雪谓不能登山。南轩与朱子决冒风雪以登。翌日德美以怯寒辞归。是日三人联骑登山。十五日胡广仲(胡实)、范念德来会。十六下山。十九离南岳。二十三日至槠州(株州)。次日话别。由十日至十六日,朱、张与林三人唱咏凡一百四十九首,辑为《南岳唱酬集》。此行穿林踏雪,或访寒泉,或寻古刹,上祝融峰,下望洞庭湖。张栻有《南岳唱酬序》,记述甚详[1]。离槠州后,据朱子自述云:"盖自槠州历宜春,泛清江,泊豫章,涉饶信之境。缭绕数千百里。首尾二十八日,然后至于崇安。"[2]即十二月二十也。

庐山之游,在淳熙八年辛丑(1181)离南康任东归之时。《文集·山北纪行》注解甚多。从注解得知朱子闰三月二十七日罢郡。二十八宿白鹿洞书院。二十九日登黄云观,度三峡,窥玉渊,憩西涧,饮西原,宿卧龙。四月三日门人友辈黄榦、刘清之等十六人并会稽僧一人来会,相与俱行。沿途访圆通等寺,过天池院,有游人请灯处。僧云灯非祷不见,是日不祷而光景明灭,诸生或疑。朱子曰:"僧言则妄,而此光不可诬,岂地气之盛而然耶?" 五日下山,至东西林两寺。是日题名,属僧刻石。晚至太平兴国宫。江州教授翁名卿载酒肴与乡人及其诸生二十余人皆至。"北度石塘桥,西访濂溪宅。乔木无遗株,虚堂唯四壁。竦瞻德容睟,跪荐寒流碧。幸矣有斯人,浑沦再开辟。" 盖谓濂溪(周敦颐,1017—1073),传《太极图》,为《太极图说》,无极而太极,亦即浑沦而阴阳五行,万物化生也。六日拜濂溪先生书堂遗像。刘清之请为诸生说《太极图》义。濂溪曾孙正卿彦卿、玄孙涛为设食于光风霁月之亭。七日薛洪与王仲杰携酒自南康来。饮罢分手而归。"孰是十日游,遽成千里别。"[3]

---

[1]《南轩先生文集》,卷15,《南岳唱酬集》,页1上—3下,总页505—510。
[2]《文集》,卷75,《东归乱稿序》,页17下。
[3] 同上,卷7,《山北纪行》,页15下—17上。

鹅湖之行，亦为学者所乐道。然淳熙二年乙未（1175）之会，乃朱子与陆象山谋为互相结识。辩论数日，结果象山以朱子为支离，朱子以象山为太简，不欢而散。绝无游览之可言，亦无诗咏。只朱子与吕祖谦等九人于未赴鹅湖寺前，游武夷山。朱子于六曲响声岩书三十九字摩崖刻石，以留纪念，可助游兴而已。待至八年辛丑（1181）象山访朱子于南康，相与泛舟为乐。朱子曰："自有宇宙以来，已有此溪山，还有此佳客否？"[1]

此外朱子游踪，散布于江西、浙江、湖南、广东等地，不知凡几。福建更无论矣。到处题诗挥墨，存者尚多。《文集》诗一千二百余首，以游咏居首。有《城南二十咏》《庐山十四咏》《云谷二十六咏》《武夷七咏》《武夷九曲棹歌》。题宿寺庵，亦有若干。

游览之乐，为其作诗之一大原因。《朱子文集》首十卷，皆载其诗，占十分之一，计七百三十一题，一千二百三十首。五言七言为多，回文联句，亦各有二首。逸诗陆续出现，真假不明。次韵（和韵）甚多。次韵刘秀野者九十首，次韵门人林择之者五十一首，次韵张栻者四十二首[2]。后二者多是游衡山相咏之作。刘秀野即刘韫，喜作诗。致仕后筑室于崇安县南，常与朱子酬唱。朱子游咏之诗，以卷七《山北纪行》为有名。卷九《武夷棹歌十首》，传诵甚广。诗之纪事与发挥思想者甚少。卷四《斋居感兴二十首》总括其宇宙观与人生观，实所罕见。学者讨论最热者有二。一为卷二《送籍溪胡丈赴馆供职二首》与《寄籍溪胡丈及刘恭父二首》。此是朱子二十九岁所作。盖朱子之师胡宪（世称籍溪先生，1086—1162）年已七十余，由司直改正字，将就职，门人皆疑其行。诸《年谱》皆云朱子为诗送之，有云："只恐先生袖手归。"其后又寄诗，有云："浮云一任闲舒卷，万古青山只

---

[1]《象山全集》，卷36，《年谱》，页10下。

[2] 此处统计与诗题数目与诗之总数均依申美子，《朱子诗中的思想研究》，页8、17。

么青。”《年谱》皆以为讽。此是莫大冤枉。朱子自云:“熹卧病山间,亲友仕于朝者,以书见招。熹戏以两诗代书报之。”[1]是此两诗非寄胡宪,而且并无讽意,只谓非籍溪行道之时,即所以自道也。

一为卷四《鹅湖寺和陆子寿一首》,其词如下:

德义风流夙所钦,别离三载更关心。
偶扶藜杖出寒谷,又枉篮舆度远岑。
旧学商量加邃密,新知培养转深沉。
却愁说到无言处,不信人间有古今。

此诗题目应改为《和陆子寿鹅湖寺一首》,因淳熙二年乙未(1175)朱、陆在信州鹅湖寺相会之时,子寿有诗云:

孩提知爱长知钦,古圣相传只此心。
大抵有基方筑室,未闻无址忽成岑。
留情传注翻蓁塞,着意精微转陆沉。
珍重友朋相切琢,须知至乐在于今。

《象山全集》谓“元晦归后三年乃和前诗”[2]。是则朱子此诗作于淳熙五年戊戌(1178)也。惟王懋竑(1668—1741)谓此诗实作于六年已亥(1179)朱子赴南康任,候命于信州铅山子寿来访之时,谓“鹅湖之会在乙未,铅山之访在已亥,中间隔丙申、丁酉、戊戌三年,故曰‘三载’”[3]。此说未免太强,朱子何不直言五载耶?而学者多从之。王氏又谓“子寿之来承鹅湖言,故曰‘又枉’。若在鹅湖,则‘又’字下不

[1]《文集》,卷81,《跋胡五峰诗》,页2下。
[2]《象山全集》,卷36,页8下。
[3]《朱子年谱·考异》,卷2,页285。

得也”[1]。此亦强解。“又”字对上句“偶”字而言,纯为行文之便。朱子在铅山候命,非偶然而来也。且“不信人间有古今”之语,乃批评子寿诗中“至乐在于今”之语。朱子断无待子寿来访,方和其诗以批评之也。

最著名之诗,无疑是卷二《观书有感二首》。词如下:

半亩方塘一鉴开,天光云影共徘徊。
问渠那得清如许?为有源头活水来。

昨夜江边春水生,蒙冲巨舰一毛轻。
向来枉费推移力,此日中流自在行。

学者每单举首绝,便指定方塘在某某地方,而不知朱子只观书有感,往日推移,今则自在而已。致门人许顺之(许升,1185卒)书云“心闲无事,得一意体验。比之旧日,渐觉明快”[2],乃举此绝。观此可知矣。此种体验,随地皆可,固不必指定为某处方塘也。至于作此诗之年,则尚待研究。

朱子早年有心于禅,故早年之诗,富有佛道气味。三十以后,则只与僧道应酬而已。钱穆评朱子诗云:“晦翁诗澹雅淳古,上规选体,跨越宋唐,卓然不伦,以诗人标准言之,晦翁亦为巨擘。”[3]诚不磨之论。

吟诗饮酒,文人之常。朱子亦嗜酒,或独饮,或与人共饮,饮一杯或数杯。诗中以酒为题者为数不少,从其诗中得知其随时随处可

[1]《朱子年谱·考异》,卷2,页285。
[2]《文集》,卷39,答许顺之第十一书,页15上下。
[3] 钱穆:《理学六家诗钞》自序。

饮。有诗云:“白酒频斟当啜茶,何妨一醉野人家。”[1]则酒量不浅矣。所谓一醉,当然是小醉。小醉则吟诗,大醉则卧睡。据门人吴寿昌,“先生每观一水一石,一草一木,稍清阴处,竟日目不瞬。饮酒不过两三行,又移一处。大醉,则趺坐高拱。经史子集之余,虽记录杂记,举辄成诵。微醺,则吟哦古文,气调清壮。某所闻见,则先生每爱诵屈原(前343—前277?)《楚辞》、孔明(诸葛亮)《出师表》、渊明(陶潜,365—427)《归去来》并诗,并杜子美(杜甫,712—770)数诗而已”[2]。尝归婺源省墓,“时董琦尝侍先生于乡人之坐。酒酣,坐客以次歌颂。先生独歌《离骚经》一章,吐音洪畅,坐客竦然”[3]。南轩对于朱子之高歌,曾有书规劝,谓“来者多云会聚之间,酒酣气张,悲歌慷慨,如此等类,恐皆平时血气之习未能消磨者,不可作小病看”[4]。南轩误听传闻,以为朱子饮酒以至于乱。然朱子绝不至于乱也。婺源有五通庙,乡人以为最灵。乡人迫朱子前往致敬,朱子不肯。是夜与乡人乍饮,皆动脏腑终夜,乡人以为是不谒庙之故。朱子曰:“某幸归此,去祖墓甚近。若能为祸福,请即葬某于祖墓之旁,甚便。”[5]可见酒能动其腑脏而不能动其心也。

朱子少年曾止酒。答南轩云:“近日一种向外走作,心悦之而不能自已者,皆准止酒例,戒而绝之,似觉省事。”[6]晚年亦戒。卷三《家酿》注云:“熹近戒酒。”诗言“鬓白”,故知晚年[7]。然戒不是全戒,只是“惟酒无量,不及乱”[8]而已。

寿昌趁朱子小醉,请求醉墨。朱子为作大字小字与之。朱子生

[1]《文集》,卷5,《次择之世贤道中》,页17上。
[2]《语类》,卷107,第五十二条,页4252。
[3] 叶公回:《朱子年谱》,卷中首,页5下,总页64。
[4]《南轩先生文集》,卷20,答朱元晦秘书第十一书,页11上。
[5]《语类》,卷3,第七十九条,页85。
[6]《文集》,卷31,答张敬夫第二十七书,页14下。
[7] 同上,卷3,《家酿》,页15下。
[8]《论语·乡党第十》,第八章。

平到处挥毫。现存真迹，石刻、木刻散布于浙江、江西、湖南、福建者为数甚多，拓本通行[1]。朱子所书之最精者为《易·系辞》上下传与《说卦》十四幅，每幅四行八字。必是乾道三年丁亥(1167)访南轩于长沙时所书。原刻于湖南常德府学。钱大昕(1728—1804)评拓本云："笔法险劲，精采四射，殊可喜也。"[2]真迹原存故宫，后流失日本，现藏台北故宫博物院。山西大同华严寺有石刻，北京大学有拓本。书法最大者为"忠孝廉节"四字，高一六九厘米，宽一二二厘米，亦为访南轩时所书。现存石碑在长沙湖南大学中心，亦即岳麓书院中心之讲堂。嵌左右壁，故又名忠孝廉节堂。此外武夷山、福州鼓山等处墨迹无数。其中有仿笔者，有显非朱子手笔者。

朱子挥毫之外，曾绘张栻、吕祖谦等六先生像并为之赞。又绘诸葛武侯(诸葛亮，181—234)于在庐山所筑之卧龙庵中。亦曾模尹和靖(尹焞，1071—1142)之父之遗像。《行状》云："文词字画，骚人才士，疲精竭神，常病其难。至先生未尝用意，而亦皆动中规绳，可为世法。"[3]门人李方子(1214进士)亦云："外至文章字画，亦皆高绝一世。盖其包涵停蓄，溥博渊泉，故其出之者，自若是其无穷也。"[4]朱子所画，必不限于肖像。惜画迹今已失传。大概明代尚存。陈继儒(1558—1639)云："朱紫阳(朱子)画，深得吴道子(792卒)笔法。"[5]盖指其未尝用意而动焉中矩也。

盛传朱子六十一岁，对镜自像，并作赞以自警。查庆元六年庚申(1200)二月南城吴氏社仓为朱子写真。朱子题其上曰："苍颜已是十

[1] 详见拙著《朱子新探索》，页684—726，"朱子墨迹"条，与高令印《朱子事迹考》，页161—300。
[2]《金石文跋尾》，卷16，《朱文公书》，页12下。
[3]《勉斋集》，卷36，《朱子行状》，页45下。
[4]《朱子事实》，载戴铣《朱子实纪》，卷10，页18上，总页513。
[5]《太平清话》，卷3，页5下。

年前，把镜回看一怅然。”[1]此诗历代传诵。其更为著名者，乃其《书画象自警》赞。赞谓“从容乎礼法之场，沉潜乎仁义之府”[2]云云。此赞无年月，亦不知所指之像为何。说者将朱子题词“十年前”之语，上溯十年，为朱子六十一岁。又因“把镜回看”之语，以为自像。再加自警赞，遂成六十一岁对镜自像自警之传说。现存石刻朱子自像，至少六块，皆存福建。形容笔势各有不同，皆称对镜自像。朱子既能画人之像，则对镜自像，亦属可能。自像而自警，亦至自然。不过对镜自像是否真有其事？其时是否六十一岁？何像为真？自警赞是否为此像而作？尚有待于专家之考究耳。

[1]《文集》，卷9，《南城吴氏社仓书楼为余写真》，页14下。
[2] 同上，卷85，《书画象自警》，页11上。

第十二章
朱子之政绩

同 安

绍兴二十一年辛未(1151),朱子二十二岁。春铨试中等,即授以左迪郎并派为福建南部同安县主簿。二十三年癸酉(1153)七月到任。同安县属泉州,在州西一百三十五里。宋制阶官分左右。文臣为左,余人为右。迪功郎乃文官三十七级之最低者。县之长官高级者为县令,次为县丞。主簿为属官,在令丞之下,掌出纳官物,销注簿书。凡县不置丞者,则主簿并县丞之事。[1]同安县此时似无县令或县丞,因朱子并未提及。而诸年谱传记亦无言。惟朱子《射圃记》云,"令丞以下"[2],实不可解。俸禄主簿有四等,由十二千至七千[3]。迪功郎料钱一十二贯(一千文)。主簿廨皆老屋,独西北隅一轩尚为亢爽,乃更名高士轩。黄榦(1152—1221)《朱子行状》云:"莅职勤敏,纤悉必亲。"[4]朱子自述云:"逐日点对佥押,以免吏人作弊。"又云:"每点追税,必先期晓示。"[5]又致友人书云:"每县中有送来整理

[1]《宋史》,卷167,《职官》七,页3978。
[2]《文集》,卷77,《射圃记》,页2上。
[3]《宋史》,卷171,《职官》十一,页4108。
[4]《勉斋集》,卷36,《朱子行状》,页2上。
[5]《语类》,卷106,第一至二条,页193。

者，必了于一日之中。盖不如此，则村民有宿食废业之患，而市人富家得以持久困之，使不敢伸理。”[1]

职兼县学，故教育方面成就特多。选邑之秀民充弟子员，亲加督厉。敦请本县徐应中与王宾两进士赴学，待以宾客之礼。又请进士柯翰为直学，以为生徒率励。屡出谕晓示诸生须于科举之外，为理义养心之学。县学补试出题三十二条，问经、子、礼制、科举、学校、行政、瑞应、老庄等题。县学原有四斋，今复其旧，更名“志道”“据德”“依仁”“游艺”。

县学无书。故二十五年乙亥（1155）正月檄请大都督府赠书，得九百八十五卷，建经史阁以藏之。经史阁上梁，为文以告先圣。其后又从学中官书一匮，得六种，凡一百九十一卷。又从民间募取二种，凡三十六卷。

朱子率县学诸生行乡饮礼，并为文以告先圣。以县学释奠旧例，只人吏行事，乃取历代典礼，更相参考，画成礼仪等图，俾执事、学生，朝夕观览，临事无舛。又以县无婚姻之礼，或至奔诱，乃申请知州禁止，并检会婚仪，约束施行。

同年立故丞相苏公祠于学宫。苏公名颂，字子容（1020—1101）。元祐（1086—1093）时为相。学术风节，为世所称。本同安人，因宦始寓丹阳（今安徽当涂县）。朱子之时，忠义荥阳二坊故宅基地尚存。故就县学空地造祠，以资激励。

是年夏，县有警。《射圃记》云：“令丞以下，部吏士分城以守，而予与监盐税曹侯[2]沆分备西北。……相与相城之隅得隙地，以为射圃。属其徒日射其间。其后盗虽溃去，而圃因不废，间往射如初。”[3]

二十六年丙子（1156）秋七月秩满。代者不至，冬奉檄走旁郡，

[1]《文集》，卷43，答陈明仲第九书，页4上。
[2] 监盐税曹侯，名沆，字德广。
[3]《文集》，卷77，《射圃记》，页2上下。

乃送老母与两幼儿返崇安。旁郡指漳州，亦可能到泉州各县。予谓此数月之间，或前赴广东揭阳，得与大慧禅师（1089—1163）在梅州或潮州相会。[1]二十七年丁丑（1157）春还同安，而廨署已摧压而不可入。因假医士陈良杰之馆居焉，名其居为畏垒庵，六月十一为之记。诸《年谱》云："其去也，士思其教，民怀其惠，相与立祠于学宫。"各《朱子年谱》云："先生自同安归，弥乐其道，其于仕进泊如也。"以后二十年，靠祠禄为生，居家专意讲学。二十九年己卯（1159）八月，以执政陈康伯（1097—1165）荐，召赴行在（杭州）。会言路有沮之者，坚辞不往。三十二年壬午（1162）六月，孝宗即位，诏求直言。因上封事，略言格致诚正，不可与金人和。隆兴元年癸未（1163）十一月，奏事垂拱殿。一奏致知格物，二奏复仇之义，三奏言路壅塞之害。除（差）武学博士，待次（候职）。乾道元年乙酉（1165）至行在，促就职，以执政钱端礼（1109—1177）方主和议，不和，乃请祠。复差南岳庙。数年之间，屡召不出。安贫乐道，怡怡如也。

南　康

淳熙五年戊戌（1178），朱子四十九岁。以丞相史浩（1106—1194）及陈俊卿（1113—1186）过阙力荐，八月差以宣教郎知南康军兼军内劝农事。南康在江西，管星子、都昌、建昌三县。宣教郎为文官第二十六级。朱子两辞及请祠。十二月省趣赴任。六年己亥（1179）正月又请祠。吕祖谦（1137—1181）与张栻（1133—1180）均劝其出仕。乃于正月二十五日启行。至江西铅山候命，寓崇寿僧舍。二月又请祠。陆子寿（陆九龄，1132—1180）来访于观音寺。三月省复趣行。是月到任。

到任之初，即榜南康三事，每县各一百道，委巡尉分下乡村张挂。

---

[1] 详拙著《朱子新探索》，页641—647，《大慧禅师》。

一、凡士人、父老、僧道、民人，有何兴利除害计划，悉具以陈。二、乡人、父老应岁时集会，讲信修睦。三、本军学校养士不过三十人，故乡党应推择学子遣诣学宫。[1]又牒杨教授、毛司户广行调查古迹，如曾否建立周濂溪（周敦颐，1017—1073）祠，有无陈忠肃公（陈瓘，1057—1124）遗迹等等。结果复修白鹿洞书院[2]，立濂溪祠于学宫，以二程（程颢，1032—1085；程颐，1033—1107）配。别为堂以祀陶靖节（陶潜，365—427）、屯田外郎刘凝之（刘涣，1000—1080）、子秘书丞刘道原（刘恕，1032—1078）、尚书李公择（李常，1027—1090）、谏议大夫陈了翁（陈瓘）五贤。四公皆南康人，了翁则谪居于此。又修城西门外刘涣之墓，建小亭名“壮节”，属友人黄铢大书以揭。又祭唐故孝子江西宜春县丞熊子仁瞻在建昌县仍存之墓。更捐俸钱十万，作卧龙庵于庐山之阳五老峰下以纪念诸葛武侯（诸葛亮，181—234），手绘其像于堂中，并书武侯制表中“洪毅忠壮，忘身忧国。鞠躬尽力，死而后已”十六字于楣间。复又越数百步，面龙潭作“起亭”，以为龙渊之卧者可以起而天行矣。属西原隐者崔嘉彦董其事。[3]都昌县有晋太尉陶威公（名回，277—327）庙二所，请赐庙额以表忠义。因修葺军学，申请以泗水侯孔鲤从祀孔庙，位在七十子之后、沂水侯孔伋之前。并申请礼部修订释奠祈报冠婚丧祭之礼，颁行各州县。[4]每五六日一到军学为诸生讲说。

南康军土瘠民稀，役烦税重。各县皆然，星子尤甚。官吏迭次增税，子民不堪其苦。朱子具状请减星子县税。既得减都昌县木炭钱，又请减其他两县。淳熙七年庚子（1180）夏大旱，祈祷山川，蔬食逾月。至秋天计苗失收七八分以上，于是竭力措置。首谕小民静

[1]《文集》，卷99，《知南康榜》，页1上—2下。
[2] 详第九章。
[3]《文集》，卷79，《卧龙庵记》，页1上—2上。
[4] 同上，卷20，《乞颁降礼书状》，《乞增修礼书状》，页28下—31下。

待赈恤，勿轻流移。劝种荞麦以接食。令主户余米平价出粜。借得官钱二万四千余贯，粜米一万一千余石。又以赏格劝谕富家，得米一万九千石，以备赈济。每四十里置一场，共三十五场。各派使臣一员掌其事。凡合粜者皆济半月，大人一斗五升，小儿七升半。以是饥民得活者，大人凡一十二万七千六百七口，小儿九万二百七十六口。然朱子过劳，因而得病。[1]同时沿江修筑石堤，盖历年失修，沙土填塞。重载舟船，不免排泊江外，以致公私损失极大。乃雇募人工修葺，使饥民就役，不致缺食。

因其大旱，主上诏求直言，朱子应诏上封事，是为庚子封事，长三千四百余言。略谓军内水旱频仍，人民税重，必须节省军费，改革屯田，庶免穷困之民，流移漂荡。皇上宜正君心，立纲纪。勿使一二人操纵。“莫大之祸，必至之忧，近在朝夕。顾独陛下未之知耳。”[2]上读之大怒，谕宰相赵雄（壮年1178）令分析。雄奏熹狂生，词穷理短，罪之适成其名，莫若置而不问。参政周必大（1126—1204）亦力言之，乃止。《宋史》云：“上怒曰，‘是以我为亡也’[3]。”叶公回校订《朱子年谱》（1431）则云：“疏入，上初不以为忤。当笔者始欲疏驳，同列喻解乃已。”[4]王懋竑（1668—1741）考据此事甚详。[5]王氏未见叶谱而结论不谋而合。朱子与江东陈帅（陈俊卿）云：“熹疏贱狂瞽之言，意谓必触雷霆之怒。今闻已降付后省矣。是明主固优容之。”[6]则叶谱所云，非无据也。

八年辛丑（1181）三月满任，除江西提举常平茶盐公事，待次。即奉廪四事：一、星子县税太重，请予减轻。二、建昌县税户张世

[1]《文集》，卷16，《缴纳南康任满合奏事件状》，页13上—14上。
[2] 同上，卷11，《庚子封事》，页13下。
[3]《宋史》，卷429，页12754，《朱熹传》。
[4] 叶公回，《朱子年谱》，卷中尾，页4下，总页120。
[5] 王懋竑，《朱子年谱》，卷2下，页93与《考异》，卷2，页291。
[6]《文集》，卷26，《与江东陈帅》，页14上。

亨、张邦献、刘师舆，都昌县黄澄共认一万九千石，赈济饥民，请赐赏格。三、被灾之郡，不得催理积欠。四、请赐白鹿洞书院匾额并御书石经及印本九经注疏《论语》《孟子》等书。[1]闰三月二十七去郡东归崇安。在任两年，请祠者五，皆不允或不报（不答），自劾者二。一因尝用札子奏事，台谏以此并非旧制。一因旱伤处催理旧欠过于严急。到任之初，建昌县刘琉兄弟、都昌县陈由仁兄弟，并系母亲在堂，擅将家产私下分拨，以致诉讼。朱子移文晓谕该兄弟勿争财产，依旧同居，奉侍母亲。[2]将满任时，有跃马于市者，踏一小儿将死。朱子讯而禁之。次日杖之谯楼之下。刘清之（1139—1195）云："此是人家子弟，何苦辱之？"朱子曰："人命所系，岂可宽弛？"[3]罢郡后与友人游庐山。四月十九抵家。七月除直秘阁，三辞，盖以献米赈济之人，尚未得赏也。

浙　东

淳熙八年辛丑（1181），朱子五十二岁。八月，以宰相王淮（1126—1189）荐，改除提举两浙东路常平茶盐公事。两浙东路管绍兴、庆元（原为明州）、瑞安三府，婺、台、衢、处四州。是时大饥。朱子即日单车就道。十月南康纳粟人得赏，遂受职名。至九年壬寅（1182）九月去任归。在任不过十一个月，而成就甚多。计有下列十二端。

一、奏事延和殿

十一月奏事，共上七札。其一言水旱盗贼，皆因君子未用，小人未去。二言便嬖之言日重，士大夫之势日轻。人主必须循天理，

---

[1]《文集》，卷16，《缴纳南康任满合奏事件状》，页10下—18下。

[2] 同上，卷99，《晓谕兄弟争财产事》，页5下—6下。

[3]《语类》，卷106，第七条，页4196。

正大体。三请拨仓米三十余万石，以备济粜。四请颁行社仓法于诸路。五言绍兴和买（以绢还欠政府之债）之弊。六请南康星子县减税。七请赐白鹿洞书院经书、匾额。第一、第二两札，亲手书写，以防宣泄。上详细询问，悉以其请。[1]

二、巡历各州

淳熙九年壬寅（1182）正月巡历绍兴府、婺州、衢州。黄榦《行状》云："每出皆乘单车，屏徒从。所历虽广而人不知。郡县官吏惮其风采，仓皇惊惧。"[2]叶公回《朱子年谱》并云："一身所需，皆以赍以行，秋毫不及州县。"[3]

三、救荒

浙东诸州，水旱相仍。绍兴府之饥荒，昔所未有。所损皆七八分。人民卖田拆屋，鬻妻子，货耕牛，无所不至。遂急以丰储仓米三十万石应副绍兴府，以三万石应副衢州。又得上赐钱三十万贯，以九万贯拨绍兴府会稽山阴两县。其余并及其他。五县以户计之，亦一家不过日得二升，一口不过日得一二合而已。又得官会一十五万贯，即时分拨应副台州等处。又得钱三十万贯，分拨婺州、衢州、处州、台州等处。"到任以来，朝夕忧惧，精神耗竭，四肢缓弱，时复麻痹。"[4]

四、捕蝗

绍兴府会稽县有蝗虫入境，遂亲行到田间看视。募人打扑，由县

---

[1] 七札载《文集》，卷13，页6上—20上。
[2]《勉斋集》，卷36，《朱子行状》，页13下。
[3] 叶公回，《朱子年谱》，卷中尾，页12上，总页135。
[4]《文集》，卷16，《乞借拨官会》，页21下。

府收买。两日内已买到七石三斗有余。一并焚埋。一面设醮祈禳。皇上感动,御笔回奏。[1]

五、兴水利

淳熙九年壬寅(1182)七月至台州,以黄严县如修水利,可无水旱之灾,而台州可无饥馑之苦。乃拨一万贯于黄严,又拨一万贯于明州定海县,以兴水利。

六、立社仓

延和奏事请立社仓。盖朱子曾于所居崇安县五夫里设立社仓,一乡四五十里之间,虽遇凶年,人不阙食。故请诏行诸路州县。八年辛丑(1181)十二月奉旨颁行。台州婺州有应时为之者。

七、请赐白鹿洞书院经书敕额

延和奏事并请赐匾额与太上皇帝御书石经并版本九经注疏,有旨施行。

八、减税

黄榦《行状》云:"初奏绍兴和买之弊,至是乞先与痛减岁额。……又乞免台州丁钱(人口税)。"[2]叶氏《年谱》云:"至今台州小民,言及先生,无不以手加额。"[3]

九、奏请改良盐酒服役制度

条请仿福建产盐法行于明、越、台、温沿海四州。乞取处州现在

---

[1]《文集》,卷17,《御笔回奏状》,页11上。

[2]《勉斋集》,卷36,《朱子行状》,页14上。

[3] 叶公回,《朱子年谱》,卷中尾,页13下,总页138。

万户之法，行于各州郡。又请令人户、富户、寺观均出义田，其不愿者乃差役。所请多未实行，然朱子经久之计，可以见矣。

十、弹劾劣吏

出巡各州，听取人民告诉，乃劾绍兴府兵马都监贾祐之救济怠慢；绍兴府密克勤偷盗官米；婺州金华县上户朱熙绩反抗上司，不肯赈济；衢州知州李峄掩蔽荒灾情况，反而督责财赋；衢州监酒库张大声与龙游县丞孙孜检放旱伤不实，衢州江山县知事王执中弛慢不职；台州宁海县知事王辟纲不报人民流移；前台州知州唐仲友（1136—1188）促限催税，贪污淫虐，偷造官钱，伪造官会等事。《行状》云："知台州唐仲友与时相王淮同里为姻家。迁江西提刑，未行。先生行部，讼者纷然。得其奸脏伪造楮币等事，劾之。……下绍兴府鞠之，狱具情得。"[1]《宋史》本传略述《行状》。各《年谱》加详，然大致与《行状》无异。陆象山（1139—1193）且谓"劾唐与正（仲友）一事，尤快众人之心"[2]。又谓"吴洪（壮年1175）章中乃为唐仲友雪屈，波及朱元晦。……此尤可笑。"[3]朱子又谓仲友悦营妓严蘂，与之落籍，携之以归。[4]此事《行状》与各《年谱》均不提。周密（1232—1298）据天台传说，则谓陈亮（1143—1194）尝狎籍妓严蘂，因仲友不肯为其落籍，衔恨仲友，乃耸动朱子。[5]并谓"朱晦庵以使节行部至台，欲摭与正之罪，遂指其尝与蘂为滥。系狱月余，蘂虽备受棰楚，而一语不及唐"[6]。黄宗羲（1610—1695）沿其说，谓"同甫游台，狎一妓，欲得之。属说斋（仲友）以脱籍。不遂，恨之。乃告晦翁曰：'渠谓公尚不

[1]《勉斋集》，卷36，《朱子行状》，页15下。
[2]《象山全集》，卷7，与陈倅书，页5下。
[3] 同上。与勾熙载书，页1上。
[4]《文集》，卷18，《按唐仲友第三状》，页20上。
[5]《齐东野语》，卷17，《朱唐交奏本末》，页226。
[6] 同上，卷20，《台妓严蘂》，页264。

识字，如何为监司？'晦翁衔之。遂以部内有冤狱，乞再按台。既至，说斋出迎稍迟。晦翁益以同甫之言为信。立索印，摭其罪具奏。说斋亦驰疏自辩。……然予观晦翁所以纠先生（仲友）者，忿急峻厉，如极恶大憝，而反覆于官妓严蘂一事，谓其父子逾滥，则不免近于诬抑。"[1]朱子劾仲友前后六章。此事当时轰动遐迩，案情复杂，流言传布。台州父老之言，未必可信。总之，仲友案诚如陈亮本人所云，"台州之事，是非毁誉往往相半，然其震动则一也"[2]。仲友违法，聚讼纷纷，朱子未必轻信途说，不问证据也。

十一、奖励贤行

奏请推赏婺州金华县进士陈夔、婺州浦江县进士郑良裔、婺州东阳县进士贾大圭、处州缙云县进士詹玠献米救济，及请留婺州通判赵善坚措置赈济。

十二、废秦桧祠

永嘉县学有秦桧（1090—1155）祠，移文废之。

淳熙九年壬寅（1182）经婺州金华县，祭吕东莱（吕祖谦）之墓。永康陈亮来访于衢婺间，旬日而别。《宋史》本传云："有短熹者，谓其疏于为政。上谓王淮曰：'朱熹政事却有可观。'[3]"八月，以奖赈济之劳，除直徽猷阁。朱子以劾仲友反被论诉，再辞。改除江南西路提点刑狱公事，又辞，盖不愿夺唐仲友新任也。九月十二日去任归崇安。十月令与江东梁总两易提举刑狱之任。以祖乡属江东，小有田产，合该回避辞。不允，又辞，十一月始受职名，仍辞新任，且乞奉祠。奏状云："伏念臣所劾赃吏党与众多……加害于臣，不遗余力。……惟有

---

[1]《宋元学案》，卷60，《说斋学案》，页2上。

[2]《陈亮集》，卷20，《癸卯秋致朱元晦秘书》，页277。

[3]《宋史》，卷429，页12756，《朱熹传》。

乞身就闲……恳特赐改差岳庙一次。”[1]是时郑丙上疏，诋程氏之学，以沮朱子。监察御史陈贾又面对，谓有所谓道学者，假名济伪，愿摈弃勿用，盖指朱子。故朱子决意退隐。

十年癸卯（1183）正月差主管台州崇道观。自是相继奉云台、鸿庆之祠者五年。由淳熙十年癸卯（1183）至十五年戊申（1188），即朱子五十四岁至五十九岁，居家六年，讲学著书，并辨浙江吕祖俭（1196卒）等事功之谈、陈亮王霸并用之说，与江西陆象山（1139—1193）顿悟之论。学徒日众，乃筑武夷精舍。先后成《易学启蒙》《孝经刊误》与《小学》。

淳熙十四年丁未（1187）七月，除江南西路提点刑狱公事，待次。以疾辞，不允。十五年戊申（1188）正月有旨趣奏事之任，复以疾辞，又不允。三月启行，途中两辞并两请祠。五月复趣入对。于是六月奏事延和殿。

是行也，有谓正心诚意，为上所厌闻，戒以勿言者。朱子曰：“吾生平所学，只有此四字，岂可回互而欺吾君乎？”及对，第一二札言狱官当择其人。第三四札言经总制钱（加税）之病民及江南西路诸州科罚（刑罚）之弊。第五札申天理人欲之旨，劝人主天理则敬以扩之，人欲则敬以克之。上闻之称善。翌日除兵部郎官，以足疾请祠。诏依旧职江南西路提举刑狱。《行状》云，“除兵部郎，以足疾乞祠，未供职。本部侍郎林栗（1142进士）前数日与先生论《易》《西铭》不合。至是遣部吏抱印迫供职。先生以疾告。遂疏先生欺慢。时上意方向先生，欲易以他部郎。时相竟请授以前江南西路之命，仍旧职名。又令吏部给还政官，以后不曾陈乞磨勘（考验成绩）。盖先生改秩，既出特恩，其后累任祠官，无绩可考。以故不曾陈乞磨勘者，十有

[1]《文集》，卷22，《辞免江东提刑奏状三》，页24下—25上。

四年”[1]。太常博士叶适（1150—1223）上疏与栗辨，谓“其言无一实者。‘谓之道学’一语，无实尤甚。往日王淮表里台谏，阴废正人，盖用此术”[2]。结果栗出知泉州，而朱子亦除直宝文阁，主管西京嵩山崇福宫。七月磨勘，转朝奉郎。是为文官之第二十二，比宣教郎高四级矣。八月辞朝奉郎官与直宝文阁职，皆不允，遂拜命。十月趣入对，十一月遂上封事，是为戊申（1188）封事。凡一万二千余言。大意谓天下之大本者，人主之心。今日之急务为辅翼太子，选任大臣，振举纲维，变化风俗，爱养民力，修明军政六者是也。“使大本诚正，急务诚修，而治效不进，国势不强，中原不复，仇虏不灭，则臣请伏铁钺之诛，以谢陛下。”[3]疏入，夜漏下七刻，上已就寝，亟起秉烛，读之终篇。翌日除主管西太乙宫，兼崇政殿说书。

孝宗在位二十七年，朱子入对者三，封事者三。其初固以讲学穷理，为治之大原。其后直指天理人欲之分。凡心术宫禁，极其忠诚，孝宗亦开怀容纳。然朱子进言，皆痛诋近臣恶习。以故嫉之者众，而朱子不能一日安其身于朝廷之上。十六年己酉（1189），朱子六十岁，正月除秘阁修撰，依旧主管崇福宫。朱子拜祠命而辞秘阁修撰职名。二月孝宗内禅（退位传子），光宗即位。四月复辞职名，许之，诏依旧直宝文阁。闰五月转朝散郎，升高一级，赐绯衣银鱼。八月除江南东路转运副使，辞。十一月改知漳州。再辞，不允，乃拜命。

漳　州

绍熙元年庚戌（1190），朱子六十一岁，四月到任。漳州沿海，在福建南部。民不知礼，至有居父母丧而不服衰绖者。首采古丧葬之仪，以晓谕之。佛法魔宗，唱为邪说。男女聚僧庐为传经会，昼夜混

[1]《勉斋集》，卷36，《朱子行状》，页18下—19上。
[2]《宋史》，卷429，页12758，《朱熹传》。
[3]《文集》，卷11，《戊申封事》，页33上。

杂。女以修道为名，私筑庵宇，间有与人通奸者。悉禁之。城市乡村不得以禳灾祈福为名，敛掠钱物。又延郡士八人入郡学，教习诸军弓射等事。奏除无名之赋七百万，岁减经总制钱四百万。奏劾漳浦县官从侍郎黄岦不及时交纳军粮，举荐龙溪知县翁德广。刊四经《四子》(《四书》)于郡。其释奠礼仪数事，已奏请施行，而主其事者，适移他官，遂格不下。朱子为同安主簿时，早知经界不行，田税不均，公私田土，皆为豪户冒占。乃因议臣屡次提议，奏请先行泉、漳、汀三州。半岁以后，十一月有旨先将漳州经界措置施行，而居要路者尚持异议。闻命已是正月。春日雨多，乃请十月方行打量。

二年辛亥(1191)二月长子塾死。报至，乞祠归家治丧。三月除秘阁修撰，主管南京鸿庆宫。四月去郡，辞修撰职名。十月漳州进士讼其扰人，经界之事遂终止。门人陈淳(1159—1223)记录云："先生在临漳(漳州)首尾仅及一期。……虽有欣然慕而亦有愕然疑、哗然毁者。越半年后，人心方肃然以定。僚属厉志节。……四境狗盗之民，亦望风奔遁，改复生业。至是及期，正尔安习先生之化，而先生行矣。"[1]归次建阳，筑室于考亭，不复归崇安五夫里矣。九月除荆湖南路转运副使。辞，不允。十二月复辞，以经界不行自劾。三年壬子(1192)二月，请补祠秩，许之。十二月除知静江府、广南西路经略安抚使，辞。四年癸丑(1193)二月差主管南京鸿庆宫。十二月除知潭州、荆湖南路安抚使，两辞，不允。

潭　州

绍熙五年甲寅(1194)，朱子六十五岁。五月至潭州(长沙)。在潭仅三月。首先谕降洞猺，并奏劾东南第八将武功郎陆景任不合资格，请予宫观差遣，别选良材充职。《行状》云："申教令，严武备，戢奸

[1]《语类》，卷106，第三十六条，页4218。

吏，抑豪民。……为谓录故死节五人为之立庙。”[1]五人者，东晋与宋之潭人，战贼而死者也。又考释奠礼仪颁行于郡。祭张栻之祠与墓。修复岳麓书院，增加员额。朱子日间公事甚劳，晚间尚与郡学诸生讲论，又尝到岳麓书院讲学。闻风而至者无数，与漳州后先辉映。历代岳麓书院影响弘大，至今不衰。《长沙县志》云：“朱晦翁帅潭，一日得赵丞相(赵汝愚，1140—1196)简，已立嘉王为上，当首以经筵召公。晦翁藏简袖中，竟入狱取大囚十八人，立斩之。才毕而登极赦至。翁恐赦至而大恶脱网也。”[2]此事《行状》《年谱》《宋史》均所不载。事之真否，无从而定。即有之，而沈继祖诬朱子“匿藏赦书”[3]则大谬矣。六月申乞放归回里。七月，光宗内禅，宁宗即位。以宰相赵汝愚荐，七月召赴行在奏事。

侍　讲

宁宗久闻朱子之名，是以首召奏事。朱子八月由潭至行在。八月除焕章阁待制，兼侍讲，辞者至再，盖闻近臣用事，丞相留正(1129—1206)被逐，出知建康。九月乞免焕章阁待制侍讲，而以元官职(秘阁修撰，潭州荆湖南路安抚使)奏事。十月初四奏事行宫便殿。首言灾异之变，祸乱之机，在乎人主能否与大臣讲求政理，必使发号施令，无一不出于朝廷。继言为学之要，莫大于穷理，而穷理必在乎读书。又言湖南应予减税。面辞待制侍讲，不允。翌日乞改作说书差遣。初十御笔不允，乃拜命。即上议状，谓孝宗山陵，应广招术士，博访名山，不宜偏信台史。葬者必坐北向南，盖南阳而北阴也。宜择吉土，以奉衣冠之藏。疏上不报。

十月十四进讲《大学》，以平日论著，敷陈开析，务积诚意以感

[1]《勉斋集》，卷36，《朱子行状》，页28上。
[2]《长沙县志》，卷36，《拾遗》，页6上。
[3] 叶绍翁，《四朝闻见录》，卷4，《庆元党》，页13下。

上心。遂奏乞除朔望、旬休及过宫日外，早晚进讲。差兼实录院同修撰。再辞，不允。宁宗即位赐恩转朝请郎，为第二十级，并赐紫金鱼袋。奏乞看详封事。十七日奉旨施行。又奏乞讨论嫡孙承重之服，请实行三年之丧，并请明诏礼官稽考礼律，指定其官吏军民男女方丧之服。奏上，诏礼官讨论，但未果行。瑞庆节奏乞免贺，则十九日有旨施行。

二十三日讲筵后留身，面奏四事。一为有旨修葺旧日东宫为屋三数百间。百姓饥饿之际，不宜大兴土木。二为过宫之计，宜下诏自责，减省舆卫。三为朝廷纲纪，勿使左右预朝政而委之二三大臣，勿徇己意。四为山陵之卜，务使寿皇（孝宗）之遗体得安于内。《宋史》本传云："疏入，不报。然上亦未有怒熹意也。"[1]然卒未施行。

闰十月初一晚讲。是日讲至《大学》第二章"盘铭日新"。朱子讲及数次。复以前所讲者编次成帙以进。上亦开怀容纳，且面谕所进册子，宫中尝读之。今后更为点来。初三早讲，初四晚讲。会孝宗将祔庙（祭于祖庙）。礼官初请祧（入远祖庙）宣祖而祔孝宗，继请并祧僖宣二祖，而奉太祖居第一室。宰相赵汝愚主此说，诸儒如楼钥（1137—1213）、陈傅良（1137—1203）等皆附和之。初六当集议。朱子度难以口舌争，以辞病不赴而上奏状，力争僖祖不当祧，更不宜以祖宗之主，下藏于子孙之夹室。庙堂持之不以闻。初十入对。上曰："僖祖乃国家始祖，自不当祧。"命朱子于榻前撰数语，俟径批出施行。朱子不以内批为然，乞令群臣集议，而庙堂已即毁撤僖宣庙室，更创别庙以奉四祖矣。初八封婺源县开国男，食邑三百户。

宁宗之立，丞相赵汝愚密与禁中行役韩侂胄（1207卒）谋之。侂胄为太皇太后外甥，居中用事。朱子在长沙已有所闻。今复约吏部侍郎彭龟年（1142—1206）共攻之。又屡以手书遣生徒密白赵丞相，

[1]《宋史》，卷429，页12765，《朱熹传》。

以厚赏酬侂胄之劳，勿使干预朝政。侂胄使优人峨冠阔袖，以象朱子，戏于上前。乘间言朱子迂阔不可用。十九日晚讲后，留身申请前奏四事，乞赐施行。四事之中，其一即为左右窃柄之失。既退，即降御批，谓朱子耆老，隆冬恐难立讲，已除宫观。宰相赵汝愚固谏。二十一日侂胄遣使封内批付下。吴猎（1143—1213）、楼钥等请留，均不报。他日工部侍郎黄艾问所以逐朱子之骤。上曰："初除某经筵尔。今乃事事欲与闻。"[1]朱子奏谢，遂行。朱子既去国，彭龟年攻侂胄，谓逐朱太急，因而被派出为护使客。由是侂胄益得志矣。

二十五日除宝文阁待制，与州郡差遣。辞。寻除知江陵府、荆湖北路安抚使，亦辞，并乞追还待制职名。十一月十一经江西玉山县。县宰请为诸生讲说。《文集》有《玉山讲义》。二十日还建阳考亭。十二月诏依旧焕章阁待制，提举南京鸿庆宫。朱子拜祠命，辞待制职名。弟子云集，极一时之盛。筑竹林精舍。

庆元元年乙卯（1195），六十六岁。磨勘转朝奉大夫（第十九级）。大权既集于侂胄一身，赵汝愚以诬为不轨，窜湖南永州。太府寺丞吕祖俭以论救丞相，亦贬韶州。侂胄除去异己，猛攻道学为伪学。五月，朱子复辞职名并乞致仕，不允。朱子以尚带从臣职名，义不容默，乃草封事数万言，极陈奸邪蔽主之祸。诸生恐贾祸，力为劝止，朱子不听。蔡元定（1135—1198）入谏，请以蓍决之。遇"遁"之"家人"。朱子默然退，取奏稿焚之，更号遁翁，并乞致仕。十一月再辞职名。十二月诏依旧秘阁修撰，提举南京鸿庆宫。提举为祠官之最高级。傅伯寿（1163进士）告词（差职之词）有谓"大逊如慢，小逊如伪"，盖指朱子屡次辞职也。是时攻击"伪学"甚急。选人余嚞上疏乞斩朱子。胡纮（1163进士）曾访朱子于武夷，朱子待学子惟脱粟饭，胡纮不能异也。胡不悦："此非人情，只鸡樽酒，山

[1] 王懋竑，《朱子年谱》，卷4上，页212。

中未为乏也。”及为监察御史，劾赵汝愚引用朱子，又草疏攻击朱子。会改太常少卿，以稿授沈继祖。继祖以追论程颐得为察官。其疏诬朱子六罪，谓朱子不以白米供其母为不孝，屡召不起为不敬于君，孝宗葬地持异论为不忠于国，阳辞阴受为玩侮朝廷，私结党徒，与占建阳县学。六罪之外，又谓其娶刘珙（1122—1178）之女，冀有其身后巨万之财，又诱引尼姑二人以为宠妾，诸子盗牛，帅长沙匿藏赦书而断徒刑者甚多，发掘崇安弓手父母之坟以葬其母，男女婚嫁，必择富民。开门授徒，必引富家子弟。四方馈赂，岁以万计。如是廉、恕、修身、齐家、治民五者，皆得其反。乃请将朱子落职罢祠。[1]此即《宋史》本传所谓十罪，盖以整数言也。查朱子所娶，非刘珙之女而乃刘子翚（1101—1147）之女。朱子门人与女婿黄榦，贫穷至甚。门人有官职者只占百分之二十八。朱子之穷，人所共知。继祖全是伪造，以为可得富贵。然朝廷攻朱子空气极浓。结果庆元二年丙辰（1196）十二月遂落职罢祠。三年丁巳（1197）正月拜命谢表。于是朱子政治生涯，于此结束。综计同安、南康、浙东、漳州、潭州五任共七年三个月。历高宗、孝宗、光宗、宁宗四朝。另在朝由绍熙五年甲寅（1194）奏事行宫便殿至闰十月十九批除宫观，共四十六日。此即《行状》所谓“五十年间，历事四朝。仕于外者仅九考，立于朝者四十日”[2]。盖以整数言之。五年己未（1199）四月有旨令致仕，始用野服见客。明年（1200）三月卒，享寿七十一岁。

---

[1]《勉斋集》，卷36，《朱子行状》，页18下—19上。拙著同《朱子新探索》，页764—771，《沈继祖诬朱子六罪》详论之。

[2]《勉斋集》，卷36，《朱子行状》，页38下。

第十三章
朱子与张南轩

张栻(1133—1180),字敬夫,又称钦夫,自号南轩,朱子之莫逆交也。两人首次相会,是在隆兴元年癸未(1163)。是年有旨召赴行在(杭州)。据《语类》:"上初召魏公(张浚,1096—1164,张栻之父),先召南轩来。某亦赴召至行在,语南轩云……"[1]是年朱子三十四岁,南轩三十一岁。翌年魏公没。朱子赴丧,与南轩舟中得三日之款。四年后(1167)携门人范念德访南轩于潭州(长沙),留两月。十一月六日与南轩暨门人林用中游南岳衡山。中间胡实与范念德来会。十九日离南岳,二十三日至槠州(株州),次日话别。山中朱、张与林三人唱咏凡一百四十九首,辑为《南岳唱酬集》。南轩当时讲学于长沙岳麓书院。

南轩之于朱子的,是切磋琢磨之益友。对朱子之禀气、辞受、社仓、刊书、酒气,均有所规谏。尝致书云:"又虑元晦学行为人所尊敬。眼前多出己下,平时只是规箴他人。见他人不是,觉己是处多。他人亦惮元晦辨论之劲,排辟之严。从有所疑,不敢以请……异日流弊,恐不可免。"[2]又一书云:"观所与广仲(胡实,壮年1150)书,……言

[1]《语类》,卷103,第五十条,页4146。
[2]《南轩先生文集》,卷20,答朱元晦秘书第十一书,页11上下,总页659—660。

语未免有少和平处。”[1]《文集》存答胡广仲六书，并无刚厉之气。[2]或南轩所见之书已佚。伤急不容耐之病，朱子亦自知其然。[3]南轩之书续云：“其间有于气禀偏处，似未能尽变于旧。……愿以平时以为细故者，作大病医疗。异时相见，当观变化气质之功。”[4]

朱子出处甚严，辞者再三。南轩“向来有疑于兄辞受之间”，与伯恭（吕祖谦，1137—1181）均劝其一出，承当朝廷美意。[5]乾道四年戊子（1168）建宁大饥，朱子与耆老建立社仓于五夫里，是为地方救济之新纪元。南轩闻之，去书曰：“闻兄在乡里因岁之歉，请于官得米而储之。春散秋偿。所取之息，不过以备耗失而已。一乡之人赖焉。此固未害也。然或者，妄有散青苗之讥。兄闻之，作而曰王介甫（王安石，1021—1086）所行独有散青苗一事是耳。奋然作《社仓记》以述此意。某以为此则过矣。夫介甫……强贷而规取其利，……其与元晦今日社仓之意，义利相异者，固亦晓然。”[6]南轩所闻，恐是传言之误。朱子《五夫里社仓记》明谓“常平义仓……皆藏于州县。……深山长谷，力穑远输之民，则虽饥饿濒死，而不能及也。又其为法太密，使吏之避事畏法者，视民之殍而不肯发”[7]。何利何害，朱子固已了然，固不特义利之分而已也。

又一传闻之误，乃朱子酒酣气张，悲歌慷慨之报导。又朱子因穷而印书出售，南轩以为未安。两事诚有之，然南轩未知其实情也[8]。凡此箴规，均出于至诚，朱子亦以至诚接受。尝以书告南轩云：“常苦

---

[1]《南轩先生文集》，卷20，第十书，页8下，总页654。
[2]《文集》，卷42，页1上—10上。
[3] 同上，卷31，答张敬夫第二十七书，页15下。
[4]《南轩先生文集》，卷20，第十书，页8下，总页654。
[5] 同上，第二书，页2上，总页641。
[6] 同上，第十一书，页9下，总页656。
[7]《文集》，卷77，《五夫里社仓记》，页24下—25上。
[8] 参看第十一章《朱子之生活》。

求之太过，措词烦猥。近乃觉其非。”[1]南轩死后，有书寄伯恭云：“今日请祠，便是奉行敬夫遗戒第一义。”[2]及伯恭死，则告刘子澄（刘清之，1139—1195）曰：“前时犹得敬夫、伯恭时惠规益，得以警省。二友云亡，耳中绝不闻此等语。……今乃深有望于吾子澄。”[3]尝有书敬夫，谓“大率观书，但当虚心平气，以徐观义理之所在”[4]。此乃以自勉，亦所以勉南轩也。

规劝以外，书札往复关及私事、印书，友朋过往者亦有之，然以之比较伯恭，少而又少。盖长沙比金华较远，而浙江又为首都所在，士人往来者多。然南轩亦讲及其止酒决意，建筑书楼，与其谢遣生徒之事。[5]而于其子之肺病，朱子与伯恭之丧偶，尤致意焉。[6]《文集》所载朱子与南轩书札，几全是学术讨论。只顾及某人尝疑南轩学徒日众，非中都官守所宜，而朱子则不以为虑，并劝南轩时祭应用俗礼而已[7]。《语类》则有数事可纪者。朱子书阁上只扁南轩所书“藏书”二字[8]。南轩废俗节之祭。朱子问其：“于端午节能不食粽乎？重阳能不饮茱萸酒乎？不祭而自享，于汝安乎？”[9]南轩曾谓朱子之命官多禄少。朱子云：“平日辞官文字甚多。”[10]南轩自魏公有事后在家，凡出入人事之类，必以两轿同其弟出入。[11]凡此均足以见两者之亲

[1]《文集》，卷31，答张敬夫第二十七书，页15上。
[2]《文集》，卷34，答吕伯恭第八十四书，页28下。
[3] 同上，卷35，答刘子澄第七书，页17上。
[4]《文集》，卷31，第二十书，页9下。
[5]《南轩先生文集》，卷21，答朱元晦秘书第二十书，页4下，总页672；第二十四书，页8上，总页679；第三十一书，页12上，总页688。
[6] 同上，卷23，第五十三书，页8上，总页728；第五十六书，页12上，总页735；卷24，第七十一书，页11上，总页757。
[7]《文集》，卷31，答张敬夫第十五书，页4下；卷30，答张钦父第八书，页27下。
[8]《语类》，卷107，第六十一条，页4254。
[9] 同上，卷90，第一三二条，页3684。
[10] 同上，卷107，第七十条，页4257。
[11] 同上，卷103，第五十条，页4149。

密处。

南轩既是朱子之知已，则其对于其友有赞有评，是意中事。朱子谓南轩文字极易成。尝见其就腿上起草，顷刻便就。[1]劝其改一文，则曰："改亦只如是，不解更好了。"故其文字"不甚改。改后往往反不好"[2]。然在朱子商议之下，其《论语说》则已改许多，《孟子说》则不曾商量。[3]因其聪明过人，决断太快，故看文字甚疏，以《麻衣易》为真道者之书，又以"端庄"二字题伪书东坡（苏轼，1037—1101）之字。[4]如说心之昭昭为已发，亦是太过，盖昭昭乃心之体也。又如说无极而太极，言莫之为而为之，亦差，盖太极只言极至，无所作为也。[5]"他太聪敏，说过便了。""更不问人晓会与否，且要说尽他个。故他门人，敏底只学得他说话。若资质不逮，依旧无著摸。"[6]朱子又云："敬夫议论，出得太早，多有差舛。""其未发之云，乃初年议论。后觉其误，即已改之。独惜旧说已传，学者或未之察耳。"[7]又谓"南轩见处高，如架屋相似。大间架已就，只中间少装折"[8]。谓其少日常工夫也。尝有书敬夫，可算是总评。其言曰："窃睏所存，大抵庄重。沉密气象，有所未足。以故所发多暴露而少含蓄。此殆涵养本原之功未至而然。……近年所见为文，多无节奏条理。又多语学者以所未到之理，此皆甚病。"[9]

朱子又以南轩与陆象山（1139—1193）相比，谓"子静（象山）

[1]《语类》，卷140，第五十四条，页5350。
[2] 同上，第九十四条，页5358；卷139，第五十条，页5313。
[3] 同上，卷103，第四十五条，页4143。
[4] 同上，卷125，第六十二条，页4811；卷140，第九十五条，页5359。
[5] 同上，卷62，第一三三条，页2401；卷94，第十八条，页3762。
[6] 同上，卷44，第九十七条，页1811；卷103，第三十五条，页4140；参看第三十六条，页4141。
[7] 同上，卷95，第三十九条，页3851；《文集》，卷56，答方宾王第五书，页15上。
[8] 同上，卷93，第六十条，页3744。
[9]《文集》，卷25，答张敬夫第一书，页2下。

却杂些禅，又有术数，或说或不说。南轩却平直恁地说，却逢人便说”[1]。以张吕相提并论更多。“金溪（象山）学问真正是禅。钦夫伯恭缘不曾看佛书，所以看他不破。只某便识得他。”[2]又谓二者皆令学者读程颐（1033—1107）《易传》，往往皆无所得。[3]两者比较，则“钦夫见识极高，却不耐事。伯恭学耐事，却有病”。又云：“南轩、伯恭之学皆疏略。南轩疏略，从高处去。伯恭疏略，从卑处去。”[4]虽是如许批评，然卒谓“伯恭、敬夫二人，使至今不死，大段光明”[5]。

以上多点批判，均是小怨。大段光明，才是大德。于本人则谓“敬夫爱予甚笃”。[6]于敬夫则谓“钦夫之学，所以超脱自在，见得分明，不为言语所桎梏，只为合下入处亲切。今日说话，虽未能绝无渗漏，终是本领是当。非吾辈所及。”[7]与诸生说，则曰：“南轩见义必为，他便是没安排周遮。要做便做。人说道他勇，便是勇。这便是不可及。”说罢叹息数声。[8]此时南轩已去世十余年矣。

南轩死，讣至，罢宴哭之。为祭文者二。其一两叹曰：“呜呼！敬夫遽弃予而死也？”其一曰：“兄之明……我之愚。……兄乔木……我衡茅。……兄高明……我狷狭。……我尝谓兄……兄亦谓我……”[9]可若生前对话，情义绸缪。朱子祭文未有如是之动人者。既而为像赞，谓“扩仁义之端，至于可以弥六合。谨善利之判，至于可以析秋毫”[10]。五六年后，更撰神道碑，曰：“盖公为人坦荡明白，表

---

[1]《语类》，卷124，第五十四条，页4777。
[2] 同上，第二十五条，页4782。
[3]《文集》，卷50，答郑仲礼第一书，页23下。
[4]《语类》，卷103，第三十二、三两条，页4140。
[5] 同上，卷31，第六十六条，页1279。
[6]《文集》，卷24，与曹晋叔书，页14下。
[7] 同上，卷40，答何叔京第十一书，页24上。
[8]《语类》，卷108，第四十四条，页4271—4272。
[9]《文集》，卷87，祭张敬夫殿撰两文，页8下，9下。
[10] 同上，卷85，《张敬夫画像赞》，页10上。

里洞然。诣理既精，信道又笃。……公之教人，必使之先有以察乎义利之间，而后明理居敬以造其极。其剖析开明，倾倒切至，必竭两端而后已。”[1]友朋之中，朱子为之撰两祭文，撰赞撰碑铭者，南轩一人而已。

祭文有云：“盖缴纷往反者几十余年，末乃同归而一致。”缴纷往反，不特关于《论语》《孟子》《中庸》与《易经》，而于周子（周敦颐，1017—1073）、二程（程颢，1032—1085与程颐）、胡宏（1106—1162）等人之说，皆有异议。[2]其中心思想，莫若中和之参究、《知言》之拟议，与《仁说》之讨论。兹略述之如下。

一、中和之参究

朱子从李侗（1093—1163）得默坐澄心之教，观未发以前气象，唯于心未安。南轩独得五峰（胡宏）之传，为湖湘学派领袖，主先在已发处察识然后存养。乾道三年丁亥（1167）朱子特不远千里而访之于长沙，以求究竟，与南轩论《中庸》中和之义三日夜而不能合。朱子归后与南轩四书，讨论中和问题，即所谓中和旧说四书也。第一书云：“盖有浑然全体应物而不穷者，是乃天命流行，生生不已之机。虽一日之间，万起万灭，而其寂然之本体，则未尝不寂然也。所谓未发，如是而已。……良心萌蘖，亦未尝不因事而发见。学者于是致察而操存之，则庶乎可以贯乎大本达道之全体而复其初矣。”[3]此书显示朱子略受湖湘学派之影响，渐离李侗之默坐求中而趋于湖湘学派之因事省察矣。然究非朱子所寻之答案。故日后自注云：“此书非是。”第二书曰：“兹辱诲谕，乃知尚有认为两物之蔽。……自今观之，只一

[1]《文集》，卷89，《右文殿修撰张公神道碑》，页8下。
[2] 详拙著《朱子新探索》，页530—537。
[3]《文集》，卷30，与张钦夫第三书，页19上下。

念间已具此体用。发者方往，而未发者方来，了无间断隔截处。”[1]张书不存，大抵以朱子分未发已发为两截。故朱子强调体用一源，如是更近于五峰之心性如一矣。及后思之，益为不安。故自注云：“此书所论尤乖戾。”第三书曰：“而今而后，乃知浩浩大化之中，一家自有一个安宅。正是自家安身立命、主宰知觉处。……而前此方往方来之说，正是手忙足乱，无著身处。”[2]此书比前书前进一步。盖方往方来，乃随逐气化，而今始有主宰也。第四书云：“盖通天下只是一个天机活物，流行发用，无间容息。……此所以体用精粗，动静本末，洞然无一毫之间，而鸢飞鱼跃，触处朗然也。存者存此而已，养者养此而已。……从前是做多少安排，没顿著处。今觉得如水到船浮，解维正柂，而沿洄上下，惟意所适矣。”[3]今心为主宰，纯粹自然。存养之功，乃从容自得。

南轩对此四书之反应，除尚有两物之蔽外，已无可考。《南轩文集》则有两书简单说明。一书云：“中字之说甚密。……若只说作在里面底道理，然则已发之后，中何尝不在里面乎？”另一书云：“中也者，所以状性之体段，而不可便曰中者性之体。若曰性之体中而其用则和，斯可矣。”[4]

彼此交换意见，当然互有影响。大概朱子转移多而南轩坚持己见。朱子答林择之（林用中）曰：“近得南轩书，诸说皆相然诺。但先察识后涵养之说，执之尚坚。”[5]数年之后，朱子四十岁，有《与湖南诸公论中和第一书》，曰：“思虑未萌，事物未至之时，为喜怒哀乐之未发。当此之时，即是此心寂然不动之体，而天命之性当体具焉。

[1]《文集》，卷30，第四书，页20上。

[2]《文集》，卷32，答张敬夫第三十三书，页4上下。

[3] 同上，第三十四书，页5上下。

[4] 同上，第五书，页4上下，总页645—646；第六书，页5下，总页648。

[5] 同上，卷43，答林择之第三书，页18上。

以其无过不及，不偏不倚，故谓之中。及其感而遂通天下之故，则喜怒哀乐之性发焉，而心之用可见。以其无不中节，无所乖戾，故谓之和。……然未发之前，不可寻觅。已觉之后，不容安排。但平日庄敬涵养之功至，……无不中节矣。……故程子（程颐）……以敬为言。……曰，'涵养须是敬，进学则在致知'[1]。"此书包括前四书之优点，加以敬字为言，而组成有统系之中和论。于是涵养察识，用敬致知，遂为朱子之两轮两翼，三十年丝毫不变。因此有千余言之长函与南轩申明涵养察识，同时并进之旨。"未发之前是敬也，固已主乎存养之实。已发之际是敬也，又常行于省察之间。……又如所谓学者先须察识端倪之发，然后可加存养之功，则熹于此不能无疑。盖发处固当察识。但人自有未发时。此处便合存养。岂可必待发而后察，察而后存耶？……至如来教所谓要须察夫动以见静之所存，静以涵动之所本。动静相须，体用不离，而后为无渗漏也。此数句卓然意语俱到，谨以书之座右。"[2]南轩对此书深以为然，惟于其先察识后存养之论，仍坚持不变。论者或谓南轩常随朱子脚跟转，恐是过言。

二、《知言》之拟议

南轩学于五峰，独得其传。五峰著《知言》，朱子撰《胡子知言疑义》，逐段反驳，与吕祖谦与南轩讨论。《知言》曰："心也者，知天地宰万物以成性者也。"朱子以胡氏混心性为一，故欲改其"以成性"为"统性情"。南轩云："'统'字亦恐未安，欲作'而主性情'如何？"此说朱子未即接受。《知言》曰："好恶，性也。小人好恶以己，君子好恶以道。"朱子评之曰："此章即性无善恶之意。若果如此，则性但有好恶而无善恶之则矣。"南轩以为："好恶性也，此一语无害。……

[1]《文集》，卷64，与湖南诸公论中和第一书，页28上—29上。程语出《遗书》，卷18，页5下。

[2] 同上，卷32，答张敬夫第四十八书，页25上—26下。

今欲作好恶性也，天理之公也。君子循其性者也。小人则以人欲乱之而失其则矣。”朱子驳之曰：“直谓之性则不可。盖好恶，物也。好善而恶恶，物之则也。……今欲语性，乃举物而遗则，恐未得为无害也。”《知言》曰：“人之为道，至大也，至善也。”朱子疑之曰：“若性果无善恶，则何以能若是耶?”南轩释其误会颇详，谓：“专善而无恶者，性也。而其动则为情。……于是而有恶焉。是岂性之本哉？其曰‘恶亦不可不谓之性’[1]者，盖言其流如此，而性之本然者亦未尝不在也。”朱子指出明道(程颢)此语乃说气禀之性而非性之本然。其下数处，南轩或同意朱子，或谓《知言》本语应删去，无甚重要。通篇南轩较东莱(吕祖谦)议论为多。[2]据《语类》，南轩坚执其师“性善云者，叹美之辞，不与恶对”[3]之说。

三、《仁说》之讨论

朱子与友辈商量《仁说》[4]时期最长，而与南轩磋商最多。今《文集》所存与南轩讨论《仁说》之书四通，《南轩文集》所存二通。致南轩第一书逐句解答。[5]南轩原书不存，朱子引之。朱子《仁说》首谓“天地以生物为心”。南轩以此语为未安。朱子坚辩天地只以生物为事，此语未有病也。其后南轩复书云：“天地以生物为心之语，平看虽不妨。然恐不若只云天地生物之心，人得之为人之心似完全。”[6]《仁说》未之改也。南轩以“不忍之心可以包(仁义礼智)四者”？朱子则以不忍之心包四端(恻隐、羞恶、辞让、是非之心)犹元

---

[1]《遗书》，卷一，页7下，明道论性。

[2]《胡子知言疑义》，载《文集》，卷73，页40上—47下。附南轩东莱之言。《疑义》所述胡宏之言，皆不复见胡宏《胡子知言》六卷。东莱南轩所言，亦不见其两人文集。

[3]《语类》，卷103，第四十二条，页4142。胡宏语见《胡子知言疑义》。

[4]《文集》，卷67，页20上—21下。

[5] 同上，卷32，《答张敬夫论仁说》，页16上—18下。

[6]《南轩先生文集》，卷21，答朱元晦秘书第二十一书，页5下，总页674。

之可以包四德(元亨利贞)也。其后南轩云:“不忍之心虽可以包四者,然据文势对乾元坤元言,恐只须曰统言之则曰仁而已可也。”[1]南轩以“仁者则其体无不善”。朱子以此为“不知其为善之长”。南轩以“对义礼智而言,其发见则为不忍之心”。朱子以此为未安。盖仁义礼智“根于心而未发,所谓理也”。南轩以“仁之为道,无一物之不体”。朱子以此为“不知仁之无所不体”。南轩以“程子(程颐)之所诃,正谓以爱名仁者”。此乃评《仁说》“程子之所诃,以爱之发而名仁者也”之语。朱子答之曰:“程子曰:‘仁,性也。爱,情也。岂可便以爱为仁?’[2]此正谓不可认情为性耳。非谓仁之性不发于爱之情,而爱之仁不本于仁之性也。”南轩以元之义不专于生。朱子则以此语恐有大病。盖元为义理根源也。南轩复书云:“前日所谓元之义不专主于生物者,疑只云生物,说生生之义不尽。今详所谓生物者,亦无不尽矣。”[3]南轩以仁者无所不爱,但有差等。朱子以差等乃义之事。“仁义虽不相离,然其用则各有所主而不可乱也。”

第二论仁之书[4]乃朱子复南轩接朱子第一书后所来之书[5]。南轩之书以公为仁之体。公天下而无物我之私,故爱无不溥。朱子则谓“仁乃性之德而爱之本。……若以公天下而无物我之私便为仁体,则恐所谓公者,漠然无情,但如虚空木石。”第三书专论知觉为仁[6]。南轩曾有书说知觉为仁。此书不存。朱子覆之云:“仁本吾心之德,又将谁使知而觉之耶?……然此亦只是智之发用处。但惟仁者为能兼之。故谓仁者必有知觉则可,谓心有知觉谓之仁则不可。”

---

[1]《南轩先生文集》,卷20,第九书,页7下,总页652。不忍人之心与四端均见《孟子·公孙丑上》,第六章。四德与乾元坤元均见《易经》,乾卦彖辞彖传,坤卦彖辞。

[2]《遗书》,卷18,页1上。

[3]《南轩先生文集》,卷20,第九书,页7下,总页652。

[4]《文集》,卷32,《又论仁说》,页19上下。

[5]《南轩先生文集》,卷21,答朱元晦秘书第二十一书,页5上—6上,总页674—675。

[6]《文集》,卷32,《又论仁说》,页20上下。

第四书与第二书意同，即谓公与物我一体皆非仁体。[1]

以上辩论，南轩每为朱子所折服。辩论结果，《仁说》亦有所更改。今以答南轩书与《仁说》比较，可知经南轩诘难而改正者。不忍之心可包四者之语已不见《仁说》。《仁说》亦无讨论《孟子》仁无不爱之文，必是因南轩之批评而删。然于天地生物之心一点，则始终坚持。朱子自谓"《仁说》只说前一截好"[2]。谅因下截评物我一体与知觉为仁两说未曾释明其所以非仁之故。朱子为《仁说图》[3]，特标未发已发与体用，且"公"字两见，或亦与南轩讨论之效也。

南轩亦作《仁说》[4]，曾与朱子《仁说》相混。朱子《仁说》题下附注云："浙本误以南轩先生《仁说》为先生《仁说》，而以先生《仁说》为序。"实则人各一篇。两者《仁说》大意相同。唯克己、去蔽、知存，则南轩《仁说》比朱子《仁说》为详而有力。朱子以心之德、爱之理为仁之两面。南轩则只言爱之理而不言心之德。日本学者山崎美成（1796—1856）据《龙龛手鉴》解仁，谓"心之德，爱之理"原为佛语。经山口察常指出其误。然山口又谓"爱之理"来自南轩，以其《论语解》云："原人之性，其爱之理，乃仁也。"[5]山口盖未审《论语解》成于乾道九年癸巳（1173）。其时《仁说》已定稿矣。[6]

至于南轩本人何以又于朱子已著《仁说》之后，自著《仁说》，亦有可解。朱子《仁说》侧重理论。虽言学者应汲汲于求仁，究于求仁之方，未有畅言。南轩则并言由仁者而能存义、存礼、存智。尤重要者，南轩以为仁莫要于克己，学者当以克己为道。朱子《仁说》虽引

[1]《文集》，卷32，《又论仁说》，页21上下。拙著《朱学论集》，页51—54，讨论四书较详。

[2]《语类》，卷105，第四十二条，页4182。

[3] 同上，第四十三条，页4185。

[4]《南轩先生文集》，卷18，页1上—2上，总页591—592。

[5]《仁の研究》，页370—376。

[6] 详《朱学论集》，页43。

《论语》克己一次，顺及而已，非要义也。朱子谓南轩以其《仁说》不如《克斋记》[1]，即谓朱子忽略克己为仁之方，或亦为其自作《仁说》之一因，以补朱子之不足耳。且当《仁说》讨论热烈之际，学者如林熙之（林大春）、周介（周叔瑾）、杨仲思（杨道夫）等，均著《仁说》，各扬其说。南轩其中之一耳。

[1]《文集》，卷77，页15上—16上。

第十四章
朱子与吕东莱

吕祖谦（1137—1181），字伯恭，婺州金华县人。以其先祖汉时封东莱侯于莱州府[1]，故学者称东莱先生。历代名门望族。其祖本中（1084—1145）称东莱先生，故又称大东莱以别于祖谦之小东莱。吕家不特屡世显宦，官至尚书与经筵说书，又有中原文献之传。《宋元学案》有吕氏四学案[2]，凡七世十有七人。祖谦之学，本之家庭。长而从林之奇（1112—1176）、汪应辰（1118—1176）、胡宪（1086—1162）游。其兴趣精神，则是吕氏传统。究心文献，潜神历史，不排异学，富有妥协之气。特重礼乐农兵，经世致用，故带功利色彩。然能避浙江功利派陈傅良（1137—1203）与陈亮（1143—1194）之偏而得其所长，遂为浙江史学开山之祖。学者云集，某时近三百人。[3]晚年会友之地曰丽泽书院，在金华城中。[4]故《宋元学案》称其门人为《丽泽诸儒学案》[5]。据朱子，"伯恭说少时性气粗暴。嫌饮食不如意，便敢打破家事（食器）。后因久病，只将一册《论语》早晚闲看。忽然觉得意

[1] 今山东省莱州市。

[2]《宋元学案》，卷23，31，36，51。

[3]《东莱吕太史文集》，别集，卷9，与刘子澄书，页8上。

[4]《宋史》，卷434，《吕祖谦传》，页12874。

[5]《宋元学案》，卷73。

思一时平了，遂终身无暴怒”[1]。朱子云：“‘躬自厚而薄责于人，则远怨矣。’[2]吕丈旧时性极褊急。因病中读《论语》，于此有省。后遂如此好。”[3]朱子又谓其“不会说话，更不可晓。只通寒暄也听不得。自是他声音难晓”[4]。张南轩（张栻，1133—1180）亦谓其衣冠不整，举止草草。[5]朱子又谓其“病中读书，漏刻不去手”[6]。

朱子、东莱与南轩三人为莫逆之交。每以张吕二人相提并论。朱吕初次会面，约在绍兴二十六年丙子（1156）。当时东莱之父赴福州任职，东莱随行。同时朱子任同安县主簿，以事至福州。故致伯恭第一书云：“三山（福州）之别，阔焉累年。”[7]二十年后（1175）同叙于朱子之寒泉精舍，共辑《近思录》。随乃同出江西信州与陆象山（1139—1193）兄弟作历史上有名鹅湖寺之会。翌年三月朱子如婺源[8]省先人之墓，路经衢州[9]，约东莱自金华来衢左右为“野次之款”，卒相叙数日[10]。两人书札往来甚密。《文集》存答吕伯恭书一百零四通[11]，比任何人为多。《东莱吕太史文集》存与朱侍讲书六十七通[12]，超乎与别人之书总数之半。

两人书札往复，自然以学术讨论为多，然私事如请祠、出处、刊书、友朋状况之类者亦属不少。鹅湖之会，朱陆不欢而散。与会者自是不能忘怀。故朱吕书札屡屡言及陆氏兄弟。在朱子总以子静（陆

[1]《文集》，卷54，答路德章第四书，页22上。
[2]《论语·卫灵公第五》，第十四章。
[3]《语类》，卷122，第八条，页4720。
[4] 同上，卷95，第一七七条，页3905。
[5]《南轩先生文集》，卷25，答吕伯恭第二书，页4上，总页765。
[6]《文集》，卷82，《题伯恭所抹荆公目录》，页2上。
[7] 同上，卷33，答吕伯恭第一书，页1上。
[8] 今江西省婺源县。
[9] 今浙江省衢州市衢江区。
[10]《文集》，卷33，答吕伯恭第四十五，四十八书，页31上，33下。
[11] 同上，卷25，三通；卷33—35，一百通，续集；卷5，一通。
[12]《东莱吕太史文集》，别集，卷7—8。

象山）自信太过，恐难改易[1]；在吕则每言陆氏兄弟之优点，盖志在调停也[2]。

从书札中，又可见朱子长男之教育，两人家属之关心，二者之互相劝规，与事功之合作。朱子长子名塾。绍兴二十三年癸酉（1153）生。到二十一岁，朱子以其“懒惰之甚，读书绝不成伦理”[3]。且塾“在家汩于俗务，不得专意。又父子之间，不欲昼夜督责，及无朋友闻见”[4]。乃遣之至金华受学于东莱。东莱欣然承当，安排食宿于其徒潘景宪（1134—1190）之家。三四年后，潘氏以长女妻之。塾赴金华时，朱子以书教其逐日札记，录取归来。并不得怠慢，不得擅自出入与人往还，不得戏笑喧哗，不得饮酒。到金华时如何拜谒东莱，一言一动，均详为指导。[5]数年之间，恳请东莱严加鞭策之书札，凡七八通。[6]东莱亦加管束。“每日到某处则与叔度（潘景宪）兄弟偕来。不许过他斋舍。虽到某处，亦不许独来。盖城市间不得不如此过防。”[7]在此痛加鞭勒之下，程文功课，不无进步。至淳熙七年庚子（1180）乃絜妇儿归五夫里预备应试。在此六年期间，丁母忧还家一次，应乡试两次。此为第三次乡试，亦卒之落第。

朱子对于其本人与东莱之家属，非常关心。塾之婚事，屡与东

[1]《文集》，卷34，答吕伯恭第五十六书，页4下；第七十七书，页17上；第八十一书，页23下；第八十二书，页26上；第九十书，页32上；第九十二书，页33上；第九十三书，页34上。

[2]《东莱吕太史文集》，别集，卷8，与朱侍讲第二十二书，页1上；第五十四书，页11下；第五十五书，页12下；第六十二书，页15上。

[3]《文集》，卷33，答吕伯恭第十八书，页12上。

[4] 同上，续集，卷8，《与长子受之》，页7上。

[5] 同上，页6上—8下。

[6] 同上，卷33，答吕伯恭第二十书，页13下；第二十二书，页14下；第二十三书，页15上；第二十七书，页18上；第三十九书，页26下；第四十二书，页30上；卷34，第六十七书，页10上；第七十六书，页16下。

[7]《东莱吕太史文集》，别集，卷7，与朱侍讲第二十书，页16下—17上。

莱函商。[1]欲为次男埜纳妇，亦以告东莱。[2]叔母之丧，致书东莱申其忧悴[3]。淳熙三年丙申（1176）其令人刘氏卒，致吕函谓“悲悼不可为怀”。又云：“悲悼酸楚不能自堪。”[4]对东莱丧偶，既先屡次问病，及其既逝，则惊愕之余，劝东莱“约情就礼”“尊体未尽平复，深宜节折”。[5]东莱之父去世，朱子以贫窭之甚，不能致一奠之礼，倍加悲痛[6]。东莱幼弟之丧，亦致哀悼。[7]东莱对令人刘氏卜地，深致意焉。[8]彼此亲密之情，于此可见。

两者如是至交，故互相忠告。朱子谓“伯恭不鄙下问，不敢不尽愚”[9]。于是示以涵养进学之要与矫正气质之偏，而东莱以为“深中膏肓之疾，朝夕玩省不敢忘”[10]。同时东莱亦告朱子谓其“激扬振厉，颇乏广大温润气象”[11]。实在两者均有所偏。故朱子谓东莱曰：“大抵伯恭天资温厚，故其论平恕委曲之意多，而熹之质失之暴悍，故凡所论，皆有奋发直前之气。窃以天理揆之，二者恐皆非中道。但熹之发，足以自挠而伤物，尤为可恶，而伯恭似亦不可专以所偏为至当也。”[12]朱子闻东莱讣后数日赋诗有云：“念我素心人。”[13]两贤诚心交也。

---

[1]《文集》，卷33，答吕伯恭第三十八书，页26上；卷34，第五十书，页1上；第五十一书，页1下。

[2] 同上，第三十八书，页26上。

[3] 同上，第十五书，页10下。

[4] 同上，卷34，答吕伯恭第五十二书，页2上；第五十三书，页2下。

[5] 同上，第六十九书，页11下；第七十书，页13下；卷33，第九书，页8上；卷34，第七十六书，页16上。

[6] 同上，卷33，答吕伯恭第十三、十四书，页10上。

[7] 同上，第三十九书，页26上。

[8]《东莱吕太史文集》，别集，卷8，与朱侍讲第三十三书，页5下；第三十五书，页6上。

[9]《文集》，卷31，第十二书，页3上。

[10]《东莱吕太史文集》，别集，卷7，第三书，页7上；第七书，页10下；卷8，第三十七书，页6下。

[11] 同上，第二书，页6下。

[12]《文集》，卷33，答吕伯恭第七书，页6下。

[13]《文集》，卷8，《读子厚步月诗》，页1下。

事功之合作者，有《近思录》、白鹿洞书院与社仓三项。均朱子一生奇伟事业，影响中国历史社会极大，而东莱与有力焉。朱吕合辑之《近思录》为我国第一本哲学选集，成为以后理学典型。白鹿洞书院亦是历代书院之模范。朱子特请东莱为记，并致书详细逐段讨论，以显出白鹿之历史与教育意义。[1]乾道七年辛卯（1171）朱子创立社仓于五夫里，为我国民办救济事业之一里程碑。东莱见之，叹为"《周官》委积之法，隋唐义廪之制"，将归与金华士友经营之。然不久东莱去世，事遂不果。其徒潘景宪白其父出家谷以成金华社仓。[2]社仓之制遂由闽而扩大至浙，不可谓非东莱之功也。

私人方面，两者诚是情投意合。学术方面，则在在不相为谋。朱子以《书经》难读，吕氏则以无有不可解者。数年后乃承认之。[3]朱子谓东莱说《诗》太巧，过于纤细拘迫，看不破小序。[4]然其《常棣》[5]诗章谓圣人之言大小高下皆宜，而左右前后不相悖，则说得极好。[6]且其分《诗》之经传，极有可取。[7]东莱爱与学者说《左传》。朱子尝戒之曰："《语》《孟》《六经》许多道理不说，恰限说这个。纵那上有些零碎道理，济得甚事？"[8]又答书云："向见所与诸生说左氏之书，极为详博。然遣词命意，亦颇伤巧矣。"[9]东莱以《知言》胜于《正蒙》，朱子则以《正蒙》规模大，《知言》小，后出者巧耳。[10]东莱与南轩皆令学者专读伊川（程颐，1033—1107）《易传》。朱子以为学

---

[1]《文集》，卷34，《与东莱论白鹿洞书院》，页21上—23上。

[2] 同上，卷79，《婺州金华社仓记》，页15下—17上。

[3]《语类》，卷79，第十八、十九条，页3150；第一四〇条，页3170；《文集》，卷83，《题吕伯恭书说》，页7下。

[4]《语类》，卷81，第一〇六条，页3364；卷122，第九条，页4720。

[5]《诗经》，《小雅》《鹿鸣之什》《常棣》。

[6]《语类》，卷81，第九十七条，页3361。

[7] 同上，卷80，第一〇〇条，页3326。

[8] 同上，卷121，第七十五条，页4699—4700。参看卷83，第二十二条，页3407。

[9]《文集》，卷33，答吕伯恭第六书，页6上。

[10]《语类》，卷101，第一五三条，页4104。

者往往皆无所得。且学者无疑，不自长意智。盖卦画经文可疑，必但观其理，乃有切于日用功夫也。[1]朱子极力排斥苏氏父子（苏洵，1009—1066；长子轼，1037—1101；次子辙，1039—1112）。苏轼著《易解》，朱子以为是“释老之说”。苏辙著《老子解》，朱子谓为“合吾儒于老子，以为未足，又并释氏而弥缝之”[2]。东莱以其道非杨墨也，不必深与之辩。[3]朱子复摈斥之，与东莱书谓“伯恭尚欲左右之，岂其未之思耶”[4]？又与张敬夫（张栻）云：“渠又为留意科举文学之久，出入苏氏父子波澜新巧之外，更求新巧，坏了心路，遂一向不以苏学为非，左遮右拦，阳挤阴助，此尤使人不满意。”[5]南轩为之调停，为书于朱子曰：“伯恭近来尽好说话。于苏氏父子亦甚知其非。向来见渠亦非助苏氏。但习熟元祐（1086—1093）间一等长厚之论，未肯诵言排之耳。”[6]

妥协调和，乃吕氏家学之本色。故东莱于儒释之辨，不甚痛说。[7]朱子谓其“生怕说异端俗学之非。护苏氏尤甚。以为争校是非，不如敛藏持养”[8]。东莱对于朱子专意外攘，“若立敌较胜负者，颇似未弘”[9]。朱子则“疑于伯恭词气之间，恐其未免有阴主释氏之意。但其德性深厚，能不发之于口耳”[10]。此是两者性格不同，朱子所谓皆非中道者也。

根本上两人之出发点不同，故所见殊异。朱子重心性义理，吕

[1]《语类》，卷67，第二十一条，页2628。《文集》，卷50，答郑仲礼第一书，页23下。
[2]《文集》，卷72，《苏氏易解》，页22下；《苏黄门老子解》，页23下。
[3]《东莱吕太史文集》，别集，卷7，与朱侍讲第三书，页7下。
[4]《文集》，卷33，答吕伯恭第五书，页5上。
[5] 同上，卷31，与张敬夫第十三书，页4上。
[6]《南轩先生文集》，卷22，答朱元晦第三十五书，页3下，总页696。
[7]《文集》，卷25，答吕伯恭书，页15上。
[8] 同上，卷39，答范伯崇第十一书，页45下；卷33，答吕伯恭第四书，页3上。
[9]《东莱吕太史文集》，别集，卷7，与朱侍讲第二书，页6下；第六书，页9上。
[10]《文集》，卷47，答吕子约第十九书，页22上。

氏少谈。朱子以经为本，而东莱以史为先。[1]朱子特重《论语》，东莱则不教人读[2]。朱子主为学乃能变化气质，东莱主变化气质乃可言学[3]。从朱子立场，“东莱博学多识则有之矣，守约恐未也。……其弊尽在于巧”[4]。又曰：“伯恭失之多，子静失之寡。”[5]又云：“吕太巧杜撰，陆喜同已使气。”[6]至其向博杂用功，留意科举，讲论鹘突，问答曲折，其余事也[7]。

论者或以两人意见如是之背驰，品性又如是之相反，思想决无交流之可能，是则又不然。两者同辑《近思录》，意见多有不同，然互商甚勤，卒乃异途同归。朱子两篇重要文章，均与东莱南轩书札往还，各抒已见。一为《胡子知言疑义》[8]，一为《仁说》[9]，皆与东莱通讯磋商。《胡子知言疑义》东莱所发表之意见见于本文。关于《仁说》，亦屡次通问[10]。朱子有书东莱云：“区区之论，所以每不同于左右者，前后虽多，要其归宿，只此毫厘之间。讲而通之，将必有日矣。”[11]

通必有日，盖朱吕同是道学硕儒，所异者小，所同者大。故虽性格与观点并不一致，而不害其合作与互相尊敬。《宋史》不以东莱入《道学传》而以之入《儒林传》，此乃门户之见，决非朱子之所许。朱子尝论东莱之立说云：“兼总众说，巨细不遗。挈领提纲，首尾该贯。

[1]《语类》，卷122，第十条，页4720；第十四条，页4721；第十五条，页4722。

[2] 同上，第六、七条，页4720—4721。

[3] 同上，第五条，页4719。

[4] 同上，第二条，页4719；第十九条，页4725。

[5] 同上，第四条，页4719。

[6] 同上，第三条，页4719。

[7]《文集》，卷31，与张敬夫第十三书，页3下，4上；别集，卷6，与林择之第十五书，页10上。

[8] 同上，卷73，页40下—47下。

[9] 同上，卷67，页20上—21下。

[10] 同上，卷33，答吕伯恭第八书，页7下；第十八书，页12下；第二十四书，页15上；第二十七书，页18上；第三十书，页20下；《东莱吕太史文集》，别集，卷7，第十五书，页14下；第十七书，页15下；第十九书，页17上。

[11] 同上，第十二书，页9下。

既足以息夫同异之争，而其述作之体，则虽融会通彻，浑然若出于一家之言，而一字之训，一事之义，亦未尝不谨其说之所自。及其断以己意，虽或超然出于前人意虑之表，而谦让退托，未尝敢有轻议前人之心也。"[1]故朱子谓其"温柔敦厚"[2]"忠厚恻怛"[3]，东莱死，为位而哭，又遣奠于其家。其祭文首曰："天降割于斯文，何其酷耶？往岁已夺吾敬夫，今者伯恭胡为又至于不淑耶？道学将谁使之振，君德将谁使之复，后生将谁使之诲，斯民将谁使之福耶？经说将谁使之继，事记将谁使之续耶？若我之愚，则病将孰为之箴，而过将谁为之督耶？然则伯恭之亡，曷为而不使我失声而惊呼，号天而恸哭耶？"[4]朱子祭文墓铭过百，祭张敬夫文之外，未有若是之动人者。继又曰："盖其德宇宽洪，识量闳廓。既海纳而川渟，岂澄清而挠浊？矧涵濡于先训，绍文献于厥家，又隆师而亲友，极探讨之幽遐。所以禀之既厚而养之深，取之既博而成之粹。宜所立之甚高，亦无求而不备。故其讲道于家，则时雨之化。进位于朝，则鸿羽之仪。"[5]此非通靠恭维之语，而乃衷曲之言。门人潘叔度曾为东莱画像。朱子赞曰："推其有，足以尊主而庇民。出其余，足以范俗而垂世。"[6]朱子尊之敬之，盖有由矣。

[1]《文集》，卷76，《吕氏家塾读诗记后序》，页6上。
[2] 同上。
[3] 同上，续集，卷5，与吕东莱书，页1下。
[4] 同上，正集，卷87，《祭吕伯恭著作文》，页12下。
[5] 同上，页12上。
[6] 同上，卷85，《吕伯恭画像赞》，页10上。

第十五章
朱子与陆象山

陆象山(1139—1193),名九渊,号子静,称象山先生,江西抚州金溪县人。乾道八年壬辰(1172)年三十四春试。吕东莱(吕祖谦,1137—1181)等为考官,大加叹赏。赐同进士出身,名声震行都。杨简(1141—1226)等从游。次年(1173)其兄子寿(名九龄,1132—1180)访吕东莱于浙江金华。吕氏致朱子书云:“子寿近过此相聚累日,亦甚有问道四方之意。”[1]即欲结识朱子。翌年(1174)象山访东莱于衢州,相聚五六日,大概亦申与朱子会面之意。朱子答吕伯恭(吕祖谦)书云:“陆子寿闻其名甚久,恨未识之。子澄(刘清之,1139—1195)云其议论颇宗无垢(张九成,1092—1159),未知今竟如何也。”[2]又答东莱之弟子约(名祖俭,1196卒)云:“近闻陆子静言论风旨之一二,全是禅学,但变其名号耳。竞相祖习,恐误后生。恨不识之,不得深扣其说,因献所疑也。然想其说方行,亦未必肯听。”[3]于是东莱妥为安排,淳熙二年乙未(1175)为鹅湖寺之会。是年三月二十一吕氏由金华起程,潘景愈陪行。四月一日抵朱子所居之五夫里,然后同赴寒泉精舍,共辑《近思录》。完毕之后,与门人游武夷

[1]《东莱吕太史文集》,别集,卷8,《尺牍二》,答朱侍讲第二十四书,页2下。
[2]《文集》,卷33,答吕伯恭第二十六书,页17上。
[3] 同上,卷47,答吕子约第十七书,页20下—21上。

山，才赴江西信州铅山之鹅湖寺。此会为学术史上一大事情，应详述之。

鹅湖之集，《象山全集》有两记载。一为象山自述，云："吕伯恭为鹅湖之集，先兄复斋（子寿）谓某曰：'伯恭约元晦（朱子）为此集，正为学术异同。……方得一诗云：孩提知爱长知钦，古圣相传只此心。大抵有基方筑室，未闻无址忽成岑。留情传注翻蓁塞，著意精微转陆沉。珍重友朋相切琢，须知至乐在于今。'……及至鹅湖，伯恭首问先兄别后新功。先兄举诗才四句，元晦顾伯恭曰：'子寿早已上子静船了也。'举诗罢，遂致辩于先兄。某云：'途中某和得家兄此诗云：墟墓兴哀宗庙钦，斯人千古不磨心。涓流滴到沧溟水，拳石崇成泰华岑。易简工夫终久大，支离事业竟浮沉。'举诗至此，元晦失色。至'欲知自下升高处，真伪先须辩只今'，元晦大不怿，于是各休息。翌日，二公商量数十折。议论来，莫不悉破其说。继日，凡致辩其说随屈。伯恭甚有虚心相听之意，竟为元晦所尼。"[1]一为《象山年谱》淳熙二年乙未（1175）所记，云："复斋与张钦夫（张栻，1133—1180）书云：'某春末会元晦于铅山，语三日，然皆未能无疑。'按吕成公（吕东莱）谱，乙未（1175）四月访朱文公（朱子）于信之鹅湖寺。陆子静、子寿、刘子澄，及江浙诸友皆会，留止旬日。'邹斌俊父录云：'朱吕二公话及九卦之序，先生（象山）因亹亹言之。……二公大服。'朱亨道书……又云：'鹅湖之会，论及教人，元晦之意，欲令人泛观博览，而后归之约。二陆之意，欲先发明人之本心，而后使之博览。朱以陆之教人为太简，陆以朱之教人为支离，此颇不合。先生更欲与元晦辩，以为尧舜之前，何书可读？复斋止之。赵刘诸公拱听而已。先发明之说，未可厚诬。元晦见二诗不平，似不能无我。'"[2]此是一面之辞，

[1]《象山全集》，卷34，《语录上》，页24上下。
[2] 同上，卷36，《年谱》，页9上下。

《朱子语类》绝无叙述。兹略论之。

关于会议日期，朱子答王子合（王遇，1142—1211）书云："前月送伯恭至鹅湖。……此月八日方分手而归。"[1]东莱答潘叔度（潘景宪，1134—1190）书亦云："某从五月半后同朱文公出闽，下旬至鹅湖。诸公皆来，甚有讲论之益。更三四日即各分手。"[2]是则在鹅湖多者十日，少者六七日。陆谱云"语三日"，吕书云三四日，而朱吕已于五月末至鹅湖，则陆氏兄弟可能迟至六月四五日才到。或者此是约定之期，而朱吕先到，盖陆氏住在江西，实是主人，断不迟慢也。八日分手，亦因有寇将侵郡境，陆氏兄弟，闻警即归[3]，固不止不欢而散也。

参加人员，陆谱只提朱、吕、二陆、刘子澄、临川赵守景明，与其兄景昭（赵焯）七人。予又考得朱桴、朱泰卿、邹斌三人。[4]朱吕在寒泉精舍编《近思录》后，五月五日朱子作序，即赴鹅湖，顺道游武夷山。武夷六曲响声岩有五月二十一日朱子手书石刻，云："何叔京（何镐，1128—1175）、朱仲晦（朱子）、连嵩卿、蔡季通（蔡元定，1135—1198）、徐文臣、吕伯共（伯恭）、潘叔昌、范伯崇（范念德）、张（詹）元善。"何、连、蔡、徐、潘、范六人，或是陆谱所云江浙诸友。其中潘叔昌陪东莱赴寒泉，故必参加。余正叔、余方叔、陈克斋（陈文蔚）家近鹅湖，亦可与会。[5]

讨论主题为简易与支离，正如象山之诗所云"易简工夫""支离事业"。陆氏以朱子读书解经为支离，而以直发本心为简易。据象山《年谱》年十三即已谓"夫子之言简易，有子之言支离"[6]。从小以来，已作如是观。及从京都归家，讲学槐堂，不复以言语文字为意，令学

---

[1]《文集》，卷49，答王子合第一书，页1上。

[2]《东莱吕太史文集》，别集，卷10，《尺牍四》，答潘叔度第十四书，页19上。

[3]《象山全集》，卷27，《全州教授陆先生行状》，页2下。

[4]《宋元学案》，卷77，《槐堂诸儒学案》，页7上、11上。

[5] 程兆熊，《从鹅湖到鹅湖之会》，《中央日报》，1977年4月20日，第五节。

[6]《象山全集》，卷36，《年谱》，页4下。

者求本心。故鹅湖会中，易简与支离为争论之焦点。鹅湖别后东莱答邢邦用（邢世材）书云："讲贯诵绎，乃百代为学通法。学者缘此支离泛滥，自是人病，非是法病。见此而欲尽废之，正是因噎废食。"[1]数月后朱子致张敬夫（张栻）书云："子寿兄弟气象甚好。其病却在尽废讲学而专务践履，却于践履之中要人提撕省察，悟得本心。此为病之大者。"[2]子寿淳熙七年庚子（1180）死，朱子祭文曰："念昔鹅湖之下，实云识面之初……厌世学之支离，新易简之规模。"[3]凡此皆可以证实支离易简、读书讨论，为当时争辩之中心问题。此是涵养方法之分歧，与两人之根本思想无关。当然发明本心为顿悟，读书讲论为渐悟，于心之实体，所见不同。然象山以心即理，朱子以性即理，会议中并未言及也。

会议无一定时间，亦无秩序，显是随便谈谈。陆谱详载象山论九卦之序，谓朱吕"二公大服"。今从《语类》与《文集》又可考得鹅湖之会中谈及东莱解《书经》，子寿赠朱子以新篇，陆氏兄弟赞曹立之（曹建，1147—1183）之为人，与讨论"乾""坤"二卦之简易。[4]

鹅湖会后三年朱子和子寿诗云："德业流风夙所钦，别离三载更关心。偶携藜杖出寒谷，又枉篮舆度远岑。旧学商量加邃密，新知培养转深沉。只愁说到无言处，不信人间有古今。"[5]学者多谓此诗作于淳熙六年己亥（1179）朱子赴南康任候命于铅山子寿来访之时。然诗明言三载，陆谱依之。王懋竑（1668—1741）力主铅山作和之说，谓"盖鹅湖之会在乙未，铅山之访在己亥，中间隔丙申、丁酉、戊戌三

[1]《东莱吕太史文集》，别集，卷10，《尺牍四》，答邢邦用书，页22下。

[2]《文集》，卷31，答张敬夫第二十七书，页15下—16上。

[3] 同上，卷87，《祭陆子寿教授文》，页10下。

[4] 详见拙著《朱学论集》，《朱陆鹅湖之会补述》，页243—245。参看拙著《朱子新探索》，《鹅湖之会》条，页564—567。

[5]《文集》，卷4，页10上；《象山全集》，卷36，《年谱》，页8下—9上。"鹅湖寺和陆子寿"应作"和鹅湖寺陆子寿"。

年，故曰三载。”又谓“又枉，若在鹅湖，则‘又’字下不得也”。意谓“又”字指铅山耳。[1]然则候命于铅山，是“偶”然耶？“又”字“偶”字均为行文之便，不必拘拘。王氏中间相隔三年之说，是强辩耳。朱子何不直言五载耶？且诗谓“无言处”与“不信古今”，乃是批评子寿。断无子寿来访反为讽之之理也。鹅湖会后，数年之间，朱子念念不忘。忆及子寿之诗而和之，是自然之事。至何以独和子寿之诗而不和子静之诗，则不可解。岂对子寿之反感不若对子静之强欤？

鹅湖会后张栻以书问朱子：“陆子寿兄弟如何？肯相听否？”[2]朱子答云：“要其操持谨质，表里不二，实有以过人者。惜乎其自信太过，规模窄狭，不复取人之善，将流于异学而不自知耳。”[3]此函态度平稳，无忿激气。淳熙五年戊戌（1178）朱子致吕伯恭书谓：“近得子寿兄弟书，却自讼前日偏见之说。不知果如何？”[4]次年子寿访于铅山，互谈《论语》《中庸》与小学学规三日。虽未能无疑，然意见渐趋一致。[5]同时象山亦略为改变主张。吕东莱致朱子书云：“陆子静近日闻其稍回。……渠兄弟在今士子中不易得。若整顿得周正，非细事也。”[6]所谓稍回，大概指其最近主张读书讲学。朱子致吕氏书云：“子静近得书。其徒曹立之者来访，气质尽佳，亦似知其师说之误。持得子静近答渠书与刘淳叟（刘尧夫，1175进士）书，却说人须是读书讲论。然则自觉其前说之误矣。但不肯翻然说破今是昨非之意，依旧遮前掩后，巧为词说。只此气象，却似不佳耳。”[7]又一书云：“子寿学生又有兴国万人杰字正纯者亦佳。见来此相聚，云子静却教人

[1]《朱子年谱》,《考异》，卷1，页285。
[2]《南轩先生文集》，卷22，答朱元晦秘书第一书，页10上，总页710。
[3]《文集》，卷31，答张敬夫第二十七书，页15—16上。
[4]《文集》，卷34，答吕伯恭第五十六书，页4下。
[5]《语类》，卷124，第三、四条，页4753—4754；卷7，第十二条，页262;《象山全集》，卷36,《年谱》，页9上。
[6]《东莱吕太史文集》，别集，卷8,《尺牍二》，答朱侍讲第五十四书，页11上。
[7]《文集》，卷34，答吕伯恭第七十七书，页17上下。

读书讲学。亦得江西朋友书亦云然。此亦皆济事也。”[1]故朱子曰：“渠兄弟今日岂易得？但子静似犹有些旧来意思。闻其门人说子寿言其虽已转步而未曾移身。然其势久之亦必自转。回思鹅湖讲论时，是甚气势？今何止什去七八耶？”[2]大抵子寿趋近朱子，子静则尚有距离，然不再以读书讲学为蓁塞支离矣。同时朱子亦自认“近来自觉向时工夫，止是讲论文义，以为积集义理，久当自有得力处。却于日用功夫，全少点检。诸朋友往往亦只如此做工夫，所以多不得力。今方深省而痛惩之，亦愿与同志勉焉。幸老兄遍以告之也”[3]。

由上所述，可知双方渐弃偏见，调和之时机已熟。可惜子寿不久逝世，再无软化象山之机会。苟子寿多生十载，或可免曹立之墓表之波澜与太极之辩也。

曹立之淳熙十年癸卯(1183)卒，朱子为撰墓铭，详述其从程迥(1163进士)、陆氏兄弟与朱子之经过，谓：“闻张敬夫讲道湖湘，欲往见之，不能致。有告以沙随程氏学古行高者，即往从之，得其指归。既又闻陆氏兄弟独以心之所得者为学。其说有非文字言语之所及者，则又往受其学，久而若有得焉。子寿盖深许之，而立之未敢以自足也。……后至南康(从朱子)，乃尽得其(张敬夫)遗文，以考其为学始终之致。于是喟然叹曰：‘吾平生于学无所闻而不究其归者，而今而后，乃有定论而不疑矣。’”[4]朱子以为“据实直书”[5]，而陆方学者皆不能平。朱子以曹表寄象山。象山复书只谓“立之之墓表亦好，但叙履历亦未有得实处”[6]。言下虽无忿激之意，然不免以叛已从朱为不安。及后(1184)象山轮对五札，朱子见之，与陆氏书谓为“向

[1]《文集》，第八十一书，页23下。
[2] 同上，第八十三书，页26上下。
[3] 同上，卷44，答吴茂实第一书，页30下。
[4] 同上，卷90，《曹立之墓表》，页8上。
[5] 同上，续集，卷4，答刘晦伯第七书，页2上。
[6]《象山全集》，卷7，与朱元晦书，页4上。

上一路，未曾拨转处，未免使人疑著。想是葱岭带来耳。如何如何？一笑"[1]。朱子之为此言，并无恶意，然不免吹毛求疵，盖轮对五札，毫无禅宗西来之痕迹。朱子直言，亦是朱陆不和之一因。加以象山门人刘淳叟、包显道（包扬）、傅梦泉辈，举动奇怪，瞬目扬眉，益增朱子以陆学为禅之印象。于是朱陆两门，日渐决裂。至淳熙十二年乙巳（1185），"因其徒来此，狂妄凶很，手足尽露。自此乃始显然鸣鼓攻之，不复为前日之唯阿矣"[2]。

无极之辨，始自子美（陆九韶，壮年1150）。彼以书示朱子谕太极《西铭》之失。子美去函已佚。朱子复书有三。第一书谓："不言无极，则太极同于一物，而不足为万化之根。不言太极，则无极沦于空寂，而不能为万化之根。……《西铭》之说……若以父母而言，则一物各一父母。若以'乾''坤'而言，则万物同一父母矣。"第二书于意义无所发明，只请子美勿以急迫之意求之。第三书则云："谨如来教，不敢复有尘渎。"[3]两者不快之情，可以想见。太极之辩，本可即此罢论。唯象山尚抱不平，自告奋勇，向朱子挑战。淳熙十五年戊申（1188）与朱子书，长二千余言，只辩《太极图说》非周子（周敦颐，1017—1073）所作或是其学未成时所作，未及言无极太极之哲学涵义，只云中即太极。又谓朱子求胜不求益。措词强烈。[4]朱子复书亦不讨论《太极图说》之哲学而力辩孔子始言太极与周子始言无极。无极为无方所，无形状。太极即至极，不可谓中。书长亦几二千言，词亦严厉。[5]象山第二书有别幅，共二千五百余言，谓朱子无方所、无形状等语得自禅宗。朱子每谓陆氏为禅，今则反戈相向矣。更谓

[1]《文集》，卷36，寄陆子静第一书，页6上。
[2] 同上，卷50，答程正思第十六书，页30上。
[3] 同上，卷36，答陆子美一、二、三书，页3下—6上。
[4]《象山全集》，卷2，与朱元晦第一书，页4下—7下。
[5]《文集》，卷36，寄陆子静第五书，页7下—10下。

朱子“文辞缴绕，气象褊迫，其致辨处，类皆迁就牵合。……揣量模写之工，依放假借之似。其条画足以自信，其习熟足以自安”。坚持太极即中之说。别幅辨道器，谓器由于道，非以其形，不得为道也。[1]朱子答书文长二千言，别纸亦五百余字。仍主器之理为道。中心之辩，则在极字非中。“今以灶洑之心，挟忿怼之气，……先立一说，务要突过。……各尊所闻，各行所知亦可矣。无复可望于必同也。”[2]两者之辩，显是意见多而理论少。象山答书不满三百字。告以拜荆门之命并谓朱子无望必同之语甚非所望。[3]太极之辩，至此而止。以后尚往来书札数通，慰问私情。敬重之态，不因学术不同而丝毫减少也。

象山绍熙三年壬子（1192）十二月十四卒，阳历为1193年1月28日。朱子率门人往寺中哭之。既罢，良久，曰：“可惜死了告子。”[4]《象山全集》与王懋竑《朱子年谱》均不载此事。《语类》原注谓：“此说得之文卿（窦从周）。”王懋竑谓：“此事不见于从周录，恐传闻之误。《闲辟录》云：‘哭之者故旧之私情，讥之者斯文之公议。’此语固然。然谓其学同于告子而辨之则可，谓可惜死了告子，则语太轻，必非朱子语矣。”[5]钱穆亦谓“语非记录者所亲闻，可信否不可知”[6]。王钱二氏似以朱子此言为不善，欲为之洗刷。朱子率门人哭象山之死，从周谅必在场，未必是传闻之误。朱子与吕子约（吕祖俭，1196卒）格格不相入。子约死，朱子曰：“子约竟赍著许多鹘突道理去矣。”[7]此是朱子发言坦白，毫不忌讳。其优点在此，其弱点亦在此。其比象

[1]《象山全集》，卷2，与朱元晦第二书，页7下—11下。
[2]《文集》，卷36，寄陆子静第二书，页10下—16下。
[3]《象山全集》，卷2，与朱元晦第三书，页11下。
[4]《语类》，卷124，第四十八条，页4772。
[5]《朱子年谱》，《考异》，卷3，页309。
[6]《朱子新学案》，第三册，页356。
[7]《语类》，卷122，第三十七条，页4731。

山于告子与谓子约鹘突同科，非恶意也。至其以告子为比，则一因皆不知有气质之杂，二因皆不教人读书，三因皆有义外之说，四因皆只守内而不管外面。《语类》讨论象山与告子同处颇详，宜细考之。[1]

鹅湖对抗，实是中国学术史上一大不幸之事。朱子事前已先有成见，指象山之学为禅，而象山兄弟赴会沿途即正面攻击。以后虽稍为和缓，然鸿沟已成。鹅湖后再会，只得一次，总共相见不出两星期，无缘澄清学术之冲突。于是朱陆两门对垒，遂历数百年之久。

陆子对朱子之批评，不若朱子评陆之烈，然亦加抨击。《象山全集》载："或谓先生（象山）之学是道德性命，形而上者，晦翁之学是名物度数，形而下者。学者当兼二先生之学。先生云：'足下如此说晦翁，晦翁未伏。晦翁之学，自谓一贯，但其见道不明，终不足以一贯耳。'"[2]此处未明言不见道之故。《全集》又一记录云："一夕步月，喟然而叹。包敏道（包逊）侍，问曰：'先生何叹？'曰：'朱元晦泰山乔岳，可惜学不见道，枉费精神，遂自担阁。奈何？'包曰：'势既如此，莫若各自著书，以待天下后世之自择。'忽正色厉声曰：'敏道，敏道！恁地没长进，乃作这般见解？且道天地间有个朱元晦、陆子静，便添得些子？无了后，便减得些子？'"[3]亦谓朱子不见道。大概以著书无益，以朱子著书为揣量模写，依放假借。从象山直指本心而言，当然以文字为障碍。朱子曾撰《喜晴》诗云："川源红绿一时新，暮雨朝晴更可人。书册埋头何日了，不如抛却去寻春。"象山闻之色喜曰："元晦至此有觉矣，可喜也。"[4]殆即指此。

---

[1]《语类》，卷52，第二十八条，页1959—1960；卷124，第二十八条，页1960；第三十七条，页4766；第三十八条，页4768。参看拙著《朱子新探索》，《可惜死了告子》条，页591—596。

[2]《象山全集》，卷34，《语录上》，页18下。

[3] 同上，页14下。

[4] 同上，卷36，《年谱》，页20上。此诗不见《朱子文集》。《文集》，卷1，页15下，《喜晴》诗五言，与此七言大异。

或谏象山不必与朱子辩。象山曰："女曾知否？建安亦无朱晦翁，青田亦无陆子静。"[1]建安即朱子里居崇安县之所在，青田在象山家居金溪县之东。意谓真理超乎个人。所可注意者，此处与上引并举朱陆之名，岂视朱子为平等耶？然另一记录，则显然以朱子为次一等。门徒谓朱子但在气象上理会。象山曰："我这里也说气象，但不是就外面说。"[2]盖言其本人发明本心，朱子则捕风捉影而已。其谓朱子心病难医[3]，想是指此。

朱子答项平父（项安世，1175进士）云："今子静所说专是尊德性事，而熹平日所论，却是问学上多了。所以为彼学者多持守可观，而看得义理全不子细，又别说一种杜撰道理遮盖，不肯放下。而熹自觉虽于义理上不敢乱说，却于紧要为己为人上多不得力。今当反身用力，去短集长，庶几不堕一边耳。"[4]象山闻之曰："观此则是元晦欲去两短，合两长。然吾以为不可。既不知尊德性，焉有所谓道问学？"[5]象山既以留情传注为支离，自然以道问学为尊德性之大障碍。朱子之道，则尊德性与道问学，有如两轮两翼，相辅而行。惟象山绝不妥协，不肯去短集长。其谓朱子"执己之意甚固，而视人之言甚忽，求胜不求益"[6]。诚足以自道也。至如谓朱子蔽固，谓朱子说话不讨落著，谓朱子糊涂没理会[7]，非要点也。

朱子之于陆氏，可谓绝不留情。《语类》只有两处赞扬之语，曰："性质（注陆子美），精神（注子静）。"[8]此为杨若海所录，不知何时。

---

[1]《象山全集》，卷34，《语录上》，页4上。
[2] 同上，页22下。
[3] 同上，卷35，《语录下》，页26下。
[4]《文集》，卷54，答项平父第二书，页5下—6上。
[5]《象山全集》，卷34，《语录上》，页5上；卷36，《年谱》，页11下。
[6] 同上，卷2，与朱元晦第一书，页7下。
[7] 同上，卷34，《语录上》，页14上；卷35，《语录下》，页19上；卷15，与陶赞仲第二书，页2上。
[8]《语类》，卷124，第一条，页4753。

然来自《语类》之《饶录》，当在晚年。《语类》又云："因说陆子静，谓江南未有人如他八字著脚。"[1]此为陈文蔚所录，亦在晚年。《象山全集》亦有两项记载，实是赞语。据《全集》，"周伯熊（1190进士）来学，先生问学何经？对曰：'读《礼记》。''曾用工于九容乎？'曰：'未也。''且用功于此。'后往问学于晦庵。晦庵曰：'仙里近陆先生。曾见之否？'曰：'亦尝请教。'具述所言。晦庵曰：'公来问某，某亦不过如此说。'"[2]又云："有学者因无极之辩，贻书诋先生（象山）者，晦庵复其书云：'南渡以来，八字著脚，理会著实工夫者，惟某与陆子静二人而已。某实敬其为人，老兄未可以轻议之也。'"[3]

另有两处先赞后评者，如上引谓子寿兄弟操持谨质但其自信太过。[4]又谓"陆子静天资甚么高明，却是不道中庸，后其学便误人"[5]。其他数处，则是毁过于誉矣。[6]此外专事抨击者多端，谓其"不下穷理工夫"，谓其"欲速好径"[7]，谓其"先立一说"，谓其"遮前掩后，巧为词说"，谓其"多说如此即只是意见，如此即只是议论"[8]。谓其"失之寡"，谓其"不立文字"[9]，几无美点可言。"不立文字"乃禅宗之成语。朱子毕生以象山为禅。一则曰："子静一味是禅。"再则曰："陆子静分明是禅。"三则曰："只是禅。"四则曰："本是禅

[1]《语类》，第六条，页4754。
[2]《象山全集》，卷36，《年谱》，页8上。
[3] 同上，页21上。
[4]《文集》，卷31，答张敬夫第二十七书，页15—16上。
[5]《语类》，卷64，第一四一条，页2520。
[6] 参看同上，卷122，第四条，页4719；第三十九条，页4731；卷124，第三十三条，页4764。
[7]《文集》，卷56，答赵子钦第四书，页2下；卷53，答胡季随第九书，页22上。
[8] 同上，卷36，寄陆子静第六书，页15下；卷34，答吕伯恭第七十七、九十三书，页17下，34上。
[9]《语类》，卷122，第四条，页4719；卷124，第二十九条，页4763。

学。”[1]又谓“金溪学问真正是禅。”“胸中无奈许多禅何?”“只说一个心。”“却要理会内,不管外面。”“说话常是两头明,中间暗,……是他那不说破处。”[2]固不只不立文字而已也。至其教人“不著言语”“万理皆空”“当下便是”[3],皆与禅学无异。无怪天下皆说象山是禅[4]。其实象山排佛,用力之处不下朱子。“尝以义利二字判儒释”,谓“儒为大中,释为大偏”。[5]又谓“释氏立教,本欲脱离生死,惟主于成其私耳”。“我(儒)说一贯,彼(释)亦说一贯。只是不然。天秩、天叙、天命、天讨,皆是实理。彼岂有此?”“佛老高一世人,只是道偏不是。”“禅家话头、不说破之类,后世之谬。”[6]然彼自认“儒释之辨,某平时亦少所论者”[7]。且其所论者,限于义利与话头。其本人思想与禅宗太近,此朱子所以不断排斥,再接再厉也。

鹅湖之不和如彼,两者互击又如此,于是学者每谓朱陆水火不容。其实在学术上相持不下,而未尝减轻其私情之互相尊敬也。鹅湖会后朱子即致书象山云:“所恨匆匆别去。彼此之怀,皆若有未既者。然警切之诲,佩服不敢忘也。”[8]由衷之言,断非表面应酬可比。朱子固无贻书之必要也。两年后(1177),象山继母卒,象山兄弟以函致朱子问丧礼。据朱子答叶味道(1220进士)书云:“所喻既祔之后,主不当复于寝,此恐不然。向见陆子静居母丧时,力主此说。其兄子寿疑之。皆以书来见问。……当时尝痛辟之。……其后子寿书来,

---

[1]《文集》,卷35,答刘子澄第十一书,页21上;《语类》,卷123,第二十二条,页4750;卷124,第四十二、四十四条,页4769—4770。

[2]《语类》,卷124,第二十五条,页4762;第六十三条,页4719;第五十四条,页4776,第二十七条,页4763;卷104,第三十八条,页4165。

[3]同上,第十四条,页4757;第三十七条,页4766;第五十二条,页4774。参看拙著《朱子新探索》,《论象山之性格》条,页572—580。

[4]《象山全集》,卷34,《语录上》,页22下。

[5]同上,卷2,与王顺伯第一、二书,页1下,4上。

[6]同上,卷35,《语录上》,页24上,26上下。

[7]同上,卷2,与王顺伯第二书,页3上。

[8]同上,卷36,《年谱》,页9下。此书不见《文集》。

乃伏其谬，而有他日负荆之语。”[1]两者意见仍是冰炭，然必有敬慕之意，方请教也。

淳熙七年庚子(1180)朱子知南康军，六月有书致吕伯恭云：“子寿兄弟得书。子静约秋凉来游庐阜。”[2]又一书云：“子寿兄弟久不得书。子静欲来，想以旱故，未必能动。旦夕或遣人候之也。”[3]九月子寿卒，即非火色，象山亦须取消庐山之游。然既约游，则感情必笃矣。子寿死后，子静请吕伯恭撰墓志铭而请朱子书之。朱子致吕氏书云：“子静书云已求铭于门下，又属熹书之。此不敢辞。”[4]陆氏母死，已向朱子问礼，今其兄死，又请朱子书铭，决非普通友谊可比。

翌年(1181)二月，象山访朱子于南康。《象山全集》记载此事甚详，录之如下：

> 时元晦为南康守，与先生泛舟，乐曰：“自有宇宙以来，已有此溪山，还有此佳客否？”乃请先生登白鹿洞书院讲席。先生讲“君子喻于义，小人喻于利”一章[5]，毕乃离席。言曰：“熹当与诸生共守，以无忘陆先生之训。”再三云：“熹在此不曾说到这里，负愧何言？”乃复请先生书其说。先生书讲义。寻以讲义刻于石。先生云：“讲义述于当时，发明精神不尽。”当时说得来痛快，至有流涕者。元晦深感动。天气微冷而汗出挥扇。[6]

此为历史上脍炙人口之演讲。二月而挥扇，或是夸张。然感人

[1]《文集》，卷58，答叶味道第一书，页28上。
[2]《文集》，卷34，答吕伯恭第八十三书，页26上。
[3] 同上，第八十五书，页29下。
[4] 同上，第九十书，页32上。
[5]《论语·里仁第四》，第十六章。
[6]《象山全集》，卷36，《年谱》，页10下。参看拙著《朱子新探索》，《鹅湖与白鹿》条，页566—571。

流涕，大有可能。《语类》载朱子云："陆氏会说，其精神亦能感发人。"又云："近世所见会说话，说得响，令人感动者，无如陆子静。"[1]是年冬，朱子奏事延和殿。象山有书云："元晦闻已起行入奏事。江西可谓德星聚也。"[2]

朱子南康浙东之政，颇得象山称许。象山与尤延之(尤袤，1127—1194)书云："朱元晦在南康已得太严之声。元晦之政亦诚有病，然恐不能泛然以严病之，使罚当其罪，刑故无小，遽可以严而非之乎？……元晦浙东救旱之政，比者屡得浙中亲旧书及道途所传，颇知梗概，浙人殊赖。自劾一节，尤为适宜。其诞慢以侥宠禄者，当少阻矣。"[3]淳熙十年癸卯(1183)九月去浙东任归崇安，有书致象山云："归来臂痛，病中绝学捐书，却觉得身心收管，似有少进处。向来泛滥，真不济事。恨未得款曲承教，尽布此怀也。"[4]此书只见《象山全集》，其用意在暗示朱子自觉道问学与泛滥之非。然朱子对象山私情之厚，溢于言表。

淳熙十四年丁未(1187)，朱子除(差)江南西路提点刑狱公事。象山贻书曰："朝廷以旱暵之故，复屈长者以使节。倘肯俯就，江西之民，一何幸也？冬初许氏子来，始得五月八日书，且闻令小娘竟不起。谅惟伤悼。前月来又得五月二日书，开慰之剧。某不肖，祸衅之深，仲兄子仪中夏一疾不起。前月未甫得襄事。七月末丧一幼稚，三岁，乃拟为先教授兄后者。比又丧一侄孙女。侄婿张辅之抱病累月，亦以先兄襄事之后长往。痛哉！祸故重仍，未有甚于此者。触绪悲摧，殆所不堪。某旧有血疾，二三年寝剧。近又转而成痔，良以为苦，数

[1]《语类》，卷124，第三十三条，页4764；卷95，第一七七条，页3905。
[2]《象山全集》，卷9，与王谦仲第一书，页1上。
[3] 同上，卷36，《年谱》，页12上。
[4] 同上，页11下。

日方少瘳矣。”[1]此书极有意义，因全书与学术无关。上半富有同情之感，下半只语门人性情。翌年朱子奏事延和殿，象山亦为书曰：“乡闻已赴阙奏事。何日对敭？伏想大摅素蕴，为明主忠言，动悟渊衷，以幸天下。恨未得即闻绪余，沃此倾渴。外间传闻留中讲读，未知信否？诚得如此，岂胜庆幸？”[2]续言象山胜境与筑精舍之经过。以下即为太极之辨，长二千言。可见学术则针锋相对，私情则互相敬重，且以厄运相告，乃是诚意之举。

淳熙十六年己酉（1189）八月，朱子除江南东路转运副使，朱子辞。象山劝之云：“外台之除，岂所以处耆德？殆新政起贤之兆耳。……愿尊兄勉致医药，俯慰舆情。纵筋力未强，但力疾卧护，则精神折冲者，亦不细矣。”[3]此亦良友心腹之言。苟对朱子无好感，此函大可不必也。

陆谱绍熙三年壬子（1192）载四月朱子来书云：“去岁辱惠书慰问，寻即附状致谢。其后闻千骑西去，相望益远，无从致问，……归来建阳，失于计度，作一小屋，期年不成。劳苦百端，欲罢不可。……近著幸示一二，有委并及。”[4]此亦纯为私人致候言语，非如论学书简，横攻直击也。由是观之，两人学术不肯苟同，但私人感情，则绝无因此丝毫减削。两者性情刚直，故学术坚持如此，而私情表示亦如此。

学术分歧，始终为博约之辩。朱子云：“今江西诸人之学，只是要约，更不务博。本来虽有些好感，临事尽是凿空杜撰。”[5]象山则以朱子为支离。朱子未尝不知本人支离。与象山书云：“所幸迩来日用功

[1]《象山全集》，卷13，与朱元晦第一书，页7上下。
[2] 同上，卷2，与朱元晦第一书，页5上。
[3] 同上，第二书，页7下。
[4] 同上，卷36，《年谱》，页23下。此书不见于《文集》。参看拙著《朱子新探索》，《朱陆关系之私情方面》条，页581—587。
[5]《语类》，卷120，第一一四条，页4658。

夫,颇觉有力,无复向来支离之病。”[1]在象山,简约系乎本心之实现。在朱子,博观在于读书穷理。朱子侧重读书,自无待言。然象山亦未尝不教人读书,尝谓:“人谓某不教人读书,……何尝不读书来?只是比他人读得别些了。”[2]又谓:“某何尝不教人读书?不知此后煞有甚事?”[3]象山《语录》读书者甚多,如读《六经》先看古注,“束书不观,游谈无根”,“后生看经书须著看注疏”,教后生精读古书文,又教后生读《汉书·食货志》与《周官·考工记》。[4]其长兄每四更一点起时,只见其在看书或检书。[5]其读书之特别处在“不必穷索。平易读之,识其可识者,久将自明”,须将“大纲提掇来,细细理会去”,“须当明物理,揣事情,论事势”,须“求血脉”。[6]其方法与朱子无异。然理论则大不相同。朱子以读书为明理之必要条件,陆氏则视为次要。其所谓注疏乃是古注,以朱子之传注为蓁塞,为支离。故其徒有读书充塞仁义之说。[7]象山主张本心自明,“只在于今”。朱子则须格物穷理。象山非不言格物,然其格物乃是在身上理会[8],不是即物以求其理之当然。罗钦顺指出:“象山亦尝言致思,亦尝言格物,亦尝言穷理,未必不以为无背于圣门之训。殊不知言虽是,而所指则非。……皆指心而言也。”[9]象山屡屡言先立大本,其自述云:“近有议吾者云:‘除了先立乎其大者一句,全无伎俩。’吾闻之曰:‘诚然。’”[10]于是博约之问题,遂变成尊德性、道问学之争论。

---

[1]《文集》,卷36,寄陆子静第二书,页6下。
[2]《象山全集》,卷35,《语录下》,页11下。
[3]《象山全集》,页28下。
[4] 同上,卷34,《语录上》,页10下,页18上;卷35,《语录下》,页1下,25下。
[5] 同上,卷35,页23下。
[6] 同上,页28下,3上,9上,10上。参看《象山全集》,卷34,《语录上》,页12下。
[7]《语类》,卷124,第十七条,页4758。
[8]《象山全集》,卷34,《语录上》,页7下;卷35,《语录下》页8上下。
[9]《困知记》,卷2,页19上。
[10]《象山全集》,卷34,《语录上》,页5上。“立大”出《孟子·告子第六上》,第十五章。

黄宗羲（1610—1695）谓："先生（象山）之学，以尊德性为宗。谓先立乎其大，而后大之所以与我者，不为小者所夺。……紫阳（朱子）之学，则以道问学为主，谓格物穷理，乃吾人入圣之阶梯。"其子百家（壮年1695）沿之，谓："陆主乎尊德性，谓先立乎其大，则反身自得，百川会归矣。朱主乎道问学，谓物理既穷，则吾知自致，滃雾消融矣。"[1]以后学者每以尊德性、道问学为朱陆之异。象山之不反对道问学，已见于前。朱子亦非忽略尊德性者。朱子一生信服中庸之道，尊德性与道问学，有如两轮两翼，缺一不可。诚如王懋竑所云，自乾道六年庚寅（1170）拈出程颐（1033—1107）"涵养须用敬，进学则在致知"[2]之言，二十五年，无丝毫发异。[3]

或曰，象山以尊德性为本，道问学为末。然朱子亦有类此之语。其言曰："此学以尊德性求放心为本。"[4]盖尊德性是一个"坯子"（三重山），"有这坯子，学问之功方有措处"[5]。"不尊德性则懈怠弛慢矣。学问从何而来"[6]，"能尊德性，便能道问学，所谓本得而末自顺也"[7]。不过朱子的确侧重道问学，自己承认"说尊德性一边轻了，今觉见未是"[8]。然朱子愿意去短集长，象山则否。不特其自信太过使然，亦因其思想与朱子有根本不同处。象山之尊德性为存心立心，此心古圣相传，不由外铄。朱子非不知存心立心，然必须用敬，所谓"涵养须用敬"也。

象山不喜言敬。彼以"存养是主人，检敛是奴仆"[9]，必要"内无

[1]《宋元学案》，卷58，《象山学案》，页2上，3下。语出《中庸》，第二十七章。参看拙著《朱子新探索》，《尊德性而道问学》条，页280—287。
[2]《遗书》，卷18，页5下。
[3]《朱子年谱》，《考异》，卷1，页269。
[4]《文集》，卷47，答吕子约第二十四书，页24上。
[5]《语类》，卷64，第一四九条，页2522。
[6] 同上，第一三二条，页2517。
[7] 同上，第一五二条，页2523。
[8]《语类》，卷64，第一四九条，页2522。
[9]《象山全集》，卷35，《语录下》，页14上。

所累,外无所累。自然自在,……自然轻清,自然灵"[1]。象山门徒述象山之言曰:"目能视,耳能听,鼻能知香臭,口能知味,心能思,手足能运动。如何更要甚存诚持敬,硬要将一物去治一物?"[2]能能之语,借用禅宗。波罗提对天竺某国王"如何是佛"之问曰:"在眼曰见,在耳曰闻,在鼻嗅香,在口谈论,在手执捉,在足运奔。遍现俱该法界,收摄在一微尘。识者知是佛性,不识唤作精魂。"[3]作用是性为禅宗要旨。朱子以为即是告子"生之谓性",故而痛斥之,曰:"且如手执捉,若执刀胡乱杀人,亦可为性乎?"[4]人性本善,然有气禀之杂,故必加陶养之功,方能为善。朱子评象山曰:"陆子静之学,看他千般万般病,只在不知有气禀之杂,把许多粗恶底气,都把做心之妙理,合当恁地自然做将去。……看子静书,只见他许多粗暴底意思可畏。其徒都是这样。才说得几句,便无大无小,无父无兄。只我胸中流出底是天理,全不著些工夫。看来这错处,只在不知有气禀之性。"[5]象山曾言:"学能变化气质。"[6]然气质是性。彼重心不重性,故气质落在第二义。

天理在朱子哲学系统中,占有重要地位。朱子云:"有个天理,便有个人欲。盖缘这个天理须有个安顿处。才安顿得不恰好,便有人欲出来。"[7]换言之,"善者便是天理,恶者便是人欲"[8]。朱子好言人心道心,然不可分而为二。"盖心一也。自其天理备具,随处发见而言,则谓之道心。自其有所营为谋虑而言,则谓之人心。夫营为

[1]《象山全集》,卷35,《语录下》,页26下。
[2]《语类》,卷116,第三十三条,页4461。
[3]《景德传灯录》,卷3,页5上。
[4]《语类》,卷126,第五十九条,页4841。
[5] 同上,第三十八条,页4765。
[6]《象山全集》,卷35,《语录下》,页22下。
[7]《语类》,卷13,第十五条,页355。
[8]《文集》,卷62,《答傅诚子》,页20下。参看拙著《朱子新探索》,《朱子论天理人欲》条,页255—267。

谋虑，非皆不善也。便谓之私欲者，盖只一毫发不从天理上自然发出，便是私欲。”[1]然象山不同意此说，谓：“天理人欲之言，亦自不是至论。……人心为人欲，道心为天理，此说非是。心一也。人安有二心？”又云：“天理人欲之分论极有病。”[2]从象山之心即理基本理论而言，心即道心，理即天理，并无与之对立。惟无对立，故此心呈现，此道此理即当下呈现。其方法相当于禅宗之顿悟。在朱子则须涵养用敬，随步渐进，相当于禅之渐悟。此是方法问题，可与博约、尊德性、道问学同日而语。然方法已进入心性范围矣。

象山主心即理，朱子主性即理，心统性情。以朱子观之，心具众理而不就是理。心乃气之灵，性是理，故心性不可混而为一。在象山则心与理合一。宇宙之心，即一己之心。宇宙内事，即己分内事。单以理言，朱陆并无冲突。惟象山坚持心理为一，谈心即不需谈性。尝云：“今之学者，读书只是解字，更不求血脉。且如情性心才，都只是一般物事，言偶不同耳。……若必欲说到时，则在天者为性，在人者为心。此盖随吾友（李伯敏）而言，其实不须如此。”[3]朱子门人谓陆子静不喜人说性。朱子曰：“怕只是自理会不曾分晓，怕人问难。又长大了，不肯与人商量做。一截截断了。然学而不论性，不知所学何事？”[4]象山非不理会，而实有其哲学根据也。其所谓心理如一，乃本于孟子性善之说，以为恻隐、羞恶、辞让、是非之心，人皆有之。四者为仁义礼智之端，即是四端[5]。故象山云：“近来论学者言扩而充之，须于四端上逐一充。焉有此理？孟子当来只是发出人有是四端，以明人性之善，不可自暴自弃。苟此心之存，则此理自明，当恻隐处自

[1]《文集》，卷32，问张敬夫第三十七书，页7上。

[2]《象山全集》，卷34，《语录上》，页1下；卷35，《语录下》，页31下。参看同卷，页23上。

[3] 同上，卷35，页10上下。

[4]《语类》，卷124，第二十六条，页4762。

[5]《孟子·公孙丑第二上》，第六章。

恻隐，当羞恶，当辞逊，是非在前，自能辨之。”[1]朱陆相持不下。至今哲学界仍未归一。实在以心为理或以性为理，均是主见。黄宗羲云：“二先生同植纲常，同扶名教，同宗孔孟。即使意见终于不合，亦不过仁者见仁，知者见知。”黄百家亦云：“二先生之立教不同。然如诏入室者，虽东西异户，及至室中，则一也。”[2]心即理与性即理，命题确实不同。然两者于万物一理、天人合一、性本善、希贤希圣、人皆可以为尧舜、义利之辨、正心诚意、修齐治平，则朱陆无以异也。

[1]《象山全集》，卷34，《语录上》，页1下—2上。
[2]《宋元学案》，卷58，《象山学案》，页3下。

第十六章 朱子与陈亮

陈亮，字同父（同甫），号龙川（1143—1194），婺州永康人。《宋史》云："生而目光有芒，为人才气超迈，喜谈兵，议论风生，下笔数千言立就。……隆兴（1163—1164）初，与金人约和。……独亮持不可。婺州方以解头荐，因上《中兴五论》，奏入不报。已而退修于家，学者多归之。益力学著书者十年。"[1]亮天资异常，俯视一世。然屡试不就，上奏不报，于是落魄醉酒。贫甚，父没，贷钱以葬。年五十一，乃中状元，虚荣之心始达。其学首推王通（584—617），以为孟子后第一人，甚喜其《中说》通变之谓道之论。黄百家（壮年1695）述之曰："永嘉之学，薛（薛季宣，1134—1173）、郑（郑伯熊，1128生）俱出自程子（程颐，1033—1107）。是时陈同甫亮又崛兴于永康，无所承接。然其为学，俱以读书经济为事。嗤黜空疏、随人牙后谈性命者，以为灰埃。亦遂为世所忌，以为此近于功利，俱目之为浙学。"[2]其时朱、张（张栻，1133—1180）、吕（吕祖谦，1137—1181）、陆（陆象山，1139—1193）皆谈性命而辟功利，同父斥之曰："以端悫静深为体，以徐行缓语为用。……为士者耻言行义而曰尽心知性，居官者耻言政事书

[1]《宋史》，卷436，页12929，《陈亮传》。
[2]《宋元学案》，卷56，《龙川学案》，页2上。

判而曰学道爱人，相蒙相欺以尽废天下之实，则亦终于百事不理而已。”[1]

同父好为大言，以故知交甚少，唯吕祖谦与之相契，年二十与吕同应试，年二十七同在太学，两人通讯频频。同父一书云：“亮本欲从科举冒一官。既不可得，方欲放开营生，又恐他时收拾不上。方欲出耕于空旷之野，又恐无后退一着。方欲俯首书册以终余年，又自度不能为三日新妇矣。方欲杯酒叫呼以自别于士君子之外，又自觉老丑不应拍。每念及此，或推案大呼，或悲泪填臆，或发上冲冠，或拊掌大笑。……海内知我者，惟兄一人。”[2]可谓诚敬备至。伯恭（吕祖谦）一书云：“比亦闻有意外少挠，要是自反进德之阶。来谕不忘惕厉。政所望者更愿益加培养为幸。”[3]伯恭心气和平，其进言忠告同父之婉转如此。唯对同父之推崇王通，极不赞成。有书致同父云，《文中子序》“其间颇有抑扬过当处。如云‘荀扬（扬雄，纪元前53—18）不足胜’。又云‘孔孟之皇皇，盖迫于此矣’。又云‘续经之作，孔氏之志也。世胡足以知之哉？’此类恐更须斟酌”[4]。同父接此函后，已改“不足胜”为“非其伦”，并删去孔孟皇皇之句。伯恭为朱陆鹅湖之会之后，曾有书致同父称“元晦（朱子）英迈刚明，而工夫就实入细，殊未可量”[5]。淳熙八年（1181）伯恭至永康，访同父于寿山石洞，相与讲其所学。是年朱子除（差）提举江南西路常平茶盐公事，又致书同父云：“朱元晦以召命益峻，秋凉欲上道，且云至衢婺少留，引疾俟命。……甚欲一见也。”致朱子书，亦谓同父有意来访。[6]不幸秋七月伯恭卒。苟延命数载，或可免朱陈之辩。

---

[1]《陈亮集》，卷15，《送吴允成运幹序》，页179。

[2] 同上，卷19，与伯恭正字第二书，页262。

[3]《东莱吕太史别集》，卷10，与陈同甫第二十书，页9上。

[4] 同上，第六书，页4上。《类次文中子引》载《陈亮集》，卷13，页168—170。

[5] 同上，页6上。

[6] 同上，页4上。致朱书见同上，卷8，与朱侍讲第四十八书，页10上。

是年八月朱子改除提举浙东常平茶盐公事。童振福《陈亮年谱》谓“即日就道，至永康，访先生，互究所学”[1]。此事未知真否。王懋竑（1668—1741）《朱子年谱》不载。童谱有误，如谓淳熙十一年（1184）同父“过绍兴，访朱熹于武夷精舍中”[2]。甲辰（1184）同父致朱子书只谓“比过绍兴，方见《精舍杂咏》”而已。同父从来未到武夷，武夷精舍亦非在绍兴也。据王谱，九年（1182）正月，朱子巡历绍兴府、婺州、衢州，同父来访于衢婺间，旬日而别。朱子归官舍后有书（朱书一）致同父云：“数日山间从游甚乐。……山间之行，不容复践。老兄与君举（陈传良，1137—1203）能一来此间相聚为幸。官舍无人，得以从容，殊胜在道间关置车中，不得终日相语也。……《战国策》《论衡》一书，并自注《田说》二小帙，并往观之如何也。所定《文中子》，千万携来。”[3]两人相会，只此一次。会面时必谈及可能再会于剡溪与同父之类次《文中子》。

同父复书（陈书一）云：“世途日狭，所赖以强人意者，惟秘书（朱子）一人而已。平生有坐料人物世事之癖，今而后知其不可也……顽悖为众所共弃，而嗜好之异，乃有甚于伯恭者耶？……山妇过月始免身，以初四日巳时得一男，却幸母子完全。”[4]

是年夏又致一书（陈书二）云：“不获听博约之诲，又复三月。……甚思一走门墙，解此烦愦。”附寄杂论五篇，请朱子评阅。又述衢婺旱灾。顺及《论语》孔子才难之叹，申言“圣人不以才难而废天下之大政，亦不以任重而责天下之常才”。[5]必是会面之时曾讨论《论语》，且谈及博约问题。此为鹅湖争持之焦点。此次并无正面

[1] 童振福，《陈亮年谱》，页38。
[2] 同上，页43。
[3]《朱子文集》，卷36，答陈同甫第一书，页16下—17上。
[4]《陈亮集》，卷20，壬寅答朱元晦秘书，页273。
[5] 同上，壬寅夏书，页274—276。

对击，故不至不欢而散。

朱子复书（朱书二）云："君举竟未有来期，老兄想亦畏暑，未必遽能枉顾。势须秋凉乃可为期。……新论奇伟不常，真所创见，惊魂未定，未敢遽下语。俟再得余篇，乃敢请益耳。"[1]察此书之意，实不欲与同父笔战。然谓"不常"，又云"惊魂"，则不同意至为明显。

淳熙九年（1182）七月，奏劾唐仲友（1136—1188），涉及同父。周密（1232—1298）据台州故家传说，谓同父尝狎籍妓，嘱唐为脱籍。唐语妓，谓须能忍饥受冻乃可。妓乃不归同父。同父愤而走告朱子，谓唐言朱子尚不识字，何以作监司？朱子至台，唐出迎稍缓，朱子遂摭唐罪具奏云[2]。此是流言，未必可信。大抵唐曾托同父疏通，至是乃疑其谮己。翌年（1183）朱子已归武夷。四月筑成武夷精舍，四方士友来者甚众。同父夏间为书（陈书三），先说因筑屋事未能到访，继言劾唐仲友事谓"台州之事，是非毁誉往往相半，然其为震动则一也。……风不动则不入，蛇不动则不行，龙不动则不能变化。今之君子极以安坐感动者，是真腐儒之谈也。"盖欲鼓动朱子出仕，而勿为同父心目中坐谈性命之腐儒也。函末稍露愤气，谓"但当时有人欲在中附托。亮既为人之客，只应相劝，不应相助。治人合在秘书自决之。……亮平生不曾会说人是非，唐与正（唐仲友），乃见疑相谮。……且更就南边营葺小园，架数处亭子……秋初得潘叔昌（潘景愈，壮年1175）柬，言秘书疑某见怪。某非多事者，秘书又作此言，亮真无所望于今世矣"[3]。九月撰《水调歌头》为朱子贺寿。

朱子复书（朱书三），于叔昌所云，有所解释。续言武夷九曲小屋三数间，可以游息。有数小诗乏人抄写，嗣后当寄来求教。随谓"去年十论大意，亦恐援溺之意太多，无以存不亲授之防耳。后生辈

[1]《文集》，卷36，第二书，页17上下。
[2]《齐东野语》，卷17，《朱唐交奏本末》，页226。
[3]《陈亮集》，卷20，癸卯秋书，页277—278。

未知三纲五常之正道，遽闻此说，其害将有不可胜救者。愿明者之反之也”[1]。此为朱子最初批评同父，然尚未中其要害。下函则直指其持论之非。辩论从之而起。

淳熙十一年（1184）春，同父乡人燕会，置胡椒末于羹中，以为敬礼。同坐者归而暴死。同父被诬下大理狱，五月下旬乃释，朱子致书（朱书四）云：“比忽闻有意外之祸，甚为惊叹。方念未有相为致力处，又闻已遂辨白而归，深以为喜。……然凡百亦宜痛自收敛。此事合说多时，不当至今日。迟顿不及事，固为可罪。然观老兄平时自处于法度之外，不乐闻儒生礼法之论。虽朋友之贤如伯恭者亦以法度之外相处，不敢进其逆耳之论。每有规讽，必宛转回互，巧为之说，然后敢发。……然平日之所积，似亦不为无以集众尤而信谗口者矣。老兄高明刚决，非吝于改过者。愿以愚言思之，绌去义利双行、王霸并用之说，而从事于惩忿窒欲、迁善改过之事。……益光大而高明矣。”[2]

朱子布其腹心，为忠告之言。若在南轩（张栻）或东莱（吕祖谦），则必欣然接受，奋勇改过。毕竟同父非南轩与东莱之比。素来满肚牢骚，一旦暴发。于是复书（陈书四）二千五百余言。首叙出狱经过与过绍兴得见《精舍杂咏》，随述与伯恭之友好，谓：“亮二十岁时，与伯恭同试漕台，所争不过五六岁……伯恭遂以道德为一世师表，而亮陆沉残破。……伯恭晚岁亦念其憔悴可怜，欲拉拭而俎豆之。……盖亦无所不尽。箴切诲戒，书尺具存。……而来谕谓伯恭相处于法度之外，欲有所言，必委曲而后敢及，则当出于其徒之口耳。……凡亮今日之坐谤者，皆其虚影也。……研穷义理之精微，辩析古今之同异，原心于秒忽，较礼于分寸。以积累为功，以涵养为

[1]《文集》，卷36，第三书，页17下—18上。
[2]《文集》，卷36，第四书，页19上下。

正，睟面盎背，则亮于诸儒诚有愧焉。至于堂堂之阵，正正之旗，风雨云雷交发而并至，龙蛇虎豹变见而出没，推倒一世之智勇，开拓万古之心胸，如世俗所谓粗块大脔，饱有余而文不足者，自谓差有一日之长。而来教乃有义利双行、王霸并用之说，则前后布列区区，宜其皆未见悉也……然谓三代以道治天下，汉唐以智力把持天下，其说固已不能使人心服。而近世诸儒遂谓三代专以天理行，汉唐专以人欲行，其间有与天理暗合者，是以亦能久长。信斯言也，千五百年之间，天地亦是架漏过时，而人心亦是牵补度日，万物何以阜蕃而道何以常存乎？故亮以为汉唐之君本领非不洪大开廓，故能以其国与天地并立，而人物赖以生息。惟其时有转移，故其间不无渗漏……诸儒自处者曰义曰王，汉唐做得成者曰利曰霸。一头自如此说，一头自如彼做。说得虽甚好，做得亦不恶。如此却是义利双行，王霸并用。如亮之说，却是直上直下，只有一个头颅做得成耳。向来十论大抵敷广此意……故后世所谓有才而无德，有智勇而无仁义者，皆出于儒者之口。才德双行，智勇仁义交出而并见者，岂非诸儒有以引之乎？故亮以为学者，学为成人，而儒者亦一门户中之大者耳……向时祭伯恭文，盖亦发其与伯恭相处之实而悼存亡不尽之意耳。后生小子遂以某为假伯恭以自高，痴人面前真是不得说梦。亮非假人以自高者也。"[1]

此书详述其本人之厄运、伯恭之知己、为学之成就，与祭伯恭文之用意。唯中心点则针对朱子劝其绌去义利双行、王霸并用之说，谓三代非专以道治天下，以天理行，汉唐亦非专以智力把持天下，以人欲行。三代与汉唐只有程度之差而非黑白分明。盖道则常存，时则有转移。三代、汉唐之分不是义利或王霸之分。在同父之意，成人乃

[1]《陈亮集》，卷20，甲辰秋书，页278—282。成人语出《论语·宪问篇第十四》，第十三章。

建功立业而非坐谈性命之醇儒。

是年,朱子有两书。一书(朱书五)[1]甚短,只慰问同父出狱后状况,纯是友情之表示。大概朱子忙于建筑武夷精舍,亦不欲与同父多生纠纷,但望同父能转祸为福。与吕子约(吕祖俭,1196卒)书云:“同父事解后得书,亦甚呶呶。前此盖已作书慰劳之,劝其因此一洗旧辙,敛就绳墨。若能相信,失马却未必不为福耳。此事向来朋友畏其辩博,不究其是非而信奉其说,遂无一言及于儆戒切磋之意,所以使渠至此。盖有不得不任其责者。子约既敬之,于此恐不可不尽情也。”[2]然在浙东所闻,不悦于心。答友人书云:“顷岁入浙,从士大游,数月之间,凡所闻者无非枉尺直寻,苟容偷合之论,心窃骇之。”[3]朱子勇意卫道,视浙学为异端,虽不若象山之禅学,而功利主义亦不可容。今接同父来书,忍无可忍,乃复书力辩。

朱子书(朱书六)长一千三百言,痛论义利双行、王霸并用之非。先谢不远千里专人惠带书与新词、香果、裘材,于社交方面态度似乎冷淡。赠品只云意不可忘,新词则谓太不著题,而对于同父之涵养,则尽诚以警诫之,曰:“细读来书似未免有不平之气。区区窃独妄意,此殆平日才太高、气太锐、论太险、迹太露之过。是以困于所长、忽于所短,虽复更历变故,颠沛至此,而犹未知所以,反求之端也。”至于汉唐之天理人欲与道之常存,则曰:“尝谓天理人欲二字不必求之于古今王霸之迹,但反之于吾心义利邪正之间。……老兄视汉高帝、唐太宗之所为而察其心,果出于义耶?出于利耶?出于邪耶?正耶?若高帝则私意分数犹未甚炽,然已不可谓之无。太宗之心则吾恐其无一念之不出于人欲也。……若以其能建立国家,传世久远,便谓其得天理之正,此正是以成败论是非,但取其获禽之多,而不羞其诡遇

---

[1]《文集》,卷36,第五书,页19下—20上。

[2] 同上,卷47,答吕子约第二十四书,页25下。

[3] 同上,卷38,答耿直之,页30上。

之不出于正也。千五百年之间，正坐如此，所以只是架漏牵补，过了时日。其间虽或不无小康，而尧舜三王周公孔子所传之道，未尝一日得行于天地之间也。若论道之常存，却又初非人所能预。只是此个自是亘古亘今常在不灭之物，虽千五百年被人作坏，终殄灭他不得耳。汉唐所谓贤君何尝有一分气力扶助得他耶？”朱子谓成人不止需知勇而亦“文之以礼乐”。[1]同父请写寺观大字。朱子转为写一铭文，“或恐万一有助于积累涵养，睟面盎背之功耳”[2]。对于同父仍有浪子回头之望。大概惜其才气非常，迷途未远，非若象山之无望必同也。

同父复书四千四百余言（陈书五），首言“一出数日，便为凶徒聚数十人而欲杀之”，次言“今年不免聚二三十小秀才，以教书为行户”。随叙园亭之布置，请朱子作两吟，“其一为和平之音，其一为悲歌慷慨之音，使坐此屋而歌以自适，亦如常对晤也”。并请书六大字以光妻父之墓并三小亭六大字。朋友多教同父勿多聒挠朱子，惟同父以理之所在，不容不言，是以长篇大论，申其功利之说。

其言曰：“夫心之用有不尽而无常泯，法之文有不备而无常废。人之所以与天地并立而为三者，非天地常独运而人为有息也。人不立则天地不能以独运，舍天地则无以为道矣。夫‘不为尧存，不为桀亡’[3]者，非谓其舍人而为道也。若谓道之存亡非人所能与，则舍人而可以为道，而释氏之言不诬矣。……天地而可架漏过时，则块然一物也。人心而可牵补度日，则半死半活之虫也。道于何处而常不息哉？惟圣为能尽伦。自余于伦有不尽而非尽欺人以为伦也。惟王为能尽制，自余于制有不尽而非尽罔世以为制也。”其重点在道因人而见，道不能以自行，而人之目的在功效，“岂有持弓矢审固而甘心于空

[1]《陈亮集》，卷20，引《论语》。
[2]《文集》，卷36，第六书，页20上—22上。
[3]《荀子·天论第十七》，页1上。

返者乎？……高祖、太宗本君子之射也，惟御者之不纯乎正，故其射一出一入，而终归于禁暴戢乱，爱人利物而不可掩者，其本领宏大开廓故也”。其论成人之道则曰：“人主只是要做个人。……亮不肖，于今世儒者无能为役，其不足论甚矣。然亦自要做个人。……正欲搅金银铜铁镕作一器，要以适用为主耳。亦非专为汉唐分疏也。正欲明天地常运而人为常不息，要不可以架漏牵补度时日耳。……人只是这个人，气只是这个气，才只是这个才。譬之金银铜铁只是金银铜铁，炼有多少则器有精粗。岂其于本质之外，换出一般，以为绝世之美器哉？”此论不特重申其义利双行、王霸并用之旨，而对朱子气质之说，全然抛弃，否认本然之性与气质之性之二重性说，亦即反对天理人欲之分，而不以本然之性为善、气质之性为善恶混。因而与朱子思想相背而驰。不过书中已大减不平之气。书末言及友辈数人，并赠柑子与大栗乾。“百冗中西望武夷，如欲飞动，而祠禄之满，又恐秘书复被牵出。一见定何时？”[1]思怀之情甚笃，不以意见不合而伤其友感也。

淳熙十二年(1185)朱子亦复两书。一书在是年之春(朱书七)，只是通候，然仍有所规箴[2]。第二书(朱书八)则谓来书“纵横奇伟，神怪百出，不可正视。……来教云云，其说虽多，然其大概，不过推尊汉唐，以为与三代不异；贬抑三代，以为与汉唐不殊。而其所以为说者，则不过以为古今异宜，圣贤之事，不可尽以为法。但有救时之志，除乱之功，则其所为虽不尽合义理，亦自不妨为一世英雄。然又不肯说此不是义理，故又须说天地人并立为三，不应天地独运，而人为有息。今既天地常存，即是汉唐之君，只消如此，已能做得人底事业，而天地有所赖以至今。其前后反覆，虽缕缕多端，要皆以证成此说而

[1]《陈亮集》，卷20，乙巳春书之一，页283—288。
[2]《文集》，卷36，第七书，页22上下。

已。”此处固无论三代是否全然合乎义理，汉唐是否全然不合义理。同父既以功利为准，则合义理与否，自不成问题。是以不能谓同父为反复，只可谓同父“但取其获禽之多，而不羞其诡遇之不出于正”耳。根本上朱、陈之冲突，乃义理与功利之冲突。朱子不免对牛弹琴而已。

朱书续云：“来书‘心无常泯，法无常废’一段，乃一书之关键。……盖有是人则有是心，有是心则有是法，固无常泯常废之理。但谓之无常泯，即是有时而泯矣。谓之无常废，即是有时而废矣。盖天理人欲之并行，其或断或续，固宜如此。至若论其本然之妙，则惟有天理而无人欲。是以圣人之教，必欲其尽去人欲而复全天理也。若心则欲其常不泯而不恃其不常泯也，法则欲其常不废而不恃其不常废也。所谓‘人心惟危，道心惟微，惟精惟一，允执厥中’[1]者，尧舜禹相传之密旨也。夫人自有生而梏于形体之私，则固不能无人心矣。然而必有得于天地之正，则又不能无道心矣。日用之间，二者并行，迭为胜负，而一身之是非得失，天下之治乱安危，莫不系焉。是以欲其择之精而不使人心得以杂乎道心，欲其守之一而不使天理得以流于人欲，则凡其所行无一事之不得其中，而于天下国家无所处而不当。夫岂任人心之自危而以有时而泯者为当然，任道心之自微而幸其须臾之不常泯也哉？”此处人心、道心，前所未言。然不外天理人欲，别无新见。然谓人心有时而泯，法有时而废，则是合理之观察。同父谓心之用有不尽，法之文有不备，不是义理欠缺或是心泯法废，而是事功之大成小成。到底仍是义理与功利之别。

朱书又云：“惟圣尽伦，惟王尽制，固非常人所及。然立心之本，当以尽者为法，而不当以不尽者为准。……汉唐之君虽或不能无暗合之时，而其全体却只在利欲上。……且如（高祖）约法三章固善

[1]《书经》，《大禹谟》，第十五节。

矣，而卒不能除(杀)三族之令，一时功臣无不夷灭[1]。(太宗)除乱之志固善矣，而不免窃取宫人私侍其父，其他乱伦逆理之事，往往皆身犯之[2]。盖举其始终而言，其合于义理者常少，而其不合者常多。合于义理者常小，而其不合者常大。”朱子以汉高祖、唐太宗只在利欲，无论是否与史实相符，其侧重动机，显而易见。所谓天理人欲，人心、道心，皆指动机而言，同父则全计效果，二者亦如水火。朱子以同父所谓搅金银铜铁为一器而主于适用为其立心之本在于功利，是则“不唯坏却金银，而铜铁亦不得尽其铜铁之用”。最后乃谓“若犹未以为然，即不若姑置是事，而且求诸身，不必徒为哓哓，无益于道”。[3]显是厌倦，但仍规劝。

同父复书(陈书六)承认搅金银铜铁为一器为措辞之失，又谓朱子心法则欲其常不泯废而不恃其不常泯废与立心当以尽者为法为名言。惟谓“某大概以为三代做得尽者也，汉唐做不到尽者也。……惟其做得尽，故当其盛时，三光全而寒暑平，无一物之不得其生，无一人之不遂其性。惟其做不到尽，故虽其盛时，三光明矣而不保其常全，寒暑运矣而不保其常平，物得其生而亦有时而夭阏者，人遂其性亦有时而乖戾者。本末感应，只是一理”。且谓“心有时而泯可也，而谓千五百年常泯可乎？法有时而废可也，而谓千五百年常废可乎？至于‘全体只在利欲上’之语，窃恐待汉唐之君太浅狭，而世之君子有不厌于心者矣”。所谓尽与不尽，仍是程度之差，而不是义理与功利之差，是以怪朱子只曰获禽之多而不曰随种而收。盖同父不问获禽之正不正，而只问收获之多少。同父言“功用与心不相应”，又引王通。此为前书所未及，可谓新见。但其所谓用心，仍是收获之心而不是仁义礼智之心。毕竟此书无新论据，亦无新争论之点。书

[1] 三章见《汉书》卷1上，三族见卷1下、《高帝纪上下》。
[2] 宫人事载《唐书》卷1，《高祖本纪》；其他见卷2，《太宗本纪》。
[3]《文集》，卷36，第八书，页22下—26下。

末重提“许作《抱膝吟》,须如前书得两篇可长讽咏者为佳”[1]。

朱子复书(朱书九)措词严厉,以同父来书为“许多闲议论”。“此等议论,正是推波助澜,纵风止燎。”挽诗与《抱膝吟》均请免撰,不免有讨厌同父之意。但谓“亘古亘今只是一体。顺之者成,逆之者败。……但论其尽与不尽,而不论其所以尽与不尽,却将圣人事业去就利欲场中比并较量。……今乃欲追点功利之铁,以成道义之金,不惟费却闲心力,无补于既往,正恐碍却正知见,有害于方来也”。不论其所以尽与不尽,正是同父不问动机,故将圣人与汉唐英雄比并。陈朱之不同,到底是义理与功利之异。天理与人欲、道心与人心、动机与效果、仁与智、德与才之别,皆在于此,无怪朱子以王通之说为“非知道之言。……此皆卑陋之说”[2]矣。

同父复书(陈书七)过千字,绝无新意,诚是闲议论。只谓“秘书以为三代以前都无利欲,都无要富贵底人。今《诗》《书》载得如此净洁,只此是正大本子。亮以为才有人心,便有许多不净洁”,可以稍改正朱子之偏。书之结语云:“亮本不敢望有合,且欲因此一发,以待后来云云。”[3]陈朱之辨,于此结束,以后再无王霸、义利之争。故朱子复书(朱书十)甚短,只百字有余,劝同父“但当穷理修身,学取圣贤事业”[4],继续规勉。

淳熙十三年(1186)同父遣人赠雪梨、甜榴四十颗,蜀织一缣,苏笺一百,新词一阕,为朱子贺寿。函中(陈书八)备言敬仰朱子之至,云“独归心于门下”。又云:“亮所以为缕缕者,不欲更添一条路,所以开拓大中,张皇幽眇而助秘书之正学也。”[5]其真诚之不可掩如此。

[1]《陈亮集》,卷20,乙巳春书之二,页289—291。
[2]《文集》,卷36,第九书,页26下—28下。
[3]《陈亮集》,卷20,乙巳秋书,页291—294。
[4]《文集》,卷36,第十书,页28下。
[5]《陈亮集》,卷20,丙午秋书,页294—296。

书末仍请撰《抱膝吟》。

朱子复书（朱书十一）谢其厚贶，惟谓“坐受此过当之礼，虽兄不以为谴，而实非愚昧所敢安也。自此幸损此礼”。又云“世俗是非毁誉何足挂齿牙间？细读来书，似于此未能无小芥蒂也。……承欲为武夷之游，甚慰所望。……若得来春命驾，当往为数日款也”[1]。情意尚好，绝无争辩伤痕。

以后陈氏文集无书，唯《朱子文集》尚有五通。一书不知年月，有云：“今书所喻过分不止之说，亦区区所未喻。”[2]可知淳熙十三年（1186）以后，尚有书致朱子。朱子之书复云：“但愿老兄毋出于先圣规矩准绳之外，而用力于四端之微。”戊申（1188）一书云：“更过五七日便是六十岁人。”又云：“来教所云。”[3]则同父十三年以后来书不止一次。同年又一书云：“承许见访于兰溪，甚幸，但恐无说话处。……或先得手笔数行，略论大意，使未相见间预得䌷绎而面请其曲折。”[4]则同父仍望与朱子再会，唯朱子似有难色。绍熙二年（1191）朱子长子卒。三年朱子致书同父，谢其奠文、奠礼，并详其长子品格与为学之志，请同父为文以志不朽。是年同父出狱，故书中有云：“自闻意外之患既解而益急。……今岁彼此况味乃如此，又益以悼叹也。”[5]南轩、东莱已死，同父始终好意，故朱子痛悼之余，举以告同父也。

朱子是年有书致尤延之（尤袤，1127—1194）云：“陈同父近得书大言如昨。亦力劝之，令其稍就敛退。若未见信，即后日之患，犹或有甚于此者，甚可念也。”[6]又致吕子约书云：“同父为况如何？颇亦

---

[1]《文集》，卷36，第十一书，页29上。
[2] 同上，第十二书，页30下。
[3] 同上，卷28，答陈同甫第一书，页2上。
[4] 同上，第二书，页3上下。
[5] 同上，续集，卷7，答陈同父，页7下—8下。《陈亮集》漏载。
[6] 同上，卷37，答尤延之，页24上。

谋所以善后之计否？……此却是个改过迁善底时节几会。”[1]

绍熙四年（1193）同父中状元。朱子为书致贺，继谓“专使之来，伏奉手诲。且有新词厚币佳实之贶，感纫不忘之意……过为之礼，只益悲怆。自此告略去之也。”最后言“《抱膝》之约，非敢食言。正为前此所论未定，不容草草下语。须俟他时相逢，弹指无言可说，方敢通个消息。但恐彼时又不须更作这般闲言语耳”[2]。

朱子虽与同父停止书面争辩，而对之尚不断批评。各年谱谓淳熙十一年（1184）朱子辨浙学之非，乃指其在浙东所闻所见，以其舍经尊史，舍穷理尽性而谈世变，舍治心修身而喜事功，归而力斥其谬。非只一年之事，实乃终生如此。浙东永嘉之陈傅良与叶适（1150—1223），永康之陈亮，连其好友金华之吕祖谦，均在排击之列，其中以同父排斥最烈。答程正思（程端蒙，1143—1191）云：“答陈同父书，不知曾细看否？人皆以为此不足深辨，此未察时学之弊者也。区区之意，岂为一人发哉？”[3]《朱子语类》卷一二三论同父八条。除一条外，皆笔战以后之事。谓其“心地不清和”“一生被史坏了”“同父在利欲胶漆盆中”“陈同父议论却乖，乃不知正”“陈同父学已行到江西，浙人信向已多。家家谈王伯。……不说孔孟，只说文中子（王通）。可畏，可畏”。[4]门人问文中子，朱子答曰：“近日陈同父便是这般说话。它便忌程先生（程颐）说‘帝王以道治天下，后世只是以智力把持天下’。”[5]与黄直卿（黄榦，1152—1221）书亦云：“婺州近日一种议论愈可恶。大抵名宗吕氏（吕祖谦）而实主同父。”[6]然亦有赞扬同父之语。门人问陈亮可用否？朱子应之曰：“朝廷赏罚明，此等人皆可

[1]《文集》，卷48，答吕子约第三十四书，页4下—5上。
[2] 同上，卷36，第十三书，页31上—32下。
[3] 同上，卷50，答程正思第十五书，页29下。
[4]《朱子语类》，卷123，第十五至十八，第二十一条，页4748—4750。
[5] 同上，卷137，第五十条，页5251。
[6]《文集》，续集，卷1，答黄直卿第二十六书，页7下。

用。”[1]又云:“陈同父课藁中有一段论此(教国子),稍佳。”[2]与友人书亦云:“西汉文章,向来语人,人多不解,惟陈同父闻之不疑。要是渠识得文字体制意度耳。”[3]

同父一生拜服朱子,尝曰:“朱元晦,人中之龙也。”[4]又云:“晚得从新安朱元晦游,见其论古圣贤之用心,平易简直,欲尽摆后世讲师相授,流俗相传既已入于人心而未易解之说,以径趋圣贤心地而发挥其妙,以与一世人共之。……余为之感慨于天地之大义,而抱大不满于秦汉以来诸君子,思欲解其沉痼,以从新安(朱子)之志而未能也。”[5]又云:“新安朱熹元晦讲之武夷,而强立不反,其说遂以行而不可遏止。齿牙所至,嘘枯吹生。天下之学士大夫贤不肖,往往系其意之所向背,虽心诚不乐而亦阳相应和。若余非不愿附,而第其品级,不能高也。余亦自咎其有所不讲而未敢怨。”[6]遥望武夷,屡思拜访,惜未能如愿也。

诸家评论朱陈之辨,意见不一。永嘉学派巨擘陈傅良之言曰:“功到成处,便是有德,事到济处,便是有理,此老兄(同父)之说也。如此则三代圣贤枉作功夫。功有适成,何必有德?事有偶济,何必有理?此朱丈之说也。如此则汉祖唐宗贤于盗贼不远。”[7]盖谓二家之说,各有所偏也。另一健将叶适同情同父,谓:“同甫既修皇帝王霸之学,上下二千余年,考其合散,发其秘藏。见圣贤之精微,常流行于事物。儒者失其指,故不足以开物成务。其说皆今人所未讲。朱公元晦意有不与,而不能夺也。”[8]李贽(1527—1602)不喜朱子,故论同

[1]《语类》,卷132,第六十四条,页5100。
[2] 同上,卷109,第二条,页4282。
[3]《文集》,卷54,答孙季和,页3上。
[4]《龙川集》,卷19,与林和叔侍郎,页264。
[5] 同上,卷16,《跋朱晦庵送写照郭秀才序后》,页202—203。
[6] 同上,卷26,《钱叔因墓碣铭》,页420。
[7]《止斋文集》,卷36,答陈同甫第一书,页2。
[8]《龙川集》,页469。

父曰:“虽与文公(朱子)游,文公不知也。……堂堂朱夫子,反以章句绳亮,粗豪目光。悲夫!士唯患不粗豪耳。有粗有豪,而后真精细出矣,不然皆假也。”[1]李贽谓朱子以章句绳同父,非不知争论之点在利与义,讳言之耳。黄宗羲(1610—1695)比较平允,其言曰:“朱子以事功卑龙川,龙川正不讳言事功,所以终不能服龙川之心。不知三代以上之事功,与汉唐之事功,迥乎不同。当汉唐极盛之时,海内兵刑之气,必不能免。即免兵刑,而礼乐之风,不能浑同。胜残去杀,三代之事功也。汉唐而有此乎?其所谓功有适成、事有偶济者,亦只汉祖唐宗一身一家之事功耳。统天下而言之,固未见其成且济也。以是而论,则言汉祖唐宗不远于仆区,亦未始不可。”[2]黄氏站在朱子立场,近人钱穆则为同父辩护,谓“纵使说汉祖唐宗全是些私心,究竟也不能说汉唐两代人物,全都闭着眼,都在给汉祖唐宗牵着鼻子走,全是利欲私心,奴才气息。那时一切制度,便全没有天理,或仍是偶而与天理相暗合。所以陈亮这番话,依然有他的特见”[3]。诸家皆注重史实而忽略朱陈争论之主题,岂义理与功利,绝无和合之余地耶?

[1]《藏书》,卷16,《名臣传》,页288。

[2]《文集》,卷56,《龙川学案》,页7上下。

[3]《宋明理学概述》,页153。

第十七章 道统与后继

道统之说，上溯孟子。韩愈（768—824）重申其绪。宋儒皆沿其说，或于尧、舜、禹、汤、文、武、周公、孔子之后，增加荀子、董仲舒（约前179—前104）、扬雄（前53—18）、王通（584—618）、韩愈诸人。惟程颐（1033—1107）则继承韩愈之说，谓孟子没后世无传焉，而加以其兄程颢（1032—1085）"得不传之学于遗经"。[1]至朱子时遂有李元纲（壮年1772）之《传道正统图》，由尧、舜、禹、汤、文、武、周公、孔子经颜子、曾子而子思而孟子以至二程[2]。

朱子或未见此图，然此是当时一般传说，可无疑义。朱子不特坚信此传统，且从而重建之，加以新因素。在其《中庸章句序》中首用"道统"连词，又以伪古文《尚书》之《大禹谟》"人心惟危，道心惟微。惟精惟一，允执厥中"十六字为道统真传。且因其需要太极观念以解决理气关系问题，上溯画八卦之伏羲，并坚持二程得周子（周敦颐，1017—1073）《太极图说》之传，是以加上伏羲、周子，而同时不采邵雍（1011—1077）与其师李侗（1093—1163）入道统之内，诚是大

[1]《伊川文集》，卷7，《明道先生墓表》，页7下。

[2]《百川学海》，页1001。

胆[1]。至其本人之承受道统，亦有微意。《大学章句序》云："河南程氏两夫子出，而有以接乎孟氏之传。……虽以熹之不敏，亦幸私淑而与有闻焉。"晚年筑竹林精舍，其《告先圣文》亦曰："熹以凡陋，少蒙义方，中靡常师，晚逢有道。"[2]是其以继承道统自任，意甚鲜明。虽其晚年屡叹继传此道无人，而以深衣传授其徒黄榦（1152—1221）之说实不可靠[3]，但其门人皆视朱子为道统之真传。黄榦于其《圣贤道统传授总叙说》，叙述尧舜以至孟子、周子、二程之后，即曰："先师文公之学，见之《四书》，而其要则尤以《大学》为入道之序。……此又先师得其统于程者也。"[4]其所撰《朱文公祠记》云："周、程、张（张载，1020—1077）子之道，文公朱先生继之。此道统之传，历万世而可考也。"[5]其所撰《朱子行状》亦云："窃闻道之正统，待人而后传。……周、程、张子继其绝，至先生而始著。"[6]同门陈淳（1159—1223）同一口气。其言曰："于是濂溪（周子）先生与河南二程先生，卓然以先知先觉之资，相继而出。……朱文公即其微言遗旨，益精明而莹白之。"[7]同门李方子（1214进士）亦云："先生身任道统。"[8]如是门人众口一词，绝无异议。

此道统历代遵守，由南宋经元、明以至清代，如日中天。欧阳元（1283—1357）以许衡（1209—1281）"上接周公、孔子、曾、思、孟轲以来数君子之道统"[9]。数君子者，指周、程、朱。明儒薛瑄（1392—

[1] 详拙著《朱学论集》，页13—18，《道统观念之完成》；拙著《朱子新探索》，页429—435，《新道统》。
[2]《文集》，卷86，《沧洲精舍告先圣文》，页12上。
[3] 参看第九章《诸生、精舍与书院》。
[4]《勉斋集》，卷2，页20下。
[5] 同上，卷19，《徽州朱文公祠记》，页19下。
[6] 同上，卷36，页48下。
[7]《北溪大全集》，卷15，《师友渊源》，页3下。
[8]《朱子事实》，载戴铣，《朱子实纪》，卷10，页17下。
[9] 许衡，《许文正公遗书》，卷末，《神道碑》，页6上。

1464)所谓许氏“继程朱之正传”[1]是也。薛瑄又云:“至宋二程、朱子,既有以接孟氏之传。”[2]胡居仁(1434—1484)则曰:“程子遂扩而大之,朱子又集而全之。”[3]康熙帝命李光地(1642—1718)编修《朱子全书》(1714)与《性理精义》(1715),御制序有谓“朱子集大成而绪千百年绝传之学”[4]。李氏进表则曰:“朱子得四子之师承。”[5]如是宋、元、明、清一贯流传,已成公论。清代颜元(1635—1704)冀图打倒道统,宣称“愿持道统者……以误天下后世可也”[6]。戴震(1723—1777)攻宋儒尤烈,谓“宋已来,孔孟之书,尽失其解”。[7]然即令明朝王学遍天下,亦未推倒朱子权威,颜戴更无论矣。朱子之学,历元、明、清,皆有雄勃之势。

孙奇逢(1584—1675)云:“往闻程门弟子多贤,朱门似为少让。”[8]程门弟子谢良佐(1050—1103)、杨时(1053—1135)、尹焞(1071—1142)、游酢(1053—1123)称程门四先生,各有建树,影响北宋思想甚大。朱子乃是杨时之四传。理学在二程为一新世界。其徒各走各路,别辟新境。在朱门则盛极难继,只得守成。同门以黄榦为最得师传有体有用之大儒,尊为领袖。朱学之传,亦赖其力。黄百家(壮年1695)云:“黄勉斋榦得朱子之正统,其门人一传于金华何北山基(1188—1268),以递传于王鲁斋柏(1197—1274)、金仁山履祥(1232—1303)、许白云谦(1270—1337)。又于江右传饶双峰鲁(壮年1256)。其后遂有吴草庐澄(1249—1333),上接朱子之经学。可谓

[1]《薛敬轩集》,卷5,《重修许鲁斋先生祠堂记》,页17上。
[2] 同上,卷六,《陵川县庙学重修记》,页23下。
[3]《胡敬斋集》,卷1,复江谦书,页17下。
[4]《朱子全书》序,页6下。
[5]《性理精义》进表,页1下。
[6]《存学编》,卷1,《明亲》,页9上。
[7]《戴东原集》,卷8,答彭进士允初书,页17。
[8]《理学宗传》,卷17,《朱门弟子》,页21下。

盛矣。”[1]

何基特重《四书集注》，谓《四书》当以《集注》为主，而以《语录》辅翼之。王柏作《研几》七十余图，又作《敬斋箴图》。其教以《大学》为先，然不赞同朱子之补传。金履祥著《论孟考证》，发朱子所未发。许谦重理一分殊，谓理不患其不一，所难者分殊耳。此旨朱子得自其师李侗，亦即黄榦体用兼全之意。盖体者一也，用者殊也。故黄宗羲（1610—1695）曰：“此五世之血脉也。”[2]五世指朱子、黄榦、何基、金履祥与许谦。诚如黄氏指出，“当仁山白云之时，浙、河皆慈湖（杨简，1141—1225）一派，求为本体，便为究竟，更不理会事物，不知本体未尝离物以为本体也”[3]。杨简为陆象山（1139—1193）门人之最表者。最低限度，浙、河一带象山心学占优胜，而北山四子，虽笃守朱子，无所发明，然挽回狂澜，于朱子之学术史上，具有深大之意义。饶鲁之学，亦以致知力行为本，正是朱子两轮两翼之精神。

四子之学盛于浙江金华，饶鲁之学盛于江右（江西）。元朝统一全国之后，自然同为散播天下，是为元代程朱之学来源之一。另一来源则为赵复（约1206—1299）。赵复德安（今湖北安陆市）人。窦默（1196—1280）避元兵逃至德安，县守以程朱性理之书与之[4]。黄榦曾知德安府，对于程朱之学之传播湖北，必有力焉。端平二年乙未（1235）元师取德安，姚枢（1203—1280）在军前，凡儒道释医卜占一艺者，悉携之归燕京（北京）。赵复亦被囚，归燕京后以所读程朱之书笔记示姚，并以所学教授，从之者百余人。嘉熙二年戊戌（1238）姚枢与杨惟中（1206—1260）建太极书院，立周子祠，以二程、张载、程氏两门人，与朱子六君子为配。选取遗书八千余卷，延赵复讲授

[1]《宋元学案》，卷83，《双峰学案》，页1下。

[2] 同上，卷82，《北山四先生学案》，页20下。

[3] 同上。

[4]《元史》，卷158，《窦默传》，页22。

其中。赵复为《传道图》，以明道统之由伏羲而至朱子。又撰《师友图》，以寓私淑朱子之志。其后姚枢退隐辉州（今河南辉县）苏门山，作家庙，别为室奉孔子及宋儒六君子像。印《小学》《论语或问》《孟子或问》与《朱子家礼》。许衡居魏州（今河北魏县）。访苏门山，手抄《伊川易传》《论语集注》《大学中庸章句》以归。谓其徒曰："曩所授受皆非，今始闻进学之序。"[1]许衡以外，郝经（1223—1275）与刘因（1249—1293）亦从姚枢得程朱性理诸书。故《元史》曰："北方知有程朱之学，自复始焉。"[2]赵复之前，北方已有评论程朱者，惟赵复入燕以后，程朱之学方成体系也。

元代表彰朱子之学，以许衡为最著。衡字仲平，河内（今河南沁阳县）人，学者称鲁斋先生，谥文正，位至国子祭酒。蒙古政权之儒化与朱子之学之大行，衡之力也。生平酷嗜朱子，非程朱之书不读。其学以朱子之学为师，凡指示学者，一以朱子为言；立身修己，立朝事君，亦以朱子为依归。临终发叹，歌朱子所撰歌而后逝。

许衡特重朱子之《小学》与朱子所集之《四书》。在国学以《小学》教人为先。盖以《小学》为入德之门。故其教由《小学》而《四书》而后乃进于其他经书。尝致书其子师可曰："《小学》《四书》，吾敬信如神明。自汝孩提，便令讲习，望于此有得。他书虽不治，无憾也。"[3]又谓"《小学》《四书》，次第本末甚备。有王者起，必来取法"[4]。许衡少言太极，专重下学之功。著有《小学大义》《大学直解》《大学要略》《中庸直解》《大学诗解》《中庸说》与《孟子标题》。后三者均佚。或因其教蒙人子弟，故以实用为先。许衡称大儒，又掌国学。元初名卿大夫，皆出其门。因其表扬《四书》，《四书》之学遂布

[1]《元史》，卷158，《姚枢传》，页1下。
[2] 同上，卷189，《赵复传》，页2下。
[3]《许文正公遗书》，卷9，与子师可书，页6下。
[4] 同上，卷2，《语录上》，页8上。

行天下。至皇庆二年癸丑(1313)科举遂以《四书章句集注》为主。结果乃有明代永乐十二年甲午(1414)之《四书大全》与《性理大全》等书与清代康熙五十四年乙未(1715)之《性理精义》。欧阳元谓天以道统属许衡,非虚言也[1]。《新元史》叙述元初儒学渊源云:"自赵复至中原,北方学者,始读朱子之书。许衡、萧䲓(1241—1318)讲学,为大师,皆诵法朱子者也。金履祥私淑于朱子之门人,许谦又受业于履祥,朱子之学得履祥与谦而益尊。迨南北混一,衡为国子祭酒。谦虽屡聘不起,为朝廷所礼敬。承学之士,闻而兴起。《四书集注章句》及《近思录》《小学》通行于海内矣。延祐开科(1314),遂以朱子之书为取士之规程。终元之世,莫之改易焉。"[2]

明代思想自然以王学为主。王学并非无风起浪,明初儒者大有为其伏线者。《明史·儒林传》云:"原夫明初诸儒皆朱子门人之支流余裔,师承有自,矩矱秩然。曹端(1376—1434)、胡居仁(1434—1484)笃践履,谨绳墨,守儒先之正传,无敢改错。学术之分,则自陈献章(1428—1500)、王守仁(王阳明,1472—1529)始。"[3]黄宗羲亦云:"有明学术,白沙(陈献章)开其端,至姚江(王阳明)而始大明。盖从前习熟先儒之成说,未尝反身理会,推见至隐。所谓'此亦一述朱,彼亦一述朱'耳。"[4]二者均谓王学突然而起,与朱子之学无关,而不知明初诸儒并非完全坚守朱学传统,而实有新方向足为王学之先导者。从曹端、薛瑄、吴与弼(1392—1469)、胡居仁四人之思想,可以见之。

曹端,字正夫,号月川,河南之渑池人,其中心思想在敬与心。黄宗羲云:"先生以力行为主,守之甚确。……盖立基于敬,体验于无

---

[1]《许文正公遗书》,卷末,《神道碑》,页12上。
[2]《新元史》,卷234,《儒林传》引言,科举皇庆二年诏开,延祐元年施行。
[3]《明史》,卷282,《儒林传》,页1下。
[4]《明儒学案》,卷10,《姚江学案》,页1上。

欲。其言‘事事都于心上做工夫，是入孔门之大路’，[1]诚哉所谓有本之学也。”[2]彼云：“人之所以可与天地参为三才者，惟在此心。”“人能恭敬，则心便开明。”“学者当自谨言语，以操存此心。”[3]又谓“一诚足以消万伪，一敬足以敌千邪。所谓‘先立乎其大者’，[4]莫切于此”[5]。其侧重在心，至为明显。刘宗周(1578—1645)论之曰：“先生之学，不由师传。……反而求之吾心，即心是极，即心之动静是阴阳，即心之日用酬酢是五行变合，而一以事心为入道之路。”[6]可谓知之深矣。

薛瑄，字德温，号敬轩，山西河津县人。亦如曹端，笃守程朱传统。尝手抄《性理大全》。其《读书录》大概为性理群书之义疏，重复杂出，未见精彩。黄宗羲谓其“悃愊无华，恪守宋人矩矱”[7]，然黄氏与《明史》均谓其学以复性为宗[8]。其本人亦谓“为学只是要知性，复性而已”[9]。复性之说，并非新创。然此是明代思想之新方向，其特殊意义，未可忽视也。

薛瑄亦重敬，故号敬轩。《读书录》曰：“人不主敬，则此心一息之间，驰骛出入，莫知所止也。”“千古为学要法，无过于敬。敬则心有主，而诸事可为。”“心为镜，敬如磨镜。镜才磨，则尘垢去而光彩发。必才敬，则人欲消而天理明。”“常主敬，则心便存。心存则应事不错。”[10]如是云云，不外复述朱子口吻。然在朱子则敬为修养之一元，

[1]《曹月川先生遗书》,《录萃》,页1上。
[2]《明儒学案》,卷44,《诸儒学案上,二》,页1下。
[3]《曹月川先生遗书》,《录萃》,页8下,5上。
[4]《孟子·告子第六上》,第十五章。
[5]《曹月川先生遗书》,《录萃》,页2上。
[6]《明儒学案》,《师说》,页1下。
[7] 同上,卷7,《河东学案》,页1上。
[8] 同上,卷10,《姚江学案》,页3上;《明史》,卷282,《薛瑄传》,页5上。
[9]《读书录》,卷5,页3下。
[10] 同上,页13下—15上。

在薛瑄则敬为修养之主体。故虽无新意，而强调则迥然不同。谓之为朱子学之新发展，未尝不可。

吴与弼，字子傅，号康斋，江西崇仁人。黄宗羲云："康斋倡道小陂（与弼里居），一禀宋人成说。言心则以知觉而与理为二。言工夫则静时存养，动时省察。故必敬义夹持，明诚两进，而后为学问之全功。"[1]是以一切玄远之言，绝口不道，亦不事著述。刘宗周评之曰："先生之学，刻苦奋励，多从五更枕上，汗流泪下得来。……愤乐相生，可谓独得圣贤之心精者。至于学之之道，大要在涵养性情，而以克己安贫为实地。"[2]弼亲自耕锄，弃举子业，恬静淡淡，旷然自足。但胡居仁、陈献章与娄谅（1422—1491）皆出其门。献章为阳明之先驱，娄谅导阳明于正学。然则与弼于王学之发展，其贡献为何如也？

与弼之中心思想有二，即敬与存养是也。其言曰："大抵圣贤授受紧要，惟在一敬字。人能衣冠整肃，言动端严，以礼自持，则此心自然收敛。虽不读书，亦渐有长进。但读书明理以涵养之，则尤佳耳。"[3]又云："人须整理心下，使教莹净，常惺惺地方好。此敬以直内工夫也。嗟夫，不敬则不直，不直便昏昏倒了。万事从此隳，可不惧哉？"[4]实在其思想并非精微，唯其乐道安贫，熏沐实深。《四库全书总目提要》云："与弼之学，实能兼采朱陆之长，而刻苦自立。其及门弟子陈献章得其静观涵养，遂开白沙（献章里居）之宗。胡居仁得其笃志力行，遂启余干（居仁里居）之学。有明一代，两派递传，皆自与弼倡之。其功未可以尽没。"[5]

胡居仁，字叔心，学者称敬斋先生，江西余干人，谢绝仕进，安贫

---

[1]《明儒学案》，卷1，《崇仁学案》，页1上。

[2] 同上，《师说》，页1下—2上。

[3]《吴康斋集》，卷8，与友人书，页25下。

[4] 同上，卷11，《日录》，页16上。

[5]《四库全书总目提要》，页3644。

以讲学为乐。黄宗羲称其“一生得力于敬，故其持守可观”[1]。《明史》亦称“其学以主忠信为先，以求放心为要。操而勿失，莫大乎敬，因以敬名其斋”[2]。由此可见敬为其修养之主要条件。居仁云：“心具众理，所患者纷乱放逸惰慢，故须主敬。”[3]又云：“敬则心专一，专一则精明，故聪明生。敬则内直，内直则无私，故无己不克。”[4]在其《居业录》卷二“学问工夫”中，用敬为先，读书穷理次之。此与朱子用敬致知双轮并进不同。从此亦可见其侧重心之修养矣。

以上四儒均于格物方面不生兴趣。因而理气关系亦少言及，太极阴阳更加少言。曹端著《太极图说辩戾》，谓“理之乘气，犹人之乘马。马之一出一入，而人亦与之一出一入，以喻气之一动一静，而理亦与之一动一静。若然则人为死人，而不足以为万物之灵。理为死理，而不足以为万化之原。理何足尚？而人何足贵哉？今使活人乘马，则其出入行止疾徐，一由乎人驭之何如耳。活理亦然”[5]。黄宗羲评之曰：“先生之辨，虽为明晰，然详以理驭气，仍为二之，气必待驭于理，则气为死物。抑知理气之名，由人而造。自其浮沉升降者而言则谓之气，自其浮沉升降不失其则者而言则谓之理。盖一物而两名，非两物而一体也。”[6]曹端所云，针对朱子之语病。然在朱子哲学中，理无意度，无死活之可言。若谓活人乘马，则朱子最重心为主宰，正如曹端所云，由人驭之何如耳。无论如何，太极不是曹端之主题。四儒之学，仍是敬，亦即心之修养。

此内向之趋势，不无导致王学兴起之作用。黄宗羲谓“有明学

[1]《明儒学案》，卷2，《崇仁学案二》，页1下。
[2]《明史》，卷282，吴居仁传，页6下。
[3]《居业录》，卷1，页4上。
[4] 同上，卷2，页12上。
[5]《曹月川先生遗书》，卷1，《太极图说述解》，页3下。
[6]《明儒学案》，卷44，《诸儒学案》，页1下—2上。

术白沙开其端，至姚江（阳明）而始大明”[1]，似谓陈献章为王学之始，与明初诸儒无涉。然从上所论，则明初程朱学派一面继承朱子传统，一面另走方向。此方向至白沙而益强，至姚江而始光大。学者每以王学为心学，程朱之学为理学。如此分别，最易致误会。盖朱王同言心，同言理。纵然朱子以性为理，阳明以心为理；朱子格物，阳明格心。然此只是兄弟阋于墙，而非仇敌之对抗也。阳明尝谓“吾之心与晦庵之心，未尝异也”[2]。又谓“平生于朱子之说，如神明蓍龟”[3]。且谓“仆于晦庵亦有罔极之恩”[4]。其《传习录》共引朱子二十次，每次针锋相对，无可否认。然《传习录》要点有三：一为至善是心之本体，一为独知乃是良知，一为心外无理。三者皆引朱子之言以扶护其说。[5]刘宗周《阳明传信录》评论阳明，不曰“此语自是印过程朱”，则曰“则与朱子之说无异”。不曰“依旧只是程朱之见”，则曰“先生心宗教法，居然只是宋儒衣钵，但先生提得头脑清楚耳”[6]。宗周为阳明忠臣，尚为此论，则阳明有得于朱子明矣。谓阳明为朱子之后继固不可，谓其全无承前接后之痕迹亦不可。

降及清代，学者咸以朴学为盛，置朱子学派于不顾。钱穆之《中国近三百年学术史》竟然不提。梁启超之《清代学术概论》只顺及陆世仪（1611—1672）、张履祥（1611—1674）、陆陇其（1630—1692）诸人之名，谓其“硁硁自守，所学遂不克光大”[7]。在其《中国近三百年学术史》，另设一章，讨论程朱学派，亦论上举三人与王懋竑（1668—

[1]《明儒学案》，卷10，《姚江学案》，页1上。

[2]《传习录》上，第九十八“朋友观书”条（《王文成公全书》，卷1，页45上）。

[3] 同上，中，答罗整庵少宰书，（《全书》，卷2，页63下）。

[4] 同上，附《朱子晚年定论序》。

[5] 同上，上，第二条“爱问知止”（《全书》，卷1，页3上）；下，第317条“先生曰先儒”（《全书》，卷3，页50上）；上，第三十二条“虚灵”（《全书》，卷1，页24下）。

[6]《刘子全书遗编》，卷11，《传信录一》，页2下，4下；卷13，《传信录三》，页4下—5上。

[7]《清代学术概论》，页110。

1741）。惟谓程朱学派于学术上无发明，肯用力而能力平常。[1]似是有清一代，全是考据世界。考据即朴学，亦称汉学，以与宋学对峙，尤以乾隆以后为最。然从数方面观察，足见朱子之学之后继，在清代实有其人，不可没也。

一为朱子学之延续。唐鉴（1778—1861）著《清学案小识》，以陆陇其、张履祥、陆世仪、张伯行（1652—1725）四人为《传道学案》，在《翼道》《守道》《经学》《心宗》之先。传道四儒皆以居敬穷理为主。此是宗法朱子，别无新义。然努力薪传，其功非小。张伯行印行《正谊堂全书》，于朱子学之传播，贡献至大。

二为《朱子全书》与《性理精义》之编纂。康熙五十一年壬辰（1712）已以朱子配享孔庙，在孔门十哲之次，为历史上莫大之荣耀。又命李光地（1642—1718）编《朱子全书》，选录《语类》及《文集》若干条，以朱子一生之微言大义，皆备于此，故名全书。康熙五十三年甲午（1714）表进。翌年又谕敕李氏编《性理精义》，书题虽云性理，包括北宋理学诸说，然所选录几以朱子为主。两书不特提高朱子地位，其思想亦从而传达全国。[2]论者或谓两书之辑，无非意在巩固政权，使道统与政统而为一。满人入主中原，在初诚为思想之控制。然至康熙五十年代，中国士人之反抗，已属消沉。其愿意效忠清廷者，早于康熙十七年戊午（1678）博学鸿儒科投入圈套。其不愿者，退而隐逸著作。故清廷实无统制士人之必要。实际上康熙皇帝酷爱朱子。尝谓"读书五十载，只认得朱子一生所作何事"[3]。李光地亦为朱子崇拜者。唐鉴云，光地"心朱子之心，学朱子之学"[4]。康熙帝与李光地之动机，纯然敬仰朱子，而非政治作用也。

---

[1]《中国近三百年学术史》，页97，100。

[2] 参看拙著《性理精义与十七世纪之程朱学派》，载《朱学论集》，页385—420。

[3]《朱子全书》御制序。

[4]《清学案小识》，页172，《安溪李先生》。

三为《近思录》之注解。淳熙二年乙未(1175)朱子与吕祖谦(1137—1181)共辑北宋四子之言为《近思录》,是为我国第一本哲学选集。《近思录》不止是周子、二程与张载之精华,同时亦实为朱子哲学之轮廓。南宋与元,均有注释,明代则甚寥寥。惟清代注释不下十一种,其数超乎前四百年之上。依《近思录》卷目而采录宋明理学家嘉言为《近思录》之后继者,清代以前八种,清代共十三种。大都专选朱子之语,至19世纪而不衰。朱子之学之流传,可谓长且远矣。[1]

[1] 详见拙著《朱学论集》,页123—180,《朱子之近思录》与拙著《朱子新探索》,页389—396,《论近思录》。

第十八章
朱子与佛教

朱子十一岁受学于家庭。其父曾从杨时（1053—1135）门人罗从彦（1072—1135）游，得程颐（1033—1107）之学。故自小即闻孔孟之道。唯十四岁移居五夫里从学三师。三师之中，熏染最深者为刘子翚（1101—1147）。子翚早年尝为佛老之学，后虽撰《圣传论》，以见尊崇儒学之志。而常与道士僧人交游。且五夫里佛寺林立，佛法盛行。朱子年十五六，一日在病翁（子翚）处会一僧，与之语。年十九赴试，引用其意，遂得举。一说谓此僧为大慧禅师（1089—1163），一说谓为道谦。二说以道谦为优。[1]无论如何，朱子早年留心于禅，无可否认。

朱子曾读《大慧语录》，《文集》有据。答许生云："世俗书有所谓《大慧语录》者，其说甚详。试取一观，则其来历见矣。"[2]在病翁处会大慧事，则绝无可能。张浚（1096—1164）《大慧普觉禅师塔铭》云："隆兴元年（癸未，1163）八月十日，大慧禅师宗杲示寂于（杭州）径山明月堂。皇帝闻之嗟惜。诏以明月堂为妙喜庵，赐谥普觉，塔曰宝光。……师讳宗杲，（安徽）宣州宁国人，姓奚氏，年十七为浮图。

[1] 详上第三章《朱子之师》。
[2]《文集》，卷60，《答许生》，页5上。

不欲居乡里，从经论师。即出行四方。……学者云集。复避乱走湖南，转江右（江西）入闽，筑庵长乐洋屿。时从之者才五十有三人。未五十日，得法者十三辈。……浚造朝，遂以临安（杭州）径山延之。道法之盛冠于一时，……凡二千余众。所交皆俊艾。当时名卿如侍郎张公子韶（张九成，1092—1159）为莫逆友，而师亦竟以此遇祸，盖当轴者恐其议己，恶之也。毁衣焚牒，屏居衡州。凡十年徙梅州（今广东梅县）。梅州瘴疠寂寞之地，其徒裹粮从之。……又五年，太上皇帝特恩放还。明年复僧服。……又二年移径山。……师寿七十有五。”[1]

张铭不指明年月。根据大慧年谱，则彼于绍兴四年甲寅（1134）三月至福建长乐。七年丁巳（1137）丞相张浚延至径山。十一年辛酉（1141）张九成登山说法。秦桧（1090—1155）秉国，议者谓张讥朝廷，因及大慧，命贬衡阳。七月至贬所。二十年庚午（1150）命移梅州。二十六年丙子（1156）离梅返浙。二十八年戊寅（1158）迁住径山。

根据张铭年期，友枝龙太郎以朱子在病翁处会大慧为不可能，盖朱子年十五六，大慧方在贬谪中也。在友枝教授之意，或者大慧北归途中，经泉州同安与朱子会，盖此时朱子任同安主簿也。十五六所会之僧，决非大慧而乃是道谦云[2]。友枝教授与道谦会之决论诚是，惟在泉州会大慧之说，碍难成立。因据《年谱》，大慧赴梅与北归，皆取陆路。由梅州北上，经福建西边之汀州[3]而入江西返浙，不由水路经泉州也。

朱子有一回忆，足证其本人与大慧相会。朱子云：“如杲老说‘不可说不可思’之类；他说到那险处时，又却不说破，却又将那虚处说起来，如某说克己，便是说外障，如他说，是说里障。他所以嫌某

[1]《大慧善觉禅师语录》，载《大正新修大藏经》，第四十七册，页836—837。
[2]《朱子の思想形成》，页44—45。
[3] 故治今福建长汀县。

时，只缘是某促著他紧处。别人不晓禅，便被他谩。某却晓得禅，所以被某看破了。”[1]由此回忆，两人相会，绝无可疑。若谓大慧在衡阳时期，来福建探访法嗣，因到五夫里，与朱子会。然据《年谱》，“自到衡阳，一向谢绝宾客。四方书问，一切阔略”。《年谱》亦无由衡阳访闽之记载。唯一可能是在同安期间在潮州或梅州相会。朱子曾游潮州，《文集》有据。[2]。朱子仕同安，正是大慧贬梅州之时。潮梅二州比邻，朱子在此与大慧会，是意中事。

至于十五六时会道谦，亦有铁证。其从道谦处“下工夫”，已见前引致罗博文书[3]。又据《云卧纪谈》，彼“后归建阳，结茅于仙洲山。闻其风者悦而归之。如……朱提刑元晦以书牍问道，时至山中”[4]。朱子除（差）江南西路提点刑狱公事，乃在淳熙九年壬寅（1182）。称朱提刑，只用日后官衔，而非是时参谒道谦也。《佛法金汤编》载朱子致道谦书云：“向蒙妙喜（大慧）开示，应是。从前记持文字，心识计校，不得置丝毫许在胸中，但以狗子话[5]，时时提撕，愿受一语，警所不逮。”[6]《云卧纪谈》载道谦答书曰：“十二时中，有事时，随事应变。无事时，便回头，向这一念子上提撕，狗子还有佛性也无？赵州（从谂禅师，778—897）云，无。将这话头，只管提撕，不要思量，不要穿凿，不要生知见，不要强承当。如合眼越黄河，莫问越得过越不过。尽十二分气力，打一越。若真个越得，这一越便百了千当也。若越未过，但管越。莫论得失，莫顾危亡。勇猛向前，更休拟议。若迟疑动念，便没交涉也。”[7]《佛法金汤编》又载道谦没，朱子有祭文云：“师

[1]《语类》，卷41，第五十九条，页1687。
[2]《文集》，卷2，《销寇》，《山丹》，页17上。
[3] 详上第三章《朱子之师》。
[4]《云卧纪谈》，卷下，页18上。
[5]《五灯会元》，卷4，页66上，赵州和尚从谂禅师谓狗亦有佛性。
[6]《佛法金汤编》，卷15，《朱熹》条，页4842。
[7]《云卧纪谈》，卷下，页18上。

出仙洲，我寓潭上。一岭间之，但有瞻仰。丙寅（1146）之秋，师来拱辰（严名），乃获从容。笑谈日亲。……未及一年，师以谤去。我以行役，不得安住。往还之间，见师者三。见必款留，朝夕咨参。”[1]上引三文均不载《文集》。胡适谓朱子两文均引自元僧熙仲之《释氏资鉴》[2]，道谦复函可疑，惟朱子祭文可信云。[3]

道谦生前屡见，没后又常游其所筑之密庵。《文集》有游密庵诗六首，游记一篇。[4]对于庵之内事，亦甚留心。尝与吕祖谦（1137—1181）书云：“此庵所入亦薄，非复谦老之时矣。”又一书云：“净升者益无礼。……或别遣一僧来追收净升之帖。”[5]然此皆是乘兴而游。留心庵事，亦与佛学无关。盖此时已见李侗（1093—1163），弃佛归儒矣。据其自述云：“后赴同安任，时年二十四五矣。始见李先生，与他说。李先生只说（禅）不是。某却倒疑李先生理会此未得，再三质问。李先生为人简重，却是不甚会说。只教看圣贤言语。某遂将那禅来权倚阁起。意中道禅亦自在，且将圣人书来读。读来读去，一日复一日。觉得圣贤言语，渐渐有味。却回头看释氏之说，渐渐破绽，罅漏百出。”[6]又云：“盖出入于释老者十余年。近岁以来，获亲有道，始知所向之大方”。[7]又一书亦云：“释氏之说，盖尝师其人，尊其道，求之亦切至矣。然未能有得。其后以先生君子（李侗）之教，校乎先后缓急之序，于是暂置其说，而从事于吾学。”[8]

绍兴三十年庚辰（1160），朱子三十一岁，再见李侗于延平（今之南平），寓西林院。《文集·再题西林可师达观轩》序云：“绍兴庚辰

[1]《佛法金汤编》，卷15，《朱熹》条，页4842。
[2]《释氏资鉴》，卷11，页118。
[3]《胡适手稿》，第七集，卷3，页592。
[4]《文集》，卷6，页5上—6上；卷8，页3下；卷84，页30上。
[5] 同上，卷33，答吕伯恭第十七书，页12上；卷34，第五十八书，页5上下。
[6]《语类》，卷104，第三十八条，页4166。
[7]《文集》，卷38，答江元适第一书，页34下。
[8] 同上，卷30，答汪尚书第二书，页3下。

(1160)冬，予来谒陇西先生(李侗)，退而寓于西林院惟可师之舍，以朝夕往来受教焉。阅数月而后去。……予尝戏为之诗，以示可师。"又云:"壬午(1162)春，复拜先生于建安，而从以来又舍于此者几月。师不予厌也。且欲予书其本末置壁间。因取旧诗读之。……于是手书授之。"[1]观此则其与西林法师，必甚相得。

此后常与僧人往来。《文集》所载朱子生平所过佛寺之尚知其名者不下二十。衡山有方广寺、福严寺、上封寺、云峰寺。信州有鹅湖寺。庐山有折桂院、楞伽院、万杉寺、归宗寺、石乳寺、落星寺、罗汉寺、天池寺、东林寺、西林寺。云谷有云际寺。建阳有景福僧舍。此外有囊山寺、灵山寺、山石佛院、白云寺、梵天寺与佛顶寺，或住宿，或吟诗，或观赏碑帖，或刻石，或置酒，或集会。此等处如与僧徒接触，则是偶然。其社交者，有云谷瑞泉庵主、仰上人、石林胡僧、东峰道人溥公、益公道人、志南上人、宗慧与宗归。皆限于游观与吟咏。其交换思想者只益公道人与雪峰一僧，亦皆无关宏旨。[2]

淳熙十四年丁未(1187)偕门徒数人与僧端友游福州鼓山涌泉寺，谒主持嗣公(直庵和尚)，不遇。题词以记其事，石刻尚存。[3]亦如惟可法师为良好感情之表示者。据《崇安县志》，圆悟禅师居五夫里开善院。示寂之日，朱子哭之以诗。[4]此说如果可信，则是感情之至厚者。此说盖据《枯崖漫录》。此录又谓肯庵圆悟禅师"居武夷山余十年。……尝授儒学于晦庵朱文公"[5]。以佛者而教朱子以儒学，未可尽信。

与僧人往来之外，又读佛经。查《语类》与《文集》所举者有

[1]《文集》，卷2，《再题》，页11上。
[2] 皆详《朱子新探索》，页633—635，《朱子与僧人》。
[3] 同上，页707，《福州鼓山纪游》。
[4]《崇安县志》，卷8，《释》。参看《崇安县新志》，卷20，《释教》，页5下，总页520。
[5]《枯崖漫录》，卷中，页81下。

《四十二章经》《大般若经》《华严经》《法华经》《楞严经》《圆觉经》《金刚经》《光明经》《心经》《维摩经》《肇论》《华严大旨》《华严合论》《景德传灯录》，共十四种，并有概述之“佛经”“佛书”“佛经疏”“藏经”“释氏教典”“禅家语录”，等等。种数虽少，亦足以代表华严、天台、净土、三论、唯识禅宗诸派。朱子所读，必比其他理学家为多。有可证其确曾过目者，如云《楞严经》前后只是说咒，《法华经》开口便说恒河沙数，《圆觉经》只有前两三卷好，后面便只是无说是也。

朱子品评佛经，可分两面。一为义理之批评，一为佛典之考据。批评亦毁亦誉，然大体以佛学为邪说。视《楞严经》“做得极好”，但又谓“全无意味”。《四十二章经》“所言甚鄙俚”，但“其说却自平实”。《华严大旨》亦毁誉参半，谓“见不透……也是好”。《圆觉经》“增益附会”。《华严合论》“鄙陋无稽”。谓《金刚经》“大意只在须菩提”。正解无误，唯误记《楞严经》轮回之说，以为可笑。又问《传灯录》中许多祖师，能有几何做到尧、舜、文、武、周、孔事业？只《肇论》动静如一之义，欣然接受。[1]

考据方面，坚持一说云：“佛教初入中国，只是修行说话，如《四十二章经》是也。”[2]又云：“初来只有《四十二章经》。至晋宋间乃谈义，皆是剽窃老庄，取《列子》为多。其后达磨（约460—534在华）来又说禅。”[3]如谓“《楞严》所谓‘自闻’，即《庄子》之意[4]，而《圆觉》所谓‘四大各离，今者妄身当在何处？’即《列子》所谓‘精神入其门，骨骸反其根，我尚何存？’者也”[5]。又谓《维摩经》是南北朝

[1] 以上皆详《朱子新探索》，页648—652，《朱子与佛经》。
[2]《语类》，卷126，第一一四条，页4864。
[3] 同上，第一二六条，页4869。又第三条，页4819。
[4]《楞严经》，卷3；《庄子·骈拇篇第八》，页10上。
[5]《文集》，别集，卷8。《释氏论上》，页3上；《圆觉经》，卷1，页914；《列子·天瑞篇第一》，页4上。

时人作。此种误解，诚是可惜。然此不外当时理学家情况，彼等恐错误更多。

有如读佛经，朱子引用佛语，亦比任何宋儒为多。予从《文集》《语类》搜查，得六十一言，必定尚有遗漏[1]。《文集》所用佛语，几乎限于书札。他如公文、杂著、志铭等等，可谓之全然不见。《语类》讨论天命、性情、格物、《四书》《五经》等处，亦绝无而仅有。所引之言，以禅语为多。目的全在批评，并非借重以阐明儒家思想也。"体用一源，显微无间"一词，王阳明（1472—1529）《传习录》日本注家皆谓出自清凉大师澄观（738—839）之《华严经注》，然莫能详其出处[2]。《文集》《语类》引用此语多次，谓为程颐之言[3]。11世纪以后，儒者、佛者均常用之。故唐顺之（1507—1560）曰："儒者曰体用一源，佛者曰体用一源。儒者曰显微无间，佛者曰显微无间，孰从而辨之？"[4]

朱子志在阐扬圣学，故向《四书章句集注》与《四书或问》处用功。至若揭露佛教之弊，乃是余事。固无专著，亦乏长篇大论。只有六篇短文，略述大意，一为《杂学辨》，一为《读大纪》，一为《观心说》，一为《释氏论》。《杂学辨》包括三篇，即《苏氏易解》《张无垢中庸解》与《吕氏大学解》。《杂学辨》成于乾道二年丙戌（1166），其时三十七岁，思想未甚成熟。《苏氏易解》以苏轼（1037—1101）"所见殆徒见其似者，而未知夫性之未尝有所似也"。"此皆不知道之所以为道，而欲以虚无寂灭之学，揣摸而言之。"[5]吕本中（1084—1145）解物格为忽然识之。朱子以此为释氏闻声悟道、见色明心之说，自然与朱

---

[1] 俱见《朱子新探索》，页657—663,《朱子所引之佛语》。
[2] 详《王阳明传习录详注集评》，页129之5。
[3]《易传》序。
[4]《中庸辑略》序。
[5]《文集》，卷72,《苏氏易解》，页18上—20下。

子渐悟之说相背[1]。然此只是观点之不同,未可云便是佛说也。评张九成之《中庸解》[2]则中其要害。如张氏解至诚尽性为“此诚既见己性,亦见人性,亦见物性,亦见天地之性”。朱子评之曰:“见字与尽字意义迥别。大率释氏以见性成佛为极,而不知圣人尽性之大。”九成逃儒归佛,以佛语无垢为号,则其以佛解儒,实在意中。然张云“布种下实,未及顷刻”,朱子便以为“矜奇欲速”;张氏谓“使移诠品是非之心于戒慎恐惧,知孰大焉”,朱子便以为“直取无上菩提,一切是非莫管”,则近乎吹毛求疵。

《读大纪》集中释氏背理,不识“穷天地亘古今本然不可易之实理”,故“虽自以为直指人心而实不识心,虽自以为见性成佛而实不识性”[3]。《观心说》亦集中于心之一而不二,不能以一心管别一心。儒家之尽心存心,非谓以心尽心,以心存心。“然释氏之学,以心求心,以心使心。如口龁口,如目视目。”[4]此为《释氏论》之主旨。连带顺及《楞严》窃取《庄子》,《圆觉》偷用《列子》,与不信禅家一叶五花、只履西归等传说而已[5]。

评佛之论,散见于书札谈话之间。通检二千书札,即可发现其与人通信,并非侧重攻击佛学。书札主题为心性、理气、仁礼,非攻佛也。五百人中,不过对二十人言佛家之不是。其中只答李伯谏(李宗思,1163进士)、吴公济与陈卫道书专评佛家[6],其他则顺带而言,然亦有重要之点。《语类》排佛,别为一卷,即卷一二六,凡一百三十六条,所包甚广。其他散见别卷者多处,极少新见。《语类》须与《文

[1]《文集》,卷72,《吕氏大学解》,页44上。
[2] 同上,《张无垢中庸解》,页30上—35上。
[3] 同上,卷70,《读大纪》,页5下。
[4]《文集》,卷67,《观心说》,页18下—20上。
[5] 同上,别集,卷8,《释氏论上》,页1上—4上。
[6]《文集》,卷43,《答李伯谏》与《答吴公济》,页8上—16上;卷59,《答陈卫道》,页27上—29下。

集》同看,方能睹朱子评佛之全貌,今从二者考究,可得十一端。

一、朱子对佛学之误解

佛经考据错误以外,对于教义,并无误会。惟于佛教之咒语与禅宗之公案,似不明了。朱子云:“浮屠居深山中,有鬼神蛇兽为害,故作咒以禁之。缘他心灵,故能知其性情,制驭得他。咒全是想法。西域人诵咒如叱喝,又为雄毅之状,故能禁伏鬼神。亦如巫者作法相似。”[1]此或当时咒语习俗如此。然佛经教义中,则咒之用意,乃令信徒能持能忍,以得超度,非惟避害而已也。朱子又云:“禅只是一个呆守法,如麻三斤[2]、乾屎橛[3],他道理初不在这上,只是教他麻了心,只思量这一路,专一积久,忽有见处,便是悟。”[4]禅宗所谓话头,即是公案,殊非呆守法、麻了心,而是聚精会神。有如朱子所谓思量专一,超乎语言人我之见,不立文字,直指人心。不待积久,而忽然见性成佛。故话头有积极意义,而不可以呆麻视之也。

二、赞扬佛者

朱子并非全然攻击佛学。其于佛者,亦有赞扬之语。《语类》载:“言释氏之徒为学精专。曰:‘便是某常说,吾儒这边难得如此。看他下工夫,直是自日至夜,无一念走作别处去。学者一时一日之间,是多少闲杂念虑。如何得似他?’”[5]又云:“尝见画底诸祖师,其人物皆雄伟。”[6]又云:“僧家尊宿得道,便入深山中,草衣木食,养数十年。及其出来,是甚次第?自然光明俊伟。世上人所以只得叉手

[1]《语类》,卷126,第七十七条,页4852。
[2]《碧严录》,第十二则,洞山宗慧禅师答如何是佛之问。
[3]《临济慧照禅师语录》,页496,慧照禅师答某僧无位真人是什么之问。
[4]《语类》,卷126,第八十一条,页4854。
[5] 同上,第四十七条,页4836。
[6] 同上,第七条,页4824。

看他自动。”[1]“释老虽非圣人之道，却被他做得成一家。”[2]“佛家于心地上煞下工夫。”[3]“佛家说心处，尽有好处。”[4]如此之类，尚有多端。

三、评佛之修养

朱子以“佛氏之失，出于自私之厌。……厌薄世故，而尽欲空了一切者，佛氏之失也”[5]。“要求清净寂灭，超脱世界，是求一身利便。”[6]换言之，“只是一路爱便宜”[7]。其所以如是者，乃是畏死[8]。极大罪恶乃是废三纲五常，灭绝人伦，抛弃君臣父子夫妇而却拜其师[9]。然朱子非谓佛徒完全自私，曰：“他初间也未便尽是私意，但只是见得偏了。”[10]

四、论佛之信仰

佛家一切信仰，均在朱子排斥之列，而迹近迷信者，抨击尤甚。朱子不信天堂地狱。门徒问：“人生即是气，死则气散。浮屠氏不足信。然世间人为恶死，若无地狱治之，彼何所惩？”答曰：“吾友且说尧舜三代之世，无浮屠氏，乃比屋可封，天下太平。及其后有浮屠而为恶者满天下。若为恶者必待死然后治之，则生人立君又焉用？”[11]

地狱与轮回，密切相关。“问禅家言性‘倾此于彼’之说，曰：此

[1]《语类》，卷126，第五十一条，页4837。
[2] 同上，卷29，第五十五条，页1188。
[3] 同上，卷125，第二十三条，页4792。
[4] 同上，卷5，第六十三条，页147。
[5] 同上，卷126，第十五条，页4826。
[6] 同上，第九十七条，页4858。
[7] 同上，第八十九条，页4857。
[8] 同上，第十三条，页4826。
[9] 同上，第二十四条，页4829。
[10] 同上，卷41，第二十一条，页1669。
[11] 同上，卷126，第一〇六条，页4861。“比屋可封”出《汉书·王莽传》。

只是偷生夺阴之说耳。禅家言偷生夺阴，谓人怀胎，自有个神识在里了。我却撞入里面，去逐了他。我却受他血阴。他说倾此于彼，盖如一破弊物在日下，其下日影自有方圆大小，却欲倾此日影为彼日影。它说是人生有一块物事包裹在里，及其既死，此个物事又会去做张三，做了张三又会做王二。便如人做官，做了这官，任满又去做别官。只是无这道理。”[1]因此“偷胎夺阴之说皆脱空”[2]。又云：“佛家多有夺胎之说，也如何见得？只是在理无此。”[3]此等神异，皆是妖怪。“因论释氏多有神异，疑其有之。曰：此未必有。便有亦只是妖怪。”[4]

轮回信仰基于释氏因缘理论。人生积累因缘，来世报应。此与《书经·伊训》作善降之百祥，作不善降之百殃不同。“今世不修，却修后世，何也？”[5]据朱子，“禅家以父子、兄弟相亲爱处为有缘之慈。如虎狼与我非类，我却有爱及他（注：如以身饲虎），便是无缘之慈。以此为真慈”。“盖佛氏之所谓慈，并无缘由。只是无所不爱。若如爱亲之爱，渠便以为有缘。故父母弃而不养，而遇虎之饥饿，则舍身以食之。此何义理耶？”[6]饲虎之事，容或有之。然因缘之说，有基于哲学根基，未可以此极端之事言之也。

五、论禅之方法

朱子所辨之禅，乃话头禅。以朱子观之，“释氏教人便有些是这个道理。如曰如何是佛[7]云云，胡乱掉一语，教人只管去思量。又不是道理，又别无可思量。心只管在这上行思坐想。久后忽然有

[1]《语类》，卷126，第一〇二条，页4859。
[2] 同上，第一〇三条，页4860。
[3] 同上，第一〇〇条，页4859。
[4] 同上，第九十九条，页4859。
[5] 同上，第一〇五条，页4861。
[6] 同上，第九十五、第九十六两条，页4858。
[7]《景德传灯录》，卷3，页4下，波罗提答国王问，“见性为佛”。

悟"[1]。此是顿悟，不假渐修[2]。然此只归空寂。朱子云："学禅者只是把一个话头去看，'如何是佛''麻三斤'之类，又都无义理得穿凿。看来看去，工夫到时，恰似打一个失落一般，便是参学事毕。……但他都无义理，只是个空寂。"[3]此外禅家采用种种法术，或是倒说，如所谓"不管夜行，投明要到。如人上树，口衔树枝，手足悬空，却要答话[4]"之类[5]。或用遁辞，如云"治生产业，皆与实相不相违背"[6]。说不通时，便作走路[7]。或说不破，"只内中一句黑如漆者，便是他要紧处。于此晓得时，便尽晓得"[8]。或说险话，"他又爱说一般最险绝底话，如引取人到千仞之崖边猛推一推下去。人于此猛省得，便了"[9]。或改头换面，希可遮藏。[10]或扬眉瞬目，妄作空言。[11]然此皆未为真悟。朱子云："故一向说无头话，如乾矢橛、柏树子[12]之类，只是胡鹘突人。既曰不得无语，又曰不得有语。道也不是，不道也不是。如此则使之东亦不可，西亦不可。置此心于危急之地，悟者为禅，不悟者为颠。虽为禅，亦是蹉了蹊径。置此心于别处，和一身皆不管，故喜怒任意。然细观之，只是于精神上发用。"[13]如此皆是安排[14]，缘无格物工夫也[15]。

[1]《语类》，卷96，第七条，页3909。
[2]《文集》，卷45，答廖子晦第一书，页15下。
[3]《语类》，卷126，第四十四条，页4835。
[4] 待查。
[5]《语类》，卷125，第十七条，页4789。
[6]《五灯会元》，卷15，页280下，云门文偃禅师之语。
[7]《语类》，卷52，第一九二条，页2018。
[8] 同上，卷126，第八十二条，页8584。
[9] 同上。
[10]《文集》，卷63，答孙敬甫第三书，页20下。
[11] 同上，卷44，答汪德功第一书，页33下。
[12]《无门关》，第三十七则，赵州和尚从谂禅师答如何是祖师西来之问。
[13]《语类》，卷126，第八十条，页4853。
[14] 同上，卷113，第十四条，页4365。
[15] 同上，卷15，第一六一条，页483。

六、评理障

释氏有理障之说。“今之禅家多是麻三斤、乾屎橛之说，谓之不落窠臼，不堕理路。”[1]或云，以理为障者特欲去其私意小智。然朱子谓认私意小智作理字，正是不识理字。[2]以朱子之意，万理森然。须是即物穷理，乃能致知。“非如释氏指理为障，而兀然坐守无义之语，以俟其侥幸而一得也。”[3]“其学以空为真，以理为障，而以纵横作用为奇特，故与吾儒之论，正相南北。”[4]

七、论空

佛家说玄空，又说真空。在朱子心目中，“惟其无理，是以为空”[5]。朱子又云：“释氏说空，不是便不是。但空里面须有道理始得。若只说道我见个空，而不知有个实底道理，却做甚用得？譬如一渊清水，清冷彻底。看来一如无水相似。它便道此渊只是空底。不曾将手去探是冷是温，不知道有水在里面。佛氏之见正如此。今学者贵于格物致知，便要见得到底。”[6]

八、评作用是性

心性之论，是朱子评佛要点。观心之说，已见上文。释氏以作用为性。“在眼曰见，在耳曰闻，在鼻齅香，在口谈论，在手执捉，在足运奔。遍现俱该法界，收摄在一微尘。识者知是佛性，不识唤作精

---

[1]《语类》，卷126，第四十三条，页4835。
[2]《文集》，卷43，答李伯谏第一书，页11下。
[3] 同上，答陈明仲第七书，页3下。
[4]《孟子或问》，卷12，页1下，总页154。
[5]《语类》，卷126，第三十七条，页4832。
[6] 同上，第三十三条，页4831。参看《文集》，卷38，答周益公第三书，页26下，与卷54，答徐彦章第四书，页35下。

魂。”[1]朱子评之曰：“若如此见得，只是个无星之秤、无寸之尺。若在圣门，则在心所发为意，须是诚始得。”又曰：“且如手执捉。若执刀胡乱杀人，亦可为性乎？”[2]

九、释氏无下学

佛者谓六用不行，本性自见。论者以为收拾六根之用，反复归于本体。朱子则谓乌有此理？盖六用亦是性。“若待其不行，然后性见，则是性在六用之外，别为一物矣。譬如磨镜，垢尽明见，但谓私欲尽而天理存耳。”[3]佛氏避免尘缘，于是废弃君臣父子，以为得于上达，而不知既无下学，则上达亦不是。既非义以方外，则无敬以直内之可言也。[4]

十、儒释之异

来往书札与师生问答，此点讨论最多。学者每见儒释之同，朱子则特言其异。谓佛家言空，儒者言实。[5]又谓吾以心与理为一，彼以心与理为二。所以如此，乃“彼见得心空而无理，此见得心虽空而万理咸备也”[6]。儒者以理为不生不灭，释氏则以神识为不生不灭。[7]“盖释氏以虚空寂灭为宗，故以识神为生死根本。若吾儒之论，则识神乃是心之妙用。”[8]或谓禅学悟入，乃是心思路绝，天理尽

---

[1]《语类》，卷126，第六十条，页4842，引《景德传灯录》，卷3，页5上，波罗提语。

[2]《语类》，卷126，第五十三、五十九条，页4839，4841。

[3]《文集》，卷59，答陈卫道第二书，页28下。《语类》，卷126，第七条，页4823。

[4]《语类》，卷126，第七十五条，页4851。又《文集》，卷37，答韩无咎书，页17下，与卷53，答胡季随第十三书，页26下。直内方外之说出《易经》坤卦文言。

[5] 同上，第二十八至五十条，页4830—4837。

[6] 同上，第三十四条，页4831。又《文集》，卷59，答陈卫道第一书，页27下；卷56，答郑子上第十四书，页35下。

[7] 同上，第三十五条，页4831。

[8]《文集》，卷58，答徐子融第三书，页13下。

见。然朱子云："心思之正，便是天理流行运用，无非天理之发见，岂待心思路绝而后天理乃见耶？"[1]总言之，"圣人之学所以异乎老释之徒者，以其精粗隐显，体用浑然，莫非大中至正之矩，而无偏倚过不及之差"[2]。朱子所云，恐不免主见，且有以儒家之优点与佛家之劣点相较之嫌。然朱子直言不讳，毫不妥协，可以见矣。

十一、宋儒好佛

朱子深叹宋儒溺佛，在在言之。《文集》云："以其有空寂之说而不累于物欲也，则世之所谓贤者好之矣。以其有玄妙之说而不滞于形器也，则世之所谓智者悦之矣。以其有生死轮回之说而自谓可以不沦于罪苦也，则天下之佣奴爨婢黥髡盗贼，亦匍匐而归之矣。"[3]朱子又云："某尝说佛老也自有快活得人处。是那里？只缘他打并得心下净洁，所以本朝如李文靖（李沆，947—1004）、王文正（王曾，978—1038）、杨文公（杨亿，974—1020）、刘元城（刘安世，1048—1125）、吕申公（吕公著，1018—1089）都是恁么地人，也都去学他。"[4]又云："本朝士大夫好佛者，始初杨大年（杨亿），后来张无尽（张商英，1043—1121），又说张无垢（张九成）参杲老（大慧）、汪玉山（汪应辰，1118—1176）被他引去，后来亦好佛。"[5]又云："本朝许多极好人，无不陷焉。"注云："如李文靖、王文正、谢上蔡（谢良佐，1050—1103）、杨龟山（杨时）、游先生（游酢，1053—1123）诸人。"[6]谢杨游皆程氏门人。其说或有近于佛，然未可以好佛待之也。

朱门亦有人好佛，吴寿昌是也，然卒归儒。又有李宗思，曾访寒

---

[1]《文集》，卷59，答吴斗南第三书，页23下。
[2] 同上，卷38，答江元适第一书，页35下。
[3] 同上，卷70，《读大纪》，卷6上。
[4]《语类》，卷84，第八条，页3459。
[5] 同上，卷126，第一一七条，页4867。
[6]《语类》，卷24，第八十八条，页946。

泉精舍，与朱子辩。朱子约蔡元定（1135—1198）即来，“合军并力，一鼓可克”[1]。其后致张栻（1133—1180）书云：“此有李伯闻者（名宗思），旧尝学佛，自以为有所见。论辨累年，不肯少屈。近尝来访，复理前语。熹因问之：‘天命之谓性。[2]公以此句为空无一法耶？为万理毕具耶？若空则浮屠胜，果实则儒者是。此亦不待两言而决矣。’渠虽以为实，而犹恋著前见，则请因前所谓空者而讲学以实之。熹又告之曰：此实理也，而以为空，则前日之见误矣。今欲真穷实理，亦何借于前日已误之空见，而为此二三耶？渠遂脱然肯捐旧习，而从事于此。此人气质甚美，内行修饬，守官亦不苟。得其回头，吾道殊有赖也。”[3]

综上所述，朱子对于佛学之知识，不免白璧之瑕，然远胜其他宋儒多矣。

---

[1]《文集》，卷44，与蔡季通第八书，页11下。

[2]《中庸》，第一章。

[3]《文集》，卷31，答张敬夫第十一书，页2上。参看拙著《朱子门人》，页119，《李宗思传》。

第十九章

韩国、日本、欧美之朱子学

韩　国

元代得许衡（1209—1281）之鼓吹，朱子之学兴隆。其时高丽佛教盛行。安晌（即安裕，1243—1306）起而为一代儒宗，始立圣庙。尝入大都（北京），携回理学经典多种。是为新儒学入韩之始。安晌崇敬朱子，晚年悬朱子画像致拜。自号晦轩，盖取朱子晦庵之号为号也。稍后白颐正（壮年1310—1320）在大都留学多年，亦购得大量理学书籍。归高丽后，传授门人。当时佛学正隆，朱学未能兴旺。及至李朝成立（1392），改国号为朝鲜，奖励儒学，排击佛教，朱子之学乃大兴盛。李穑（号牧隐，1328—1396）与其门人权近（号阳村，1352—1409）、郑道传（号三峰，1342—1398）极力提倡儒学以排佛。权近为文讨论理气，以理为四端之源、气为七情之源，为日后四七之争论下一伏线。又有《大学图》，依朱子用“新民”。解释全据朱子。郑道传亦谈性理而排佛。遂使朝鲜儒学由社会制度之研究而渐趋理性。加以《四书》《五经》通行，性理之学益显。赵光祖（号静庵，1482—1519）大崇道学以立政权，以《小学》《近思录》《心经》为学问之基石。朱子之学遂经此数人之提倡，立下根基。

继而徐敬德（号花潭，1489—1546）、李滉（号退溪，1501—

1570）、李珥（号栗谷，1536—1584）等硕儒先后崛起，形成理学黄金时代。徐敬德全述张载（1020—1077），以气为太虚，理乃气中之一物，气外无理。李滉、李珥于此均极反对。退溪学无成师，亦无哲学专著。然其在书札图说问答之间，集理学之大成，将朱子哲学全盘托出，为朝鲜哲学之高峰，有朝鲜朱子之称。其《宋季元明理学通录》传记朱门诸子较《考亭渊源录》等书为详，且发现朱门七弟子为他书所未载者。其《朱子行状辑注》，虽于黄榦（1152—1221）之《朱子行状》注释不多，亦胜我国一筹，因我国从未有为《行状》作注解者。且退溪之辑注，特重朱子得理一分殊之教于李侗（1093—1163），而注克复中原之奏特长，又注《楚辞》为其他朱子年谱所不及者。其《朱子书节要》选择甚精。此外有《启蒙传疑》《四书释义》《三经释义》及其他著作，皆载《退溪全书》。

宣祖二年（1569）退溪采用周敦颐（1017—1073）之《太极图》，朱子之《仁说图》与其他《西铭图》《大学图》《心统性情图》《心学图》等为《圣学十图》，上进宣祖。是时退溪六十八岁，已在经筵讲解八次，以人主之心为万几所由，故特重敬。十图要旨，不出朱子思想系统之范围，影响甚大。惟对于朝鲜哲学发生最强之效力，则在四七之辩。郑之云（号秋峦，1509—1561）为《天命图》，有"四端发于理，七情发于气"之说。明宗八年癸丑（1553）退溪恐其分别太甚，改订之为"四端之发纯理，故无不善。七情之发兼气，故有善恶"[1]。门人奇大升（字明彦，号高峰，1527—1572）于明宗十四年己未（1559）提出异议，遂开朝鲜四七之辩，前后历百余年，余韵达三百年之久。

大升辩曰："子思孟子所就以言之者不同，故有四端七情之别耳。非七情之外复有四端也。今若以谓四端发于理而无不善，七情发于

---

[1]《退溪先生文集》，卷16，《与奇明彦》，页1下，总页402，载《增补退溪全书》，第一册。

气而有善恶，则是理与气判而为两物也。是七情不出于性，而四端不乘于气也。……(四端)乃七情中发而中节者之苗脉也。……夫理，气之主宰也。气，理之材料也。二者固有分矣。而其在事物也，则固混沦而不可分开。"[1]退溪答曰："理之与气，本相须以为体，相待以为用。固未有无理之气，亦未有无气之理。然而所就而言之不同，则亦不容无别。……愚尝妄以为情之有四端七情之分，犹性之有本性，气禀之异也。……因其所从来，各指其所主与所重而言之，则所谓之某为理，某为气，何不可之有乎？……近世罗整庵(罗钦顺，1465—1547)倡为理气非异物之说，至以朱子说为非是。滉寻常未达其指。不谓来喻之意，亦似之也。"[2]

翌年(1560)大升复书，分退溪来书为十二节，逐节反驳。三个月后秋间退溪第二书，长四千余言，又加《后论》《别纸》，亦四千余言。大升第三来书，则退溪不覆，只在来纸下批语。卒之明宗二十一年丙寅(1566)，大升著《四端七情后说》与《四端七情总论》[3]。

在大升之意，四端不能不为外物激动，故其发为气与七情无异。退溪之意，则四端与七情同是有理，惟四端是纯理，七情则理气兼而有之，故同中有异。两人均承认未有无理之气，亦未有无气之理。惟所指不同，故结论有异。大升第二书以仁义礼智为未发，故纯理。四端则为已发，故兼气。退溪则谓四端虽云乘气，然孟子所指不在乘气处而在纯理处。于根本主张，毫不让步。其复书《后论》再述前旨，《别纸》则与本题无关，惟多训勉之词。

大升第三书重申本然之性与气质之性无异，盖七情发而中节，与四端之善无异也。退溪批云："虽发于气而理乘之为主，故其善同也。"读大升《四端七情总论》与《后说》后，谓其"议论极明快"。

[1]《退溪先生文集》，卷16，《非四端七情分理气辩》，页13上下，总页408。
[2] 同上，《答奇明彦》，页8下—11下，总页405—407。
[3] 同上，卷17，页25下—30上，总页440—442。

大升之《总论》与《后说》仍谓七情之发而中节者与四端同实而异名，然亦谓孟子既欲四端扩而充之，则是理之发，七情之发不无气质之杂，故可谓气之发。大升对于其师虽仍有不同之意见，然理之发、气之发之主题，已归一矣。

稍后有李珥（栗谷）。栗谷在朝鲜朱子学中虽不若退溪声望之隆，而与之齐名。栗谷深受罗钦顺之影响。虽与退溪相识，而绝未谈四七之关系。在退溪与大升争论结束六年之后（1572），成浑（号牛溪，1536—1598）大部接受退溪之说，唯于其理气互有发用之旨，尚有疑问，因请教于其友栗谷。由此两人书札往复。牛溪之意，不外退溪之意。故栗谷之对象，实是退溪。

栗谷攻击退溪四端理发、七情气发之说，谓气发而理乘之则可。非特七情为然，四端亦如是。理发而气随之则不可，盖如是则分明有先后矣。又批评退溪理气互发之说，谓理气不能相离，不可谓互有发用。若有发用，则理发时，气或有所不及；气发用时，理或有所不及也。如是则理气有离合，有先后矣。理者，太极也。气者，阴阳也。太极与阴阳不能互动，则理气互发为不可能矣。且退溪以内出为道心，以外感为人心。栗谷则以人心、道心皆内出，其动则由于外。人心、道心非二心，特以所发者或为义理，或为形气，故随其所发而异其名耳。若以理发为道心、气发为人心，则心有二本矣。结果朝鲜理学分两界，一为主理派，发展于朝鲜南部之岭南地区，称岭南学派，尊退溪为领袖。一为主气派，即谓理气兼而气为主，发展于西部之畿湖地区，称畿湖学派，以栗谷为领袖。百有余年，互相抨击。其后张显光（号旅轩，1554—1637）、吴常熙（号老洲，1763—1833）等虽事折衷，究以主气派盛行。即如宋时烈（号尤庵，1607—1689），以七情出于性，乃气之发而理乘之是也。

继此主理、主气之争之后，又有人性与物性异同之辩。宋时烈门人权尚夏（号遂庵，1641—1721）谓圣贤论性，有指理而言者，则太极全体无物不具，是则一原，故人性与物性同，所谓理一也。有指其气之理，其性不同而亦不杂乎其气之清浊美恶，不失为至善。人得其全，物得其偏，故人物之性不同，所谓分殊也。有指理与气杂而言之，则人物之性皆不同，所谓分殊之分殊也。权氏门人有江门八学士之称。其中以李柬（号巍岩，1677—1737）代表洛下学派，以韩元震（号南塘，1682—1751）代表湖西学派。李柬主张天命太极五常皆是理，性命一原。仁义礼智是本然，不是气质。以气质言之，人物固有不同。得气之正且通者为人，而偏且塞者为物，而正通偏塞之中，又有清浊粹驳厚薄之分，故人物异体。然在本然上，则人性、物性皆同。泛言性，则本然与气质不可分。单言理，则只是本然而已。韩元震承认以理言之，人性与物性固同，惟以气言之，则不能无异。人得天命之全，物得天命之偏。物之禀受，不能无清浊之分，不可以本然之纯粹并论。李柬从理之观点立言，依据朱子之《中庸章句》。韩元震则从气立论，基乎《孟子集注》。《中庸章句》云："天以阴阳五行化生万物，气以成形，而理亦赋焉。"[1]《孟子集注》云："人物之生，莫不有是性，亦莫不有是气。然以气言之，则知觉运动，人与物若不异也。以理言之，则仁义礼智之禀，岂物之所得而全哉？"[2]朱子两注，并无冲突，故湖（韩）洛（李）之争，只是观点不同而已。

数十年后有任圣周（学者称鹿门先生，1711—1788）。上沿栗谷，主张气一元论。以宇宙之间，只是一气。有气则有形，形之动静消长，莫非气也。其自然当然处，即是道与理。儒者所谓理一分殊，不外气一分殊而已。气非空虚的物，而乃全体昭融，都是生意。其后反对者为奇正镇（号芦沙，1798—1879）。上沿退溪，主张气乃理中之一事，为此理流行之手脚。气之发行，实受命于理。理涵万殊，一与

[1]《中庸章句》，第一章。
[2]《孟子集注·告子第六上》，第三章。

殊未尝相离。理是本然，是太极。譬如铜铁是一太极，可以为盘，可以为刀。其分殊处不害其为理一。理者一实万分，愈异而愈同。人得五常之全为人，物得五常之偏为物，而其一原无异也。主理派至此而达高峰。同时经济学派出现，西学东渐，朱子之学，大有被掩之虞。近来退溪学会每年在各国举行国际会议，复兴朱学。

若与我国比较，则王学在明朝遍天下，在朝鲜则无何发展。阳明（王守仁，1472—1529）卒后四年（1533）朝鲜已闻其名。是年朝鲜官员薛世让（1486—1562）在北京与阳明弟子黄绾（1477—1551）之弟交，得闻其说。九年后（1542）金安国（1475—1543）自北京归，携有《象山全集》。明宗八年癸丑（1553）洪仁祐（1515—1554）从退溪处得闻有阳明《传习录》，归而搜寻读之。退溪力攻阳明，著有《传习录论辩》，以阳明复《大学》之“新民”为古本《大学》之“亲民”为非。又以阳明至善只求诸心之说为扫除事物，与释氏同。其评知行合一之论，则曰：“痛而知痛。……其说但可施于形气之欲而不可喻于义理之知行。”[1]盖义理不学则不知，不勉则不能也。且谓“至如阳明者，学术颇忒，其心强狠。自用其辩，张皇震耀，使人眩惑而丧其所守。贼仁义乱天下，未必非此人也”[2]。

经此全面抨击，阳明心学遂一蹶不振。然阳明学术之不得其门而入，亦有别因。朱子之学，学说至多，学者无暇他及。且其基本巩固，极难破入。加以陈建（1497—1567）之《学蔀通辨》，甚受朝鲜学者之欢迎。其中痛击陆王，不遗余力。而王氏之学，不合改良社会之要求，亦非可为政府之助，更无大儒宣扬其说，故以后虽略有抬头，终无插足之地。因此之故，王氏之《朱子晚年定论》，在我国则形成数百年门户之见，在韩国则绝无此事。而于朱陆异同之辩，亦不生

[1]《退溪先生文集》，卷41，《传习录论辩》，页29上，总页335，载《全书》第二册。
[2] 同上，《白沙诗教传习录抄传因书其后》，页30上，总页335。

兴趣。

另一比较，则为“四七”问题。朝鲜理学家以四端对七情，我国则否。朱子虽曾将四端与七情相对[1]，然只是一次。其他讨论性情均举孟子之四端与《中庸》之喜怒哀乐。《语类》只有两条关于四端与七情之分配问题，都认为不可[2]。大概我国《中庸》传统太强，而自汉以来，均以四为配合，如春夏秋冬、元亨利贞，均可配合四端而不可以配合七情。且仁义礼智可以配喜怒哀乐，固无七情之必要也。朝鲜虽亦重视《中庸》，亦可谓缩七情为喜怒哀乐，然《中庸》传统，终不若我国之盛也。

日　本

朱子学之传入日本，通常以为禅僧俊芿为第一人。彼正治元年己未（1199）入宋，建历元年辛未（1211）归日。携有经书二百五十六卷，如《四书》之类。由此推测，朱子之书必在其内。此是臆说，然言之成理。若以朱子著述为证，则日本禅宗临济宗之祖圆尔（辨圆）为始。彼嘉祯元年乙未（1235）来宋，仁治二年辛丑（1241）归日，带回典籍数千卷，弘安三年庚辰（1280）著《三教典籍目录》，其中有朱子《大学或问》《中庸或问》《论语精义》《孟子精义》等等。此后日僧来华不绝。宋僧与儒者赴日，均受镰仓时代（1185—1333）幕府所欢迎，聘为顾问。而吉野（1336—1392）与室町（1392—1573）时期之禅僧，唱扬朱子学，遂使禅儒合流，朱子学因而大兴。影响所及，天皇公卿亦事朱子研究，形成江户时代（1603—1867）上半期朱子学之隆盛。

京都为千年古都，天皇在此。江户（东京）为幕府所据，人才集

[1]《语类》，卷53，第八十三条，页2060。
[2] 同上，卷87，第八十五、八十七条，页3558—3559。

中，与京都对抗，皆发扬朱子之学，以巩固政权。江户之儒，常为各地“大名”聘请为世臣。明亡之后，遗民多赴日本，其中以朱舜水（1600—1682）为最著。加以中日之间商舶往来颇繁，日本素以佛教为主，至江户时代，则儒学发达，取而代之。杰出人物为藤原惺窝、林罗山与室鸠巢。

藤原惺窝（1561—1619）名肃，字敛夫，号惺窝，又号柴立子、广胖窝、竹居、都勾墩、北肉山人、播磨人。七八岁从禅僧学《心经》与《法华经》。旋削发为僧，名宗舜，号妙寿院。后游京师。三十岁（1590）与朝鲜退溪门人接触，遂以儒代佛。文禄二年癸巳（1593）为江户幕府德川家康召见。惺窝以儒服入见，大倡人道主义。其时家康注重国外贸易，乐受其说。同年意图航海入宋，遇飓而止。惺窝隐居不仕，专教徒弟，讲宋儒之学。视佛学为空寂，戾天理，废人伦。所言五伦、五常、诚、敬、明德，皆以朱子为宗。以朱子继往圣，开来学，得道统之传。主张存天理，去人欲。以仁义礼智皆善，而仁为善之长。强调理一分殊。其哲学富有理性主义、现世主义与人道主义之意味，并不排击陆王，以为同尊尧舜孔孟。谓朱子之穷理、象山（陆象山，1139—1193）之易简、阳明之良知，其言似异而入处无别。其思想之宽仁大度，与其人格相同。其所说者，凡百五十人。其学摆脱禅学之束缚而为日本近世儒学史开山人物。

林罗山（1583—1657）名忠，一名信胜，字子信，又称三郎，号罗山，幼名菊松丸，别号深山、罗洞、四维山长，私谥文敏先生。惺窝门人。初在京都学于禅僧，不满于心，乃潜心理学经典。庆长五年庚子（1600），年十八，讲《论语集注》。清原秀贤忌之，上奏弹劾。德川家康以各投所好了之。由是讲学不辍。翌年脱除僧衣，弃佛归儒。九年甲辰（1604），年二十二，承惺窝门人之介，谒惺窝，乃就学焉。十二年丁未（1607），年二十五，幕府聘为顾问。以家康命，祝发，称道春。曰，只随俗耳。因与家康近，地位日升。所有将军敕令，皆由其起稿。

继而外交文件、祭祀仪礼，以至商约，皆经其手。文教之权，从此而由禅林移至儒家。罗山博学，早年已有神童之称。藏书万卷，所著一百五十余种。凡点句、训解、和译与注译，莫不有之。子孙世世相传为幕府儒官。第三子春斋（1618—1680），号鹅峰，为弘文院学士，修国史三百一十卷，基于罗山文献实证主义，乃使国史学兴隆。元禄三年庚午（1690）幕府筑汤岛孔庙，将军亲临祭典。翌年以第三孙凤岗（1644—1732）为大学头。朱子之学正式成为官学矣。以后代代世袭大学头，历数百年，以至20世纪之初。

罗山长于文词诗歌。史学、校勘学、本草学，均属上乘。哲学则一依朱子为据，而适应幕府之需求。最重要者为纯理主义。万象皆理，而理附于气。太极，理也。阴阳，气也。太极之中本有阴阳，阴阳之中亦未尝无太极。五常为理，五行为气。然理为气之主。故以二程子（程颢，1032—1085；程颐，1033—1107）性气不二之说为至当，而以阳明"理者气之条理，气者理之运用"为非是。盖天下无理外之物，亦无物外之理。此理气归一，亦犹性情合一，而心统性情。然则四端发于理，七情发于气之论，析理气为二为戾矣。此种理性思想，对于维持社会秩序，极为适当，与禅家之重直觉，无所捉摸，相去何啻万里？无怪幕府极端欢迎。罗山上升，日本史上莫可伦比。而其贡献之大，亦非他人所及。

罗山重心，犹不免禅学色彩，而根据朱子传统，特重持敬。《罗山文集》有《心说》《敬说》《敬义说》《慎独说》诸篇，以敬为圣学之要。敬是存心、养心之道，是心之主宰。心体本虚，应物无迹，无内外，无公私，此之谓慎独。

敬又可以合于神明。无不敬，即无不是神的生活。于是主张神儒合一，以神道与儒道，理一而已。神道即王道，而王道即儒道。日本是神国，天皇是神皇。著有《神儒合一论》《神道传授》等篇。此等言论，一方面使神道合理化，一方面鼓励日本人之爱国心。影响之大，不可胜言。因此特别重忠，比孝道而过之。此与我国大异。盖不忠即不孝。侧重舍生取义，杀身成仁。以故表扬武士道道德，为武将作传作赞，为历朝将军作谱。其大被宠任，亦是此故。尤其是应用儒家正名分之说，以巩固日本社会等级制度。在宋儒则鸢飞鱼跃，用以表示生意。在罗山则用以表示社会秩序井然，君有君道，臣有臣道。为臣而忠，为子而孝。其尊卑贵贱之位，不可混乱。此是利用儒家伦理思想使武士道合理化。

罗山既主神道与儒道共尊，自然排佛，排耶稣，以至于排阳明。谓佛氏以山河为假，人伦为妄，充塞仁义，灭绝道理。否认耶稣教之天主，称为异学。斥阳明之议朱子为不是知量。惺窝尚调和朱陆与王，罗山则绝不肯妥协矣。

藤原惺窝与林罗山之门为京学派，即京师学派，为江户时代朱子学派之主流。江户初期又一学派曰南派，亦称海南派，发源于日本南部四国之土佐地区。始祖为谷时中（1598—1649）。弟子之中以山崎暗斋（1618—1682）为最杰出。暗斋名嘉，一名柯，字敬义，通称嘉右卫门，暗斋其号也。信神道后，号垂加。京师人。自幼剃发，名地藏主，一意修禅。年二十五（1642），有鸿儒示之以《四书》及程朱之书，则大悦，遂蓄发而归于儒。庆安二年己丑（1649），三十二岁，设祠堂，奉礼一遵朱子《家礼》。明历元年乙未（1655）春，三十八岁，讲筵于京师。先讲《小学》，次《近思录》，次《四书》，次《周易本义》及《程化易传》，至明年十二月毕而去。其教人常执一杖击讲座，声洪色厉，听者莫敢仰视。为人傲慢严厉，局量狭小，稍背礼即叱骂。朋友故旧或鄙或憎，无始终全交之人。然记性绝人，著述甚丰，皆属抄录之类，并无创见。门下有六千人，尤著者为佐藤直方（1650—1719）、浅见䌹斋（1652—1711）、三宅尚斋（1622—1741），称“崎门三杰”。于江户时代之思想史与教育史，影响至大。

暗斋崇奉朱子，有如宗教。凡所思维，绝对依据朱子。特重居敬穷理。穷理方面不若京学派，而居敬则过之。虽曰宇宙唯一理，然此理是神道，绝无性理主义之成分。敬指整齐严肃，克己制欲。敬者，一心之主宰，万事之本根，乃圣圣相传之心法。敬而无失，便是喜怒哀乐之谓中。是以《小学》敬身，《大学》敬止。敬以直内，义以方外。讲《近思录》时有身为内，家国天下为外之说。门人不能无疑。其重修养身心，则无可疑也。又混五行之说，与敬联合，谓土即敬，则走入迷信之途矣。

心是神明之所在。心便是神，神便是心。于是神道至上。晚年开望加神道一派。称日本为神国，谓自有天地以来即有此国。提倡尊王贱霸，天子神圣不可犯。即使孔孟来攻，亦擒孔孟，此即孔孟之道也。总之忠君思想，推诸极端。君臣之义，先于父子之亲。是为日后尊皇运动之源泉。如此以儒教神道合一为中心之教，有如林罗山，自然排佛，排天主教，以至排陆、王之学，可谓伐异之至。然其实践主义、行动主义与日本主义，合乎当时情形与国人心理。此其所以为效如是之大也。

上述之朱子京师学派，盛行于中部本州之京都与江户，海南派盛行于南部四国之土佐。西部九州亦有朱子学流行。其巨擘为贝原益轩（1630—1714）。益轩名笃信，字子诚，小字久兵卫。初以损轩为号，后改益轩，福冈人。父为医，故从小即注目本草，并好佛典陆、王。二十六岁（1655）赴江户，途中剃发，号柔斋。三十六岁（1665）读《学蔀通辨》，乃觉陆、王之非。三十九岁（1668）遂束发为儒。著《近思录备考》与《小学句读备考》，从此独尊朱子。晚年著《大疑录》，疑朱子以《太极图说》为周子（周敦颐，1017—1073）所作，等等。然只是信中之疑而已。又著《十训》（五常训和俗童子训、武训、养生训等），以流利通俗之国文出之，故田夫、儿童皆晓。对于普及教育，其功不小。又游遍全国，研求本草医学，为江户时代第一流之科学家，备受在日荷人（兰学）之注意。彼不好为人师，门人甚少，中村惕斋

(1629—1702)是其特出者也。

其学依据朱子，理气不分，无先后本末。然受《困知记》所熏染而重气，以太极为气之浑沌。不分本然气质二性而单认气质之性。此外全依朱子，尤以实践方面为然。天地之大德曰生，所谓仁也。仁德由孝道而扩充之，以至于泽及禽兽，由是天人合一。惟对佛家之废灭人伦，则极反对。又以古学派为固陋，不近人情，不通时变，相信儒学与神道并行不悖。提倡武士道，歌颂祖国。其道德主义、合理主义与活动主义，大为上下所欢迎。

元禄(1688—1703)以后，朱子京师学派，又一支流，盛行于江户。表表者为室鸠巢(1658—1734)，名直清，字师礼，又字汝玉，幼字孙太郎，号鸠巢，又号沧浪，通称新助。武州人。其时京都天皇无权，江户幕府独霸。鸠巢称幕府为"七庙"，等于天子。著《骏台杂话》，盛赞贤臣武相，皆对幕府而言。墨守程朱，哲学思想甚少，亦乏新见。然其经学文章，不愧为一代大儒，风靡全国，盛名雷轰，对于朱子学之传播，功劳至大。其学说重仁，等仁于元气。以仁为心之全德、心之生命。又沿朱子之说，以义为心之制，事之宜。谓浩然之气，是义之表现。舍生为义，死以报君。四十七浪人报仇自杀，鸠巢誉之为义士。盛赞汤武革命，故有谋反之疑。彼大唱名分主义，以拥护幕府。所著皆本经义以维持名教。说忠孝，说节义，为武士道增加实力。从而排斥佛教，反对神道。并朱子学派之异己者如山崎暗斋等，一并攻击。甚至新兴商人，亦所不免。其提倡武士道，巩固幕府，则为积极之贡献也。

江户时代朱子学派之进展，并非一帆风顺。盖其时已有反抗，尤以古学派为强烈。古学派开山始祖为山鹿素行(1622—1685)。素行名高祐，幼名佐太郎，初名义以，中名高兴，字子敬，号因山，又号素行，通称甚五右卫门，会津人。从学于林罗山，长兵法。早年信奉朱子，四十以后渐疑心性理气之说，以宋学为太高远。著《四书句读大全》与《圣学要录》，直返孔子。鸣古学于江户，排斥汉唐宋明诸儒。解理为条理，性为理气妙合。以无极而太极为异端，而以伦理释太极。攻击朱子之先知后行。解《大学》以实在道德为标准，而不重格致。反对持敬静坐，而主敬礼并合。因其重行，乃高唱武士道，与之以哲学根据。著《士道》，以尽职为立本，忠孝仁义为练德，自省节制舍生取义为立身原则。侧重国家主义。尊重日本国体，谓比中国为优。从之者众，支配江户时期士人之心三百余年。

同时有伊藤仁斋（1627—1705），或比山鹿素行为先。唱古学于京都，与素行东西相呼。仁斋名维桢，幼名源七，字源佐，初字源吉，号仁斋，又号棠隐（亦作棠阴），私谥古学先生。居京都崛河，故称崛河学派。自幼攻读儒书，深服程朱理论。年三十六，始疑性理之说。终身教学，不受诸侯礼聘。不事训诂，专讲道义。名声大振，就学者逾三千人。其学以《论语》为主，《孟子》次之。谓《大学》非孔氏遗书，《中庸》乃《论语》之衍义。著《论语古义》与《孟子古义》以明其说。《论语》之仁，《孟子》之义，包括礼智。朱子重仁，仁斋则仁义双行。朱子理为原则，仁斋则理为条理。是以气先理后，气主理从。宇宙是唯一元气。阴阳活动，永久往来，与朱子先阴阳而后五行万物不同。朱子分本然气质二性，仁斋则重气质充养，即是重日常生活，以实践为鹄的。主张人外无道，道外无人。冲漠无朕、体用理气、明镜止水之类，皆佛老余绪，不是孔孟要旨。纯然道德主义，故少国家主义，不若山鹿素行之站在古学派地位而鼓吹武士道也。

仁斋在京都发扬古学，同时在江户有荻生徂徕（1666—1728），代表古学派之一面，与之互相辉映。徂徕名双松，字茂卿，幼名传二郎，通称总右卫门，姓物部，故亦称物徂徕。荻生其氏也，号萱园，江户人。幼从学于林罗山之二子。于雅乐、兵法、法律、诸子百家，无所不长，尤以文章见称。二十五岁讲程朱学，僧侣、儒生听者数百人。三十九岁读仁斋《大学定本》与《论孟字义》，移书竭羡慕之诚，仁斋老病不报。自是大事攻击，以仁斋元气之说，乃从明人吴廷翰（壮年1500）剽窃而来。四十九岁著《萱园随笔》，排斥仁斋与宋儒。直沿孔子之道，谓孔子不谈理气、天理人欲而谈治国平天下。此道乃先王之道，以安天下为主。仁斋之道，乃天地之自然。徂徕之道，则为先王所制作。仁斋以仁义为道，徂徕则以礼乐刑政为道。徂徕非不言仁。其所谓仁，乃安民之仁。仁者相亲相爱，相生相成。亦赞仁斋之活动主义而评宋儒之静寂。以宋学为空谈，无益于世事，全失圣人本旨。宋儒之理气，有如佛家之真谛、假谛。宋儒之天理人欲，有如佛家之真如无明。山鹿素行与伊藤仁斋之古学，皆以道德为准则，徂徕则以古文学为古学之阶梯。彼奖励文章，风靡天下，使文艺界之气运，焕然一新。萱园学派之盛行，非仁斋崛河学派所及。门人甚众，以太宰春台（1680—1747）为最出色。

朱子学派与古学派抗衡之后，大阪朱子学崛起。江户时代承平百年，都市发达。大阪成为最大中心，且距离京师不远，惟不受其拘束，町人（商人）之富甲于海内。享保十一年丙午（1726）建怀德堂，讲授程朱之学，有平民教育之风。主讲者皆著名之士，程朱之徒。在初多为贝原益轩、伊藤仁斋之高足。讲学兼取陆、王，为大阪自由学风之特征。侧重道德修养，更合商人口味。其学派分布遍全国。怀德堂前后历一百四十余年之久，至明治维新（1868）而后废。

朱子学自13世纪传入后，逐渐扩张。江户时代益盛，为幕府官学。由16世纪全盛时期以至19世纪之明治维新，凡四五百年[1]。然非唯我独尊。盖17世纪阳明学派中江藤树（1608—1648）、熊泽蕃山（1619—1691）等大儒，相继而起，以与朱子学派争衡。18世纪神道复兴，同时折中学派、考证学派、独立学派次第抬头，朱子学派备受批

[1] 井上哲次郎，《日本朱子学派之哲学》，页596，分三期。以藤原惺窝以前二百七八十年为准备时代，以后此一百九十年为兴隆时代，以18世纪末年至明治维新七十余年为复兴时代。

判。卒之思想界受阳明学之刺激,实现明治维新。德川幕府政权,于焉结束。加以西学东渐,朱子学遂无昔日之显赫矣。

学者每以水户学派为朱子系。然水户学之中心为修日本史。其根本精神则为名分主义。纵然此主义可谓从朱子《通鉴纲目》脱胎而来,水户学派亦含有古学派与阳明学派之因素,又有朱舜水系统。其促进神道与儒道一致,已越出朱子学范围矣[1]。

欧 美

欧美之研究朱子,最初者为法国学者Joseph Francois Marie-Anne de Moyriac de Mailla(冯秉正,1669—1748),彼译《通鉴纲目》为法文[2]。然此书与朱子生平思想无关。此译至一七七七至一七八三方始印行。五十年后(1836—1837),乃有E. C. Bridgman(裨治文,1801—1861)英译《小学》之出现。《小学》为朱子所编,可云反映其本人思想,独非其本人之语耳。一八四九年,裨氏复取《朱子全书》关于宇宙、天地、日月、星辰、人物、鸟兽各若干语,译成英文。虽仅七页,而从朱子直接材料看其思想,于焉开始。以后一八七四年Thomas MaClatchie(托马斯·麦丽芝)译《朱子全书》理气选语为英文。一八七六年Georg von der Gabelentz(甲柏连孜,1840—1893)译周子《太极图说》并朱子注。一八七九年Wilhelm Grube(顾路柏)译理气摘语,翌年又从《性理精义》翻周子《通书》与朱注,皆为德文。继有比利时教士Charles de Harlez(何赖思,1832—1899)最为勤劳。一八八七年节译高攀龙(1562—1626)之《朱子节要》,一八八九年译《小学》与陈选(1430—1487)之注,同年又译《家礼》,一八九〇年节译《性理精义》内所采朱子性命、理气、治道等语与张子(张载,

[1] 参看朱谦之《日本的朱子学》,页373—376。
[2] 著者有《欧美之朱子学》,载著者《朱学论集》,附注一百六十一条,详举欧美学者讨论朱子之专书与论文。今以以下所引太多,不胜枚举,故此处不赘,下同。

1020—1077)《正蒙》所附之朱子集说，一八九一年更译张子《西铭》与朱注，均为法文。至20世纪(1906)Léon Wieger(戴遂良，1856—1933)编《中国哲学文选》，朱子自为一章，采《朱子全书》所选《语类》关于理气、阴阳、祭祀、性命、善恶、人心之语共六十二条，略具梗概矣。又十余年(1922)英人J. Percy Bruce(卜道成)译《朱子全书》第四十二至四十八章，名《朱子之人性哲学》，总目为性理，分目为性命、性、人物之性、气质之性、才、心、心性情、定性、情意、志气与志想、思虑、道、理、德、仁、仁义、仁义礼智、仁义礼智信、诚、忠信、忠恕、恭。所译大概无误。Bruce当时在山东讲授，成此专书，为翻译朱子进入一新阶段。

此后一九四二年庞景仁译《朱子全书》第四十九《理气一》章为法文。至一九六〇年译事转移美国。是年哥伦比亚大学教授Wm. Theodore de Bary(狄百瑞)编《中国传统诸源》，以理学部分属著者。著者乃选译《朱子全书》各章关于理气、太极、天地、鬼神、性命、心性、与仁等语，以成朱子一章。一九六三年，著者自编《中国哲学资料书》，其中朱子一章，选《全书》一百四十七条，并下按语十五项，指明朱子哲学在中国哲学史上之特殊意义。此外又译朱子重要哲学短文，即《仁说》《明道论性说》《与湖南诸公论中和第一书》与《观心说》。

Olaf Graf(葛拉福神父，1900—1976)在朝鲜、日本潜心研究儒学数十年。一九五三年翻《近思录》为德文，兼译在日本最为流行叶采(壮年1248)之《集解》。凡三篇四册。第一册为概论，详言《近思录》思想在理学上之位置与其与佛、道、西哲之比较。第二、三册为本文与《集解》之翻译，第四册为附注。实为朱子研究一大进步。一九六七年著者承哥伦比亚大学之托，译《近思录》为英文。著者除译本文外，又采译《语类》《文集》《四书集注》《四书或问》等书二百八十一条，与张伯行(1651—1725)、茅星来(1678—1748)、江永

(1681—1762)等人之注释与朝鲜、日本学者之评语。书末附朱子与吕祖谦(1137—1181)共同编纂之经过,六百二十二条之来源,与中国注释十七种、朝鲜六种、日本三十七种另笔记四十八种之说明。依江永之例,以朱释朱。二十年来,此书为研究北宋五子之原始材料。近年有Timothy S. Phelan(蒂莫西·菲兰)《易学启蒙》与Patricia Ebrey(伊沛霞)《家礼》之英译。前者尚未出版,后者则已印行,且有姐妹篇一册,历举宋元明清《家礼》之实施与讨论,诚是上乘之作[1]。

至于专论朱子思想之书,当以Le P. Stanislas Le Gall(贾斯达)神父之《朱子之教义与影响》为首。此书成于一八九四年,略论理气、阴阳、天地、性,圣人与鬼神,虽简而明。不意此书竟惹起一场大辩论。此辩论由来已久。17世纪至18世纪初期,天主教对于"上帝"与"天"两词,在华发生一场剧烈争辩。Matteo Ricci(利玛窦,1552—1610)神父等耶稣会教士只重古经而不采朱子传说,以儒家所言之"上帝"与"天",与天主教之"天主"相同,而其属徒Le P. Niccolo Longobardi(龙华民,1559—1654)神父则以《性理大全》所释孔子,决非错误。故孔子与理学家均无真正人格神之上帝观念。Antoine de St. Marie(安东尼)神父附和之。彼等以理学所言鬼神之神并非天使,魂魄并非灵魂。二者之书札,Leibniz(莱布尼兹,1646—1716)均读之。一七一六年三月二十七日彼以专函致M. Nicholes de Remond发挥其本人意见,谓朱子哲学之基础诚为理性,而其理亦是抽象而无人格性,然亦未尝不可诠释为一人格神,有如利玛窦所信者。盖理为道德原则,故等于天神,并非如龙华民所疑为只是物质而非精神之本体云。龙华民谓理学家不信上帝而以天地为生于偶然,故其理只是抽象的规范。反之,莱布尼兹谓理为第一原则,故为天

[1] Patricia Buckley Ebrey, *Chu Hsi's Family Rituals and Ritual and Custom in Imperial China*(Princeton, N. J.: Princeton University Press, 1990).

之自然律云。龙华民之意见，反映当时在华天主教士之一般意见。其时教皇不准中国天主教徒参加祭祖典礼，而康熙帝则行统治主权，限令教士出境。一般教士益以朱子与理学所领导之中国为不信上帝矣。

此意见之冲突，亦于一七〇八年Nicolas Malebranche（马勒伯朗士，1646—1716）所著之《基督教哲学家与中国哲学家关于上帝之存在与性质之对答》书中见之。所谓中国哲学家实指朱子门人，以无神论与对方争辩。Malebranche实不了解朱子，其所靠材料亦甚恶劣。其中所释理之观念等等，大失朱子原意。故庞景仁译《全书》卷四十九，使读者得知朱子之理与天主教之神，其同处何在，其异处何在。以庞氏观之，理富有精神性，并非如彼方所误认为唯物者也。

当时此问题终未解决。二百年后，死灰复燃。一八八七年何赖思教士译《朱子节要》，一八九〇年节译《性理精义》。Le Gall评之，谓不应依节录以解释朱子，致失朱子本来面目。一八九四年Le Gall著《朱子之教义与影响》，述释朱子哲学，且附译《朱子全书》卷四十九，大有真诠朱子之意。翌年，何赖思反攻之，谓其最大毛病为以朱子为绝对唯物。一年后（1896）Le Gall发表公开信，坚持原议，以朱子为完全唯物与无神。于是何赖思著《朱熹果无神乎？——朱熹与Le Gall神父》一文，谓Le Gall神父既以《朱子全书》卷四十九为朱子哲学之全，应知卷内即有朱子之语，谓经传中“天”字“也有说苍苍者，也有说主宰者，也有单训理时”[1]。则朱子以天为主宰，可无疑矣。一八九六年何赖思又著《朱子之教义与影响》一书，文虽只二十四页而实欲正Le Gall以朱子为无神之误也。复于一八九八年撰文题《朱子与近代朱子门徒果无神耶》，重批Le Gall误解朱子为无神，并辨其本人根据明清人之节录并非错误，盖理学家无损于朱子

[1]《语类》，卷一，第二十二条，页8，载《朱子全书》，卷49，页25上。

云。如此一场关于朱子有神无神之争，于以停顿。

二十余年以后，一九一八年，Bruce著《宋代哲学之有神的意义》，重提朱子是否唯物问题。彼以理学不分精神与物质，而分气质与道德。理为万物之源，故有宗教性；又包仁智，故为道德。道有条理，故有伦理性。太极为道德之全，天为主宰，人性由其所赋予，故人之行动，皆须对天负责云。及其著《朱子与其师》(1923)，以《朱子哲学之有神的意义》为第四章之题目。大意以天为内在圣灵，亦即最尊之上帝，具有人格。朱子并非唯物。从此西洋不再以朱子为唯物，而以朱子为趋向于有神矣。及至今日，Joseph Needham（李约瑟）于其《中国之科学与文明》第二册《科学思想史》中乃以朱子不肯容许人格神之观念。又谓Bruce以基督教之神附会于朱子，远不如Le Gall之认识朱子云。于是旧案重提，各是其是，各非其非，则始终亦无辩矣。

人格神之问题，讨论者皆欧洲人。美国学者则绝少注意。盖美国学者既无欧洲在华宣教之传统，亦乏宗教兴趣。谈朱子宗教生活者，只著者《朱子之宗教实践》一文而已[1]。

另一共同兴趣之问题为朱子与西哲之比较。此问题欧美学者均所乐道，尤以与亚里士多德、斯宾诺莎、圣多玛斯、莱布尼兹、怀黑德之比较为然。一九二六年E. V. Zenker（采恩克尔）始以朱子比亚里士多德。一九三八年Alfred Forke（福克，1867—1944）随之。一九五三年冯友兰《中国哲学史》译英，以朱子之理即为希腊哲学中之形式一（Form），气即亚里士多德之材质（Matter），惟朱子之兴趣在伦理而非逻辑，则与柏拉图同一倾向云。冯氏之书，一九三四年已出版，比福克为早，惟一九五三方译英耳。Carsun Chang（张君劢）于其著述《新儒学之进展》中亦谓朱子之理搭附于气，而气不能离理而独

[1]《朱学论集》，页181—204。

存，正如亚里士多德之普遍不能离个别而存在，而普遍又非超越而乃内在于个别者。以后美国学者，同一口气。

一九二三年，Bruce已提出朱子与斯宾诺莎之所同，以朱子太极之有阴阳二气即斯宾诺莎之上帝之分为能创造之自然与所创造之自然。三十年后（1953），Graf神父继承此说，以译《近思录》讨论篇之一节题为《朱子与斯宾诺莎之一元论》，极言朱子之天与斯宾诺莎之上帝相近。朱子之仁等于斯宾诺莎之知识的爱上帝，而两人之推论均止于至善，故知识以道德为目标云。又于其《道与仁》一书（1970）中，更处处发明以上诸旨。又从天地之创造、万物之源、太极与道、天即上帝之不异乎理等等，与斯宾诺莎相较，以显其同。且谓两人之生平亦甚相似云。两书之间，李约瑟在其《科学思想史》指出斯宾诺莎之自然的宇宙观与朱子相若。

Graf神父又于其译《近思录》讨论篇几以全章属圣多玛斯，分别从形上、知识、伦理等方面立论。于其《道与仁》书复加发挥。其主旨在二者之有神论。更侧重朱子虽理气二元而终归于一，且太极与理具有创造性与神秘性。仁孝与诚均有宇宙意味，知识之寻求在乎知天、事天。凡此皆与圣多玛斯哲学和谐。惟理学尚未臻长存而生生不绝之永恒哲学，亦即基督教之哲学之境，因理学之天不及基督教之上帝之有人格性，而理学之道亦不如基督教之Logos（道）也。前此早有Zenker、福克与Paul E. Callahan（卡拉汉）为此二思想家之比较，又有李约瑟指出圣多玛斯之综合欧洲中世纪哲学与朱子之集北宋哲学大成相同。然皆简单言之，不若神父之详尽也。

莱布尼兹之曾否受理学影响，言人人殊。E. R. Hughes（修中诚）与李约瑟等以为实有，而亦有谓殊不然者。Bruce以朱子与莱布尼兹有根本之差异，但谓单子同时亦肉体、亦灵魂，亦动、亦静，则与朱子心物为一之思想相近。比较此二哲最切而最深究者莫如李约瑟在其书中以一长达九页之专题为《朱熹、莱布尼兹与机体哲学》，举出两事为学者所不能否认者。一为莱布尼兹曾研究中国思想，年二十已读有关之书。据李氏结论，莱布尼兹至死拥护耶稣会之立场，亦即拥护理学之立场。李约瑟又指出一事，即两哲学家相同之处。谓莱布尼兹之单子层次与宇宙预定和谐两点，和朱子一物一太极与理为一机体的秩序两点，极是相似，莱布尼兹之哲学虽有其欧洲根源，而中国机体哲学与自然主义必有影响。此事大值探究云。

朱子之与怀黑德比较，一九四九年俞检身之博士论文《朱熹与怀黑德之形上学比较研究》，已开其端。比拟二哲之精至者当推李约瑟。彼于朱子机体主义，言之极力。彼云据理学观念，宇宙乃一机体。万物联系，而每一关系必有其一定之方式。万物依其方式在若干层次组成宇宙。其组织并非由神指点，其组织力亦不局限于某时某地，而其组织中心即机体之本身。凡此诸点，均与怀黑德之机体哲学一致。故结论云："朱子之哲学根本上为机体主义。……宋儒主要靠其识力，乃造与怀黑德相同之域。"一九七九年秦家懿为文相较二哲，从天地之心与太极为言，于上帝问题，特别注意。后此美国学者比较朱子与怀黑德之兴趣甚浓。或略涉及，或长篇探讨，或开会讨论，几成美国学界之狂澜。

美国对于朱子研究，特别努力。敢谓朱子之研究，在西方全属美国。巴黎曾有"宋代研究计划"，印行《宋学研究》期刊，然重心不在理学，期刊只有两文关于朱子。一为纽约大学教授Conrad M. Schirokauer（希诺瓦考）之《行政者之朱熹》，一为著者之《朱子完成新儒学》。前文历举朱子之政治生涯。后文分论朱子确定新儒家之方向，厘清理气之关系，发展太极与仁之观念，完成道统，与集合《四书》。宋代研究计划又编《宋代名人传》四册，以朱子传属著者。更编《宋代书录》。理学文献与朱子著述，均由著者解题。此两巨著，诚非美国研究所可及。且欧洲学者对于宋代人物制度与中国道教有特殊成绩，亦为美国望尘莫及。只朱子研究，则欧不如美而已。

美国无宋代研究计划一类之集体研究。美国学者各自为政，各行其是。唯其国际会议，或可与之相比。国际会议不计其数，而专为朱子而举行者，只得一次。一九八二年由著者发动与执行，在夏威夷开会十天，来自各国与会者八十余人。冯友兰以八十七岁高龄，亦不远千里而来，朝朝出席。讨论包括理、太极、天、性、仁、格致、易、经权、修养、礼、道统、宗教、道佛、胡宏与我国福建、韩国、日本之朱子学[1]。会议规模之大，堪为各次国际会议之典型。是以一九八七年有福建厦门第二次国际朱熹会议，一九九九年又有福建武夷山第三次国际朱熹会议。是则朱子热潮，固不限于美国矣。夏威夷之会有"朱子与教育"研习组。至一九八四年扩大而为"宋代教育国际会议"，由de Bary主持。虽云宋代教育，然实集中于朱子。故献文有《朱子与文人学术》《朱子教育之目的》《朱子之〈小学〉》《朱子之榜谕》《朱子与妇女教育》《朱子与书院》《朱子在南康》等篇[2]。

美国学者近年对于朱子研究，不断努力。或设课讲授，或授博士学位，或发表专篇，或组地区研讨会，或于年会中设讨论组，或编朱子书之语词索引，再接再厉。其已撰成书以讨论朱子者有Hoyt Cleveland Tillman（田浩）之《陈亮与朱熹的辩论》[3]，Daniel K. Gardner（贾德讷）之《朱熹与大学》[4]，Donald J. Munro（孟旦）之《人性的比喻》[5]，与著者之《朱子新研究》[6]。孟旦论朱子之用水、树、镜

---

[1] 论文为著者主编，题为*Chu Hsi and NeoConfucianism*（Honolulu: University of Hawaii Press, 1986）。

[2] 论文集由Wm. Theodore de Bary与John W. Chaffee主编，*NeoConfucian Education: The Formative Stage*（Berkeley, California: University of California Press, 1989）。

[3] Hoyt Cleveland Tillman, *Utilitarian Confucianism: Ch'en Liang's Challenge to Chu Hsi*（Cambridge: Harvard University Press, 1982）.

[4] Daniel K. Gardner, *Chu Hsi and the Tahsüeh: NeoConfucian Reflection on the Confucian Canon*（Cambridge: Harvard University Press, 1985）.

[5] Donald J. Munro, *Images of Human Nature, a Sung Portrait*（Princeton, N. J.: Princeton University Press, 1988）.

[6] Wingtsit Chan, *Chu Hsi: New Studies*（Honolulu: University of Hawaii Press, 1989）.

等以比喻人性之发展。著者之新研究，乃多为我国与韩日历代学人所未言，如朱子之言天、言体用，朱子之穷、之经营印务、之对待妇女等是也。至于以专篇讨论朱子之哲学、朱子与陆象山与陈亮（1143—1194）、朱子之道统、朱子之评佛老、朱子之生平、朱子之后继，与日本之朱子学者，为数亦多，不胜枚举矣[1]。

[1] 详《朱学论集》，页429—447。

朱子年谱要略

（参看拙著《朱子新探索》，页62—79，《朱子年谱》）

高宗建炎四年庚戌（1130），九月甲寅（十五）正午生于福建南剑州尤溪县。

绍兴四年甲寅（1134），五岁。始入小学。日后回忆云："心便烦恼天体是如何？外面是何物？"

七年丁巳（1137），八岁。随父韦斋由尤溪迁居福建建州之瓯宁县（今建瓯市）。传说坐沙上以指画八卦。

十三年癸亥（1143），十四岁。丁父忧。承遗嘱禀学于刘子翚、刘勉之、胡宪三先生之门，遂奉母率妹移居于建州崇安县五夫里。

十七年丁卯（1147），十八岁。举建州乡贡。

十八年戊辰（1148），十九岁。春登进士第。夏准敕赐同进士出身。

十九年己巳（1149），二十岁。大约是年结婚，娶刘勉之之女。

二十一年辛未（1151），二十二岁。春铨试中等。夏授福建泉州同安县主簿。

二十三年癸酉（1153），二十四岁。赴同安，经延平（今南平）谒见李侗。七月至同安。是月子塾生。

二十四年甲戌（1154），二十五岁。七月子埜生。

二十六年丙子（1156），二十七岁。七月三年秩满。冬奉檄走旁郡，因送老幼返崇安。

二十七年丁丑(1157),二十八岁。春还同安。或于此时到广东潮州,可能与大慧(普觉禅师)相遇于广东潮州或梅州。代者已死,十一月罢归。

二十八年戊寅(1158),二十九岁。正月再见李侗于延平。《行状》云:"归自同安,不远数百里,徒步往从之。"十二月差监潭州(今湖南)南岳庙。

二十九年己卯(1159),三十岁。三月校定《上蔡语录》。八月召赴行在(今杭州),辞。

三十年庚辰(1160),三十一岁。冬三见李侗于延平。

三十二年壬午(1162),三十三岁。春谒李侗于建安(今建瓯市),与同归延平。六月高宗内禅,孝宗即位,复差监南岳庙。八月应诏上封事。

孝宗隆兴元年癸未(1163),三十四岁。三月召赴行在。十月至行在。是月李侗卒。十一月六日奏事垂拱殿。十二月除(差)武学博士,待次(候补)。是月由行在归。是年《论语要义》成(佚),《论语训蒙口义》成(佚)。

二年甲申(1164),三十五岁。正月赴延平哭李侗。此后编成《延平答问》。九月至豫章(今江西南昌),哭张魏公(张浚,张栻之父)之丧,自豫章送至丰城,舟中与张南轩(张栻)款叙三日。是年《困学恐闻》成(佚)。

乾道元年乙酉(1165),三十六岁。春趣就武学博士职,四月至行在。以时相方主与金人议和,辞职,并请祠。五月复差监南岳庙以归。

三年丁亥(1167),三十八岁。七月崇安大水,奉府檄行视水灾。八月赴潭州(长沙)访张南轩,讨论中和太极之义。十一月偕张南轩与门人同游衡山。十二月归崇安。是月除枢密院编修官,待次。

四年戊子(1168),三十九岁。四月崇安饥,请府粟以赈之。是年《程氏遗书》成。

五年己丑(1169),四十岁。正月子在生。九月丁母孺人祝氏忧。

六年庚寅(1170),四十一岁。正月葬祝孺人,筑寒泉精舍,日居墓侧。传说是时《家礼》成。七月迁韦斋墓。十二月召赴行在,以居丧辞。

七年辛卯(1171),四十二岁。五月创立社仓于五夫里。十二月趣行,以禄不及养辞。

八年壬辰(1172),四十三岁。正月《语孟精义》成。夏《资治通鉴纲目》成,《八朝名臣言行录》成。十月《西铭解义》成。

九年癸巳(1173),四十四岁。四月《太极图说解》《通书解》成。六月《程氏外书》成。是年《伊洛渊源录》成。

淳熙元年甲午(1174),四十五岁。历年屡辞枢密院编修不就,改差主管台州崇道观,六月拜命。是岁编次《古今家祭礼》。

二年乙未(1175),四十六岁。四月吕东莱(吕祖谦)来访于寒泉精舍,同编《近思录》。五月同赴江西信州之鹅湖寺与陆象山兄弟辩论,不欢而散。六月八日分手归崇安。七月作晦庵于芦山之云谷。是年《阴符经考异》成。

三年丙申(1176),四十七岁。三月如徽州婺源(今属江西)省墓。六月授秘书省秘书郎,辞。同月差管武夷山冲佑观。十一月令人刘氏卒。

四年丁酉(1177),四十八岁。六月《论孟集注》《或问》成。十月《诗集传》成,《周易本义》成。

五年戊戌(1178),四十九岁。八月差知江西南康军。

六年己亥(1179),五十岁。二月以屡辞不允,候命于江西铅山,陆子寿(陆九龄)来访。三月到南康任,立周濂溪(周敦颐)祠,配以二程(程颢,程颐)。五月作卧龙庵以祀诸葛孔明。十月复建白鹿洞书院。

七年庚子(1180),五十一岁。二月张南轩讣至,罢宴哭之。四月应诏上封事。七月大修荒政。

八年辛丑(1181),五十二岁。二月陆子静(陆象山)来访,请到白鹿洞书院讲学。三月除提举江南西路常平茶盐公事,待次。闰三月去郡归崇安。八月吕东莱讣至,为位哭之。是月改除提举两浙东路常平茶盐公事,即日单车就道。十一月奏事延和殿。十二月诏行社仓法于诸郡。

九年壬寅(1182),五十三岁。正月巡历诸郡,奏劾劣吏,陈亮来访。七月奏劾唐仲友不法。八月废秦桧祠。是月除直徽猷阁,改除江南西路提点刑狱公事,均辞。九月去任归崇安。十一月始受直徽猷阁职名,仍辞江南西路新任。且乞奉祠。

十年癸卯(1183),五十四岁。正月差主管台州崇道观。四月武夷精舍成。

十一年甲辰(1184),五十五岁。力辨浙东功利之学。

十二年乙巳(1185),五十六岁。四月差主管华州云台观。是年力辨陆象山顿悟之学与陈亮事功之学。

十三年丙午(1186),五十七岁。三月《易学启蒙》成。八月《孝经刊误》成。

十四年丁未(1187),五十八岁。三月《小学》成。同月差主管南京鸿庆宫。七月除江南西路提点刑狱公事,待次。

十五年戊申(1188),五十九岁。二月出《太极图说》《西铭解义》以授学者。六月初七奏事延和殿,初八除兵部郎官,辞。初十诏依旧江南西路提刑,亦辞。七月除直宝文阁,主管西京嵩山崇福观,八月拜命。十一月上封事,逾万言。上秉烛读之,翌日除主管西太乙宫,兼崇政殿说书,辞。此两年与陆象山辩太极。

十六年己酉(1189),六十岁。正月除秘阁修撰,辞。诏依旧主管崇福宫。二月孝宗内禅,光宗即位。是月序《大学章句》。三月序

《中庸章句》。四月准辞秘阁修撰，依旧直宝文阁。闰五月赐绯衣银鱼。八月除江南东路转运副使，辞。十一月改知福建漳州。是年删定《中庸辑略》。

光宗绍熙元年庚戌(1190)，六十一岁。四月首颁礼教，修画经界事宜，卒不果行。十月刊四经四子书。

二年辛亥(1191)，六十二岁。正月长子塾卒。二月请祠归家治丧。三月复除秘阁修撰，主管南京鸿庆宫。四月拜祠命而辞修撰职。五月归建阳卜居。七月拜修撰命。九月除荆湖南路转运副使，辞。

三年壬子(1192)，六十三岁。六月建阳之考亭新居落成。十二月除知静江府广南西路经略安抚使，辞。是岁《孟子要略》成(佚)。

四年癸丑(1193)，六十四岁。二月差主管南京鸿庆宫。十二月除知潭州荆湖南路安抚使。

五年甲寅(1194)，六十五岁。五月至潭州。七月修复岳麓书院。是月光宗内禅，宁宗即位，召赴行在奏事。八月赴行在，除焕章阁待制，兼侍讲，辞。十月初四奏事行宫便殿。屡辞待制侍讲，不允，初十拜命。十四进讲《大学》。十七赐紫金鱼袋。二十三讲筵留身，面奏四事。闰十月初八封婺源县开国男，食邑三百户。初十入对，奏论庙议。十一入史院。十九晚讲留身申请施行前奏四事。以上疏忤韩侂胄，即降御批谓已除宫观。二十一奏谢遂行。二十五除宝文阁待制，寻除知江陵府荆湖北路安抚使，均辞。十一月十一至江西玉山县，讲学于县庠。二十还考亭。十二月诏依旧焕章阁待制，提举南京鸿庆宫，辞待制而拜祠命。归考亭后建竹林精舍。

宁宗庆元元年乙卯(1195)，六十六岁。三月磨勘，转朝奉大夫。韩侂胄专政，乃草万言，极陈奸邪蔽主之祸。门人请以蓍决之，遇“遁”之“家人”。焚奏稿，更号遁翁。五月申建宁府乞致仕。

十二月诏依旧秘阁修撰，提举南京鸿庆宫。

二年丙辰（1196），六十七岁。十二月朝廷猛攻道学为“伪学”。沈继祖疏奏十罪，遂落职（秘阁修撰）罢祠（南京鸿庆宫）。是岁始修《仪礼经传通解》。

三年丁巳（1197），六十八岁。是年《参同契考异》成。同年《韩文考异》成。

四年戊午（1198），六十九岁。是年《书集传》成。十二月申尚书省乞致仕。

五年己未（1199），七十岁。三月《楚辞集注》成。四月奉旨致仕，始用野服见客。

六年庚申（1200），七十一岁。三月初六改《大学·诚意》章，又改《楚辞》一段。初九午初刻卒于考亭。十一月葬于建阳县唐石里（今黄坑）大林谷，会葬者将近千人。

参考书目

（以著者姓名或书名篇名之笔画多少为序）

二画

《二程全书》，宋，程颢、程颐撰，《四部备要》本。

三画

《大正新修大藏经》。

《大学或问》，宋，朱熹撰，《近世汉籍丛刊》本。

《大学章句》，宋，朱熹撰。

大槻信良，《朱子四书集注典据考》，台北，学生书局，1976。

《大慧普觉禅师语录》，《大正新修大藏经》，第四十七册。

山口察常，《仁の研究》，东京，岩波书店，昭和十一年，1936。

山井湧，《明清思想の研究》，东京，东京大学出版社，1980。

四画

王懋竑，《朱子年谱》，《丛书集成》本。

井上哲次郎，《日本朱子学派之哲学》，东京，富山房，大正四年乙卯（1915）订正增补五版。

《元史》，明，宋濂编，《四部丛刊》本。

《无门关》，宋，慧开撰。

《云卧纪谈》，宋，晓莹撰，《续藏经》，第一辑，第二编乙，第二十一套。

《五灯会元》，宋，普济撰，《续藏经》，第一辑，第二编乙，第十一套。
友枝龙太郎，《朱子の思想形成》，东京，春秋社，昭和五十四年乙未（1979）改订本。
《中庸》。
《中庸或问》，宋，朱熹撰，《近世汉籍丛刊》本。
《中庸章句》，朱熹撰。
《中庸辑略》，宋，朱熹撰。
《长沙县志》，同治七年戊辰（1868）本。
孔颖达，《毛诗正义》，世界书局《十三经注疏》本。
《书书》，宋，周敦颐著。
《书经》。

五画

《正蒙》，宋，张载撰，《四部备要》《张子全书》本。
《左传》。
《北溪字义》，宋，陈淳撰，《惜阴轩丛书》本。
叶公回，《朱子年谱》，《近世汉籍丛刊》本。
叶采，《近思录集解》。
叶绍翁，《四朝闻见录》，《浦城遗书》，嘉庆十九年甲戌（1814）本。
叶适，《龙川文集》。
申美子，《朱子诗中的思想研究》，台北，文史哲出版社，1988。
田中谦二，《朱门弟子师事年考》，《东方学报》，第四十四期（1973），第四十八期（1975）。
《四库全书总目提要》，清，纪昀编，上海，商务印书馆，民国二十二年（1933）。

《外书》,宋,程颢、程颐撰,《二程全书》本。

冯友兰,《中国哲学史》,上海,商务印书馆,民国二十四年(1935)再版。

《汉书》,汉,班固撰,《四部丛刊》本。

《礼记》。

六画

《考亭渊源录》,明,宋端仪撰,《近世汉籍丛刊》本。

《老子》。

扬雄,《法言》,《四部备要》本。

《百川学海》,宋,左圭编,民国十六年(1927)重印。

《列子》,《四部丛刊》本,名《冲虚至德真经》。

吕祖谦,《东莱吕太史文集》,《续金华丛书》本。

《朱子文集》,宋,朱熹撰,《四部备要》本。

《朱子全书》,清,李光地编,康熙五十三年甲午(1714)本。

《朱子语类》,宋,黎靖德编,台北,正中书局,1970。

《朱子新探索》,陈荣捷撰,台北,学生书局,1988。

《朱学论集》,陈荣捷撰,台北,学生书局,1988增订再版。

朱谦之,《日本的朱子学》,北京,三联书店,1958。

朱彝尊,《曝书亭集》,康熙五十三年甲午(1714)本。

《传习录》,王守仁著,《四部丛刊》《王文成公全书》本。

《传习录详注集评》,陈荣捷著,台北,学生书局,1988再版。

《伊川文集》,宋,程颐撰,《二程全书》本。

《庄子》,《四部丛刊》本,名《南华真经》。

刘宗周,《刘子全书遗编》,光绪十八年壬辰(1892)本。

《齐东野语》,宋,周密撰,《丛书集成》本。

江永,《近思录集注》。
许衡,《许文正公遗书》,乾隆五十五年庚戌(1790)。
《论语》。
《论语或问》,宋,朱熹撰,《近世汉籍丛刊》本。
《论语集注》,宋,朱熹撰。
孙奇逢,《理学宗传》,粤东艺香堂刻本。

七画

李元纲,《圣门事业图》,《百川学海》本。
李侗,《延平答问》,宝诰堂《朱子遗书》本。
李侗,《李延平集》,《正谊堂全书》本。
李贽,《藏书》,北京,中华书局,1959。
吴与弼,《吴康斋集》,嘉靖五年丙戌(1526)本。
吴澄,《吴文正公全集》,乾隆二十一年丙子(1756)本。
《佛法金汤编》,明,岱宗心泰撰,《续藏经》,第一辑,第二编乙,第二十一套。
《近思录》,宋,朱熹、吕祖谦合辑。
沈桂,《明道全书》,嘉靖三十七年戊午(1558)本。
《宋元学案补遗》,清,王梓材、冯云濠撰,1962。
《宋元学案》,清,黄宗羲撰,《四部备要》本。
《宋史》,元,托克托编,北京,中华书局,1977。
张伯行,《近思录集解》,《正谊堂全书》本。
张载,《张子全书》,《四部备要》本。
张载,《张子语录》,《四部丛刊》本。
张栻,《南轩先生文集》,《近世汉籍丛刊》本。
陈来,《朱熹哲学研究》,北京,中国社会科学出版社,1988。
陈来,《关于程朱理气思想两条资料的考证》,《中国哲学研究》,

1983，第二期。
陈亮，《陈亮集》，北京，中华书局，1974。
陈继儒，《太平清话》，《宝颜堂秘笈》本。
陈淳，《北溪大全集》，《四库全书珍本》。
陈傅良，《止斋文集》，《四部丛刊》本。
邵雍，《邵子全书》，万历三十四年丙午（1606）本。

八画

《明史》，清，张廷玉编，《四部备要》本。
《明儒学案》，清，黄宗羲著，《四部备要》本。
《易传》，宋，程颐撰，《二程全书》本。
《易学启蒙》，宋，朱熹撰，宝诰堂《朱子遗书》本。
《易经》。
罗钦顺，《困知记》，嘉靖七年戊子（1528）本。
罗镛，《考亭朱子系谱序》，载清光绪《续修紫阳堂朱子家乘》。
《岳麓志》，咸丰十一年辛酉（1861）本。
《周子全书》，宋，周敦颐撰，《万有文库》本。
《性理大全》，明，胡广编，日本承应二年癸巳（1653）刻本。
《性理精义》，清，李光地编，《四部备要》本。
《诗经》。
《孟子》。
《孟子或问》，宋，朱熹撰，《近世汉籍丛刊》本。
《孟子集注》，宋，朱熹撰。
《经说》，宋，程颐撰，《二程全书》本。

九画

《荀子》，《四部丛刊》本。

胡宏,《胡子知言》,《粤雅堂丛书》本。
胡居仁,《居业录》,《正谊堂全书》本。
胡居仁,《胡敬斋集》,《正谊堂全书》本。
胡适,《胡适手稿》,未刊,台北,“中央研究院”藏。
胡适,《〈朱子语类〉的历史》,1970。
《枯崖漫录》,宋,枯崖圆悟著,《续藏经》,第一辑,第二编乙,第二十一套。
《临济慧照禅师语录》,《大正新修大藏经》,第四十七册。
《皇极经世书》,宋,邵雍撰,《四部备要》本。

十画

钱大昕,《金石文跋尾》,《潜研室全书》,光绪十年甲申(1884)本。
钱穆,《朱子新学案》,台北,三民书局,1971。
钱穆,《宋明理学概述》,台北,中华文化出版事业委员会,1953。
钱穆,《理学六家诗钞》,台北,中华书局,1974。
高令印,《朱子事迹考》,上海,人民出版社,1987。
《唐书》,宋,欧阳修撰,《四部丛刊》本。
唐鉴,《清学案小识》,《国学基本丛书》本。

十一画

黄宗炎,《晦木太极图辨》,《宋元学案》,卷十一。
黄榦,《勉斋集》,《四库全书珍本》。
曹端,《太极图说述解》,载《曹月川先生遗书》。
《崇安县志》,雍正刊本。
《崇安县新志》,民国三十年(1941)。
《象山全集》,宋,陆象山撰,《四部备要》本。
《淮南子》,《四部备要》本。
梁启超,《中国近三百年学术史》,上海,中华书局,民国二十五年

(1936)。
梁启超,《清代学术概论》,上海,商务印书馆,民国十年(1921)。

十二画

韩愈,《韩昌黎全集》,《四部备要》本。
《景德传灯录》,宋,道原编,《四部丛刊》本。
《遗书》,宋,程颢、程颐撰,《二程全书》本。
程兆鸿,《从鹅湖到鹅湖之会》,台北,《"中央"日报》,1977,四月二十日。
《释氏资鉴》,元,熙仲编,《续藏经》,第一辑,第二编乙,第五套。
童振福,《陈亮年谱》,上海,商务印书馆,民国二十五年(1936)。

十三画

《楞严经》,《大正新修大藏经》,第十九册。
楼宇烈,《王弼集校释》,北京,中华书局,1980。
《新元史》,柯劭忞编,北京,北京大学研究社,1933。
《福建论坛》。

十四画

《碧严录》,宋,克勤圆悟撰。
《蔡氏九儒书》,同治七年戊辰(1868)本。

十五画

《(增补)退溪全书》,首尔,成均馆大学校大东文化研究院,第一、二册,《退溪先生文集》,1978。
颜元,《存学编》,《颜李遗书》本。
颜元、李塨,《颜李丛书》,四存学会本。

十六画

薛瑄,《读书录》,《正谊堂全书》本。

薛瑄,《薛敬轩集》,《正谊堂全书》本。

十七画

戴铣,《朱子实纪》,《近世汉籍丛刊》本。

戴震,《戴东原集》,《国学基本丛书》本。

Chan, Wing-tsit, ed., Chu Hsi and Neo-Confucianism (Honolulu: University of Hawaii Press, 1986).

Chan, Wing-tsit, Chu Hsi: New Studies (Honolulu: University of Hawaii Press, 1989).

Chan, Wing-tsit, A. Source Book in Chinese Philosophy (Princeton, N. J.: Princeton University Press, 1963).

Chu Hsi, Reflections on Things at Hand, translated by Wing-tsit Chan (New York: Columbia University Press, 1967).

de Bary, Wm. Theodore and John W. Chaffee, Neo-Confucian Education: The Formative Stage (Berkeley, California: University of California Press, 1989).

Ebrey, Patricia Buckley, Chu Hsi's Family Rituals: A Twelfth Century Manual for the Performance of Capping, Weddings, Funerals, and Ancestral Rites and Ritual and Custom in Imperial China: The Confucian Discourse on Family Rituals in Social Context (Princeton, N. J.: Princeton University Press, 1999).

Gardner, Daniel K., Chu Hsi and the Ta-hsüeh, Neo-Confucian Reflection on the Confucian Canon (Cambridge: Harvard

University Press, 1985).

Graf, Olaf, Djin si lu (Tokyo: Sophia University, 1953).

Munro, Donald J., Images of Human Nature, a Sung Portrait (Princeton, N. J.: Princeton University Press, 1988).

Tillman, Cleveland Hoyt, Utilitarian Confucianism: Ch'en Liang's Challenge to Chu Hsi (Cambridge: Harvard University Press, 1982).

索 引

四画

五画

六画

七画

八画

九画

十画

十一画

十二画

十三画

十四画

十五画

十六画

十七画

廿四画